国家社会科学基金（教育学）重大项目（VDA200004）阶段性研究成果
北京外国语大学"双一流"建设标志性项目（BW202018）阶段性研究成果

"一带一路"国家文化教育大系　　　　　总主编　王定华

哈萨克斯坦
文化教育研究

Қазақстан
Мәдениет һәм білім беру

孙芳　谢维宁　著

外语教学与研究出版社
FOREIGN LANGUAGE TEACHING AND RESEARCH PRESS
北京 BEIJING

图书在版编目（CIP）数据

哈萨克斯坦文化教育研究 / 孙芳，谢维宁著. —— 北京 ：外语教学与研究出版社，2023.8（2023.12 重印）
（"一带一路"国家文化教育大系 / 王定华总主编）
ISBN 978-7-5213-4752-4

I. ①哈… II. ①孙… ②谢… III. ①教育研究－哈萨克斯坦 IV. ①G536.1

中国国家版本馆 CIP 数据核字 (2023) 第 145369 号

出 版 人　王　芳
项目负责　孙凤兰　巢小倩
责任编辑　蔡　喆
责任校对　张小玉
封面设计　李　高　锋尚设计
版式设计　李　高
出版发行　外语教学与研究出版社
社　　址　北京市西三环北路 19 号（100089）
网　　址　https://www.fltrp.com
印　　刷　北京盛通印刷股份有限公司
开　　本　787×1092　1/16
印　　张　22.75　彩插 1 印张
版　　次　2023 年 8 月第 1 版 2023 年 12 月第 2 次印刷
书　　号　ISBN 978-7-5213-4752-4
定　　价　188.00 元

如有图书采购需求，图书内容或印刷装订等问题，侵权、盗版书籍等线索，请拨打以下电话或关注官方服务号：
客服电话：400 898 7008
官方服务号：微信搜索并关注公众号"外研社官方服务号"
外研社购书网址：https://fltrp.tmall.com

物料号：347520001

记载人类文明
沟通世界文化
www.fltrp.com

"一带一路"国家文化教育大系编写委员会

顾 问：顾明远　　马克垚　　胡文仲

总主编：王定华

委 员（按姓氏音序排列）：

常福良	戴桂菊	郭小凌	金利民	柯　静	李洪峰
刘宝存	刘　捷	刘生全	刘欣路	钱乘旦	秦惠民
苏莹莹	陶家俊	王　芳	谢维和	徐　辉	徐建中
杨慧林	张民选	赵　刚			

"一带一路"国家文化教育大系编审委员会

主 任：王　芳

副主任：徐建中　　刘　捷

秘书长：孙凤兰

委 员（按姓氏音序排列）：

蔡　喆	柴方圆	巢小倩	杜晓沫	华宝宁	焦缨添
刘相东	刘真福	马庆洲	彭立帆	石筠弢	孙　慧
万作芳	王名扬	杨鲁新	姚希瑞	苑大勇	张小玉
赵　雪	祝　军				

阿斯塔纳巴依杰列克观景塔

哈萨克斯坦国家艺术博物馆

哈萨克斯坦国立图书馆

哈萨克民族乐器冬不拉

纳吾鲁孜节庆祝活动

阿里·法拉比（870—950）雕像

阿斯塔纳"我的月亮，我的太阳"幼儿园

阿拉木图第120中学

阿拉木图欧亚私立高中

哈萨克斯坦阿里·法拉比国立大学大礼堂

哈萨克斯坦国立医科大学

哈英理工大学

哈俄高等医学院

图兰大学

沃尔列乌国家职业技能发展中心

哈萨克斯坦阿里·法拉比国立大学与兰州大学合办的孔子学院课堂活动

北京外国语大学党委书记王定华（右一）2023年3月20日会见到访的哈萨克斯坦驻华大使沙赫拉特·努雷舍夫（左一）

哈萨克斯坦驻华使馆人员2021年访问北京外国语大学哈萨克斯坦中心

出版说明

　　2013 年 9 月 7 日，国家主席习近平提出共建"丝绸之路经济带"重大倡议。2013 年 10 月 3 日，习近平主席提出共建"21 世纪海上丝绸之路"重大倡议。两者合称"一带一路"倡议。以 2013 年金秋为起点，"一带一路"倡议作为构建人类命运共同体的伟大设想，在开拓和平、繁荣、开放、绿色、创新、文明之路的非凡征程中，孕育生机和活力，汇聚信心和期待，在世界范围内广受欢迎和响应。

　　文化交流、文明互鉴是构建人类命运共同体的人文基础。文化发展，教育先行。作为"共和国外交官的摇篮"、文化教育的主动践行者、"一带一路"倡议的踊跃响应者和构建人类命运共同体的积极参与者，北京外国语大学在党委书记王定华教授的带领下，放眼世界，找准坐标，勇于担当，主动作为，深耕文化教育相关领域，研究、策划并组织编写了"一带一路"国家文化教育大系（以下简称大系）。国内相关高校和研究机构的众多专家学者献计献策，踊跃参加，形成了一个范围广泛、交流互动、共同进步的"一带一路"国家文化教育学术研究共同体。大系旨在填补国内相关研究领域的学术空白，实现"一带一路"国家教育研究全覆盖，为中国教育"走出去"和相关国家先进教育理念"请进来"提供科学理论和实践指导，具有重要的学术价值。同时，大系服务国家重大战略，通过分期分批出版，形成规模和品牌，向中国共产党建党一百周年和"一带一路"倡议提出十周年献礼，具有深远的意义。

作为国家社会科学基金（教育学）重大项目"新时代提升中国参与全球教育治理的能力及策略研究"、北京外国语大学"双一流"建设标志性项目"'一带一路'国家文化教育研究"的课题研究成果和北京外国语大学党委的"奋进之举"，大系秉承学术性与可读性兼顾的原则，对"一带一路"国家文化教育理论与实践问题展开深入研究，从国情概览、文化传统、教育历史、学前教育、基础教育、高等教育、职业教育、成人教育、教师教育、教育政策、教育行政、教育交流等方面，全景擘画"一带一路"国家的教育风貌，帮助读者了解"一带一路"国家教育的历史与现状、经验与特点，为我国教育的发展和对外交流合作提供有益的借鉴、思考与启迪。

肆虐全球的新冠肺炎疫情严重影响了各国人民的生产生活，带来了二战以来人类面临的最严重的全球性危机，同时也再次阐述了人类命运共同体深刻内涵的世界性意义。在疫情防控常态化背景下，大系所有专家学者不畏困难，齐心协力，直面挑战，守望相助，化危为机，切实履行了响应和支持"一带一路"倡议的承诺。在此，特别感谢大系总策划、总主编王定华教授，以及所有顾问、编委和作者的心血倾注、智慧贡献和努力付出。

外语教学与研究出版社对大系的编写和出版工作给予了高度重视。自2019年项目启动以来，外研社抽调精锐力量成立大系工作组，多次组织相关部门和人员召开选题论证会，商建编委会，召开全体作者大会，制订周密、科学的出版计划，以保证项目的顺利开展和图书的优质出版。目前，大系的出版工作已取得阶段性成果，预计在2023年"一带一路"倡议提出十周年前后，将分期分批推出数量和规模可观的、具有相当科研价值和学术价值的系列专著。期望大系的编写和出版能为"一带一路"建设、中外教育交流及我国文化教育发展发挥基础性、服务性、广远性的作用。

外语教学与研究出版社
2021 年 4 月

总　序

王定华

改革开放以来，中国各项事业取得了巨大成就。中国经济和世界经济高度关联，中国一以贯之地坚持对外开放的基本国策，构建全方位开放新格局，深度融入世界经济体系。2013 年 9 月和 10 月，习近平主席在出访中亚和东南亚国家期间，先后提出共建"丝绸之路经济带"和"21 世纪海上丝绸之路"的重大倡议（以下简称"一带一路"倡议），得到国际社会的高度关注。其中，"丝绸之路经济带"东边牵着亚太经济圈，西边系着发达的欧洲经济圈，是世界上最长、最具发展潜力的经济大走廊；"21 世纪海上丝绸之路"串起连通东盟、南亚、西亚、北非、欧洲等各大经济板块的市场链，发展面向南海、太平洋和印度洋的战略合作经济带，以亚欧非经济贸易一体化为发展的长期目标。

一、精准把握"一带一路"倡议的时代意蕴

"经济带"概念是对地区经济合作模式的创新。其中经济走廊涵盖中蒙

俄经济走廊、新亚欧大陆桥、中国–中亚–西亚经济走廊、孟中印缅经济走廊、中国–中南半岛经济走廊等，以经济增长极辐射周边，超越了传统发展经济学理论。"丝绸之路经济带"概念不同于历史上所出现的各类"经济区"与"经济联盟"，同后两者相比，经济带具有灵活性高、适用性广以及可操作性强的特点，各国都是平等的参与者，本着自愿参与、协同推进的原则，发扬古丝绸之路兼容并包的精神。

"一带一路"倡议是我国在新时代推进全方位对外开放的重要举措，为当今世界提供了一个充满东方智慧、实现共同发展的中国方案，也是对历史文化传统的高度尊重，凝聚了世界各国利益的最大公约数。丝绸之路是起始于古代中国，连接亚洲、非洲和欧洲的古代陆上商业贸易路线，最初的作用是运输古代中国出产的丝绸、瓷器等商品，后来成为东方与西方之间在经济、政治、文化等方面进行交流的主要通道。1877 年，德国地质、地理学家李希霍芬（F. P. W. Richthofen）在其著作《中国》一书中，把公元前 114 年至公元 127 年，中国与中亚、中国与印度间以丝绸贸易为媒介的这条西域交通道路命名为"丝绸之路"，这一名词很快为学术界和大众所接受，并正式运用。其后，德国历史学家赫尔曼（A. Herrmann）在 20 世纪初出版的《中国与叙利亚之间的古代丝绸之路》一书中，根据新发现的文物考古资料，进一步把丝绸之路延伸到地中海西岸和小亚细亚，并确定了丝绸之路的基本内涵，即它是中国古代与中亚、南亚、西亚以及欧洲、北非的陆上贸易交往通道。进入 21 世纪，海上丝绸之路也被纳入丝绸之路的涵盖范围，即从中国沿海港口过南海到印度洋并延伸至欧洲，从中国沿海港口过南海到南太平洋。随着时代的发展，"丝绸之路"成为古代中国与西方所有政治经济文化往来通道的统称。

推进"一带一路"建设既是中国扩大和深化对外开放的需要，也是加强和世界各国互利合作的需要，中国愿意承担更多责任和义务，为人类和平发展做出更大的贡献。文明交流互鉴是构建人类命运共同体的重要途径，是推动人类文明共同进步、实现世界和平发展的重要动力。共建"一带一路"要顺应世界多极化、经济全球化、文化多样化、社会信息化的潮流，秉持开放的区域合作精神，致力于推动"一带一路"各国实现经济政策协调，开展更大范围、更高水平、更深层次的区域合作，共同打造开放、包容、均衡、普惠的区域经济合作架构，维护全球自由贸易体系和开放型世界经济格局。

"一带一路"贯穿亚欧非大陆，一头是活跃的东亚经济圈，一头是发达的欧洲经济圈，中间广大腹地国家经济发展潜力巨大。根据"一带一路"走向，陆上依托国际大通道，以中心城市为支撑，以重点经贸产业园区为合作平台，共同打造新亚欧大陆桥以及中蒙俄、中国–中亚–西亚、中国–中南半岛等国际经济合作走廊；海上以重点港口为基点，共同建设通畅安全高效的运输大通道。

"一带一路"建设是有关国家开放合作的宏大经济愿景，需要各国携手努力，朝着互利互惠、共同安全的目标相向而行：努力实现区域基础设施更加完善，安全高效的陆海空通道网络基本形成，互联互通达到新水平；投资贸易便利化水平进一步提升，高标准自由贸易区网络基本形成，经济联系更加紧密，政治互信更加深入；人文交流更加广泛深入，不同文明互鉴共荣，各国人民相知相交、和平友好。

"一带一路"倡议是具有开放性和包容性的友好建议。当今世界是一个开放的世界，开放带来进步，封闭导致落后。中国认为，只有开放才能发现机遇、抓住并用好机遇、主动创造机遇，才能实现国家的奋斗目标。"一带一路"倡议就是要把世界的机遇转变为中国的机遇，把中国的机遇转变为世界的机遇。正是基于这种认知与愿景，"一带一路"倡议以开放为导向，冀望通过加强交通、能源和网络等基础设施的互联互通建设，促进经济要素有序自由流动、资源高效配置和市场深度融合，开展更大范围、更高水平、更深层次的区域合作，打造开放、包容、均衡、普惠的区域经济合作架构，以此来解决经济增长和平衡问题。"一带一路"倡议的开放包容性是区别于其他区域性经济倡议的一个突出特点。

"一带一路"倡议是超越地缘政治的务实合作的广阔平台。"和平合作、开放包容、互学互鉴、互利共赢"的丝路精神是人类共有的历史财富，"一带一路"倡议就是秉承这一精神与原则提出的新时代重要倡议，通过加强相关国家间的全方位多层面交流合作，充分发掘与发挥各国的发展潜力与比较优势，形成互利共赢的区域利益共同体、命运共同体和责任共同体。在这一机制中，各国是平等的参与者、贡献者、受益者。因此，"一带一路"倡议从一开始就具有平等性、和平性特征。平等是中国坚持的重要国际准则，也是"一带一路"建设的关键基础。只有建立在平等基础上的合作才能是持久的合作，也才会是互利的合作。"一带一路"倡议平等包容的合作特征为其推进减轻了阻力，提升了共建效率，有助于国际合作真正"落地生根"。同时，"一带一路"建设离不开和平安宁的国际环境和地区环境，和平是"一带一路"建设的本质属性，也是保障其顺利推进所不可或缺的重要因素。这些就决定了"一带一路"倡议不应该也不可能沦为大国政治较量的工具，更不会重复地缘博弈的老路。

"一带一路"倡议是政府、企业、团体共同发力的项目载体。"一带一路"建设是在双边或多边联动基础上通过具体项目加以推进的，是在进行充分政策沟通、战略对接以及市场运作后形成的发展倡议与规划。2017年5月发布的《"一带一路"国际合作高峰论坛圆桌峰会联合公报》强调了建设"一带一路"的合作原则，其中就包括市场运作原则，即充分认识市场作用和企业主体地位，确保政府发挥适当作用，政府采购程序应开放、透明、非歧视。可见，"一带一路"建设的核心主体与支撑力量并不是政府，而是企业，根本方法是遵循市场规律，并通过市场化运作模式来实现参与各方的利益诉求，政府在其中发挥构建平台、创立机制、政策引导等指向性、服务性功能。

"一带一路"倡议是与现有相关机制对接互补的有益渠道。参与"一带一路"建设的国家要素禀赋各异，比较优势差异明显，互补性很强。有的国家能源资源富集但开发力度不够，有的国家劳动力充裕但就业岗位不足，有的国家市场空间广阔但产业基础薄弱，有的国家基础设施建设需求旺盛但资金紧缺。我国目前经济总量居全球第二，外汇储备居全球第一，优势产业越来越多，基础设施建设经验丰富，装备制造能力强、质量好、性价比高，具备资金、技术、人才、管理等综合优势。这就为我国与其他"一带一路"建设参与方实现产业对接与优势互补提供了现实可能与重大机遇。因而，"一带一路"倡议的核心内容就是要加强基础设施建设和促进互联互通，对接各国政策和发展战略，以便深化务实合作，促进协调联动发展，实现共同繁荣。由此可见，"一带一路"倡议不是对现有地区合作机制的替代，而是与现有机制互为助力、相互补充。实际上，"一带一路"建设已经与俄罗斯主导的欧亚经济联盟、印尼全球海洋支点发展规划、哈萨克斯坦光明之路经济发展战略、蒙古国草原之路倡议、欧盟欧洲投资计划、埃及苏伊士运河走廊开发计划等实现了对接与合作，并形成了一批标志性项目，如中哈（连云港）物流合作基地。作为新亚欧大陆桥经济走廊建设成果之一，中哈（连云港）物流合作基地初步实现了深水大港、远洋干线、中欧班列、物流场站的无缝对接。该项目与哈萨克斯坦光明之路经济发展战略高度契合。

"一带一路"倡议是促进人文交流的沟通桥梁。"一带一路"倡议跨越不同区域、不同文化、不同宗教信仰，但它带来的不是文明冲突，而是各文明间的交流互鉴。"一带一路"倡议在推进基础设施建设、加强产能合作与发展战略对接的同时，也将"民心相通"作为工作重心之一。民心相通是"一带一路"建设的社会根基。民心相通就是要传承和弘扬丝绸之路友好合作精神，广泛进行文化交流、学术交流、人才交流往来、媒体合作、青年和妇女交往、志愿者服务等，为深化双边和多边合作奠定坚实的民意基础。一是扩大相互间留学生规模，开展合作办学；国家间互办文化年、艺术节、电影节、电视周和图书展等活动，深化国家间人才交流合作。二是加强旅游合作，扩大旅游规模，联合打造具有丝绸之路特色的国际精品旅游线路和旅游产品。三是强化与周边国家在传染病疫情信息沟通、防治技术交流、专业人才培养等方面的合作，提高合作处理突发公共卫生事件的能力。四是加强科技合作，共建联合实验室（研究中心）、国际技术转移中心、海上合作中心，促进科技人员交流，合作开展重大科技攻关，共同提升科技创新能力。五是整合现有资源，开拓和推进参与国家在青年就业、创业培训、职业技能开发、社会保障管理服务、公共行政管理等共同关心领域的务实合作。六是充分发挥政党、议会交往的桥梁作用，加强国家之间立法机构、主要党派和政治组织的友好往来，互结友好城市。七是加强各国民间组织的交流合作，重点面向基层民众，广泛开展教育、医疗、减贫开发、生物多样性和生态环保等主题的各类公益慈善活动，改善贫困地区生产生活条件；加强文化传媒领域的国际交流合作，积极利用网络平台，运用新媒体工具，塑造和谐友好的文化生态和舆论环境；通过强化民心相通，弘扬丝绸之路精神，开展智力丝绸之路、健康丝绸之路等建设，在科学、教育、文化、卫生、民间交往等领域广泛合作，使"一带一路"建设的民意基础更为坚实，社会根基更加牢固。"一带一路"建设就是要以文明交流超越文明隔阂，以文明互鉴超越文明冲突，以文明共存超越文明优越，为相关国家人民加强交流、增进理解搭起新的桥梁，为不同文化和文明加强对话、交流互鉴织就新的纽带，推动各国相互理解、相互尊重、相互信任。

"一带一路"是促进共同发展、实现共同繁荣的友谊之路。共建"一带一路"旨在促进各国发展战略的对接和耦合，有利于发掘区域市场的潜力，推动经济要素有序自由流动、资源高效配置和市场深度融合，促进投资和消费，创造需求和就业，增进各国人民的人文交流与文明互鉴，从而让各国人民相逢相知、互信互敬，共享和谐、安宁、富裕的生活。共建"一带一路"符合国际社会的根本利益，彰显了人类社会的共同理想和美好追求，是国际合作及全球治理新模式的积极探索，将为世界和平发展增添新的正能量。中国政府倡议秉持和平合作、开放包容、互学互鉴、互利共赢的理念，全方位推进务实合作，打造政治互信、经济融合、文化包容的利益共同体、命运共同体和责任共同体。

"一带一路"倡议已经得到世界上众多国家和地区的积极响应，成为维护全球自由贸易体系和开放型世界经济的重要支撑。截至 2021 年 1 月 30 日，中国已经同 171 个国家和国际组织签署 205 份共建"一带一路"合作文件。[1] 特别是 2017 年 5 月第一届"一带一路"国际合作高峰论坛、2019 年 4 月第二届"一带一路"国际合作高峰论坛和 2019 年 5 月亚洲文明对话大会的成功举办，充分彰显了我国开放、包容的大国外交风范。在此背景下，我们一方面应致力于向世界介绍中国，推动中国文化"走出去"，讲好中国故事；另一方面也应加强对"一带一路"国家的历史、文化、语言、教育、艺术等方面的介绍和研究，让中国人民更多地了解"一带一路"国家的具体国情，特别是文化传统和教育体系。

"一带一路"倡议合作范围不断扩大，合作领域愈加广阔。它不仅给参与各方带来了实实在在的合作红利，也为世界贡献了应对挑战、创造机遇、强化信心的智慧与力量。

当今世界，新冠肺炎疫情带来诸多挑战，局部战争风险依然存在，经济增长动能不足，"逆全球化"思潮涌动，地区动荡持续，恐怖主义蔓延。和平赤字、发展赤字、治理赤字带来的严峻问题，已摆在全人类面前。这充分说明现有的全球治理体系面临结构性问题，亟须找到新的破解之策与应对方略。作为一个新兴大国，中国有能力、有意愿同时也有责任为完善全球治理体系贡献智慧与力量。面对新挑战、新问题、新情况，中国给出

---

[1] 中国一带一路网. 我国已签署共建"一带一路"合作文件 205 份 [EB/OL].（2021-01-30）[2021-02-23]. https://www.yidaiyilu.gov.cn/xwzx/gnxw/163241.htm.

的全球治理方案是：构建人类命运共同体，实现共赢共享。"一带一路"倡议正是朝着这个目标努力的具体实践。"一带一路"倡议强调各国的平等参与、包容普惠，主张携手应对世界经济面临的挑战，开创发展新机遇，谋求发展新动力，拓展发展新空间，共同朝着人类命运共同体方向迈进。正是本着这样的原则与理念，"一带一路"倡议针对各国发展的现实问题和治理体系的短板，创立了亚洲基础设施投资银行、丝路基金等新型国际机制，构建了多形式、多渠道的交流合作平台。这既能缓解当今全球治理机制代表性、有效性、及时性难以适应现实需求的困境，在一定程度上扭转公共产品供应不足的局面，提振国际社会参与全球治理的士气与信心，又能满足发展中国家尤其是新兴市场国家变革全球治理机制的现实要求，大大增强了新兴国家和发展中国家的话语权，是推进全球治理体系朝着更加公正合理方向发展的重大突破。

"一带一路"倡议涵盖了发展中国家与发达国家，实现了"南南合作"与"南北合作"的统一，有助于推动全球均衡可持续发展。"一带一路"建设以基础设施建设为着眼点，促进经济要素有序自由流动，推动中国与相关国家的宏观政策的对接与协调。对于参与"一带一路"建设的发展中国家来说，这是一次搭中国经济发展"快车""便车"，实现自身工业化、现代化的历史性机遇，有利于推动"南南合作"的广泛展开，同时也有助于增进"南北对话"，促进"南北合作"的深度发展。不仅如此，"一带一路"倡议的理念和方向同联合国《2030年可持续发展议程》也高度契合，完全能够加强对接，实现相互促进。联合国秘书长古特雷斯表示，"一带一路"倡议与《2030年可持续发展议程》都以可持续发展为目标，都试图提供机会、全球公共产品和双赢合作，都致力于深化国家和区域间的联系。

二、深入推动"一带一路"国家的教育交流

2020 年 6 月印发的《教育部等八部门关于加快和扩大新时代教育对外开放的意见》指出，教育对外开放是教育现代化的鲜明特征和重要推动力，要以习近平新时代中国特色社会主义思想为指导，坚持教育对外开放不动摇，主动加强同世界各国的互鉴、互容、互通，形成更全方位、更宽领域、更多层次、更加主动的教育对外开放局面。

教育为国家富强、民族繁荣、人民幸福之本，在共建"一带一路"中具有基础性和先导性作用。教育交流为各国民心相通架设桥梁，人才培养为各国政策沟通、设施联通、贸易畅通、资金融通提供支撑。各国间教育交流源远流长，教育合作前景广阔，大家携手发展教育，合力共建"一带一路"，是造福各国人民的伟大事业。推进"一带一路"国家教育共同繁荣，既是加强与各国教育互利合作的需要，也是推进中国教育改革发展的需要，中国愿意在力所能及的范围内承担更多责任和义务，为区域教育大发展做出更大的贡献。

（一）教育合作的原则

"一带一路"国家教育合作应遵循四个重要原则。

一是育人为本，人文先行。加强合作育人，提高区域人口素质，为共建"一带一路"提供人才支撑。坚持人文交流先行，建立区域人文交流机制，搭建民心相通桥梁。

二是政府引导，民间主体。政府加强沟通协调，整合多种资源，引导教育融合发展。发挥学校、企业及其他社会力量的主体作用，活跃教育合作局面，丰富教育交流内涵。

三是共商共建，开放合作。坚持共商、共建、共享，推进各国教育发

展规划相互衔接，实现各国教育融通发展、互动发展。

四是和谐包容，互利共赢。加强不同文明之间的对话，寻求教育发展最佳契合点和教育合作最大公约数，促进各国在教育领域互利互惠。

（二）教育合作的重点

"一带一路"各国教育特色鲜明、资源丰富、互补性强、合作空间巨大。中国将以基础性、支撑性、引领性三方面举措为建议框架，开展三方面重点合作，对接各国意愿，互鉴先进教育经验，共享优质教育资源，全面推动各国教育提速发展。

1．开展教育互联互通合作

一是加强教育政策沟通。开展"一带一路"国家教育法律、政策协同研究，构建各国教育政策信息交流通报机制，为各国政府推进教育政策互通提供决策建议，为各国学校和社会力量开展教育合作交流提供政策咨询。积极签署双边、多边和次区域教育合作框架协议，制定各国教育合作交流国际公约，逐步疏通教育合作交流政策性瓶颈，实现学分互认、学位互授联授，协力推进教育共同体建设。

二是助力教育合作渠道畅通。推进"一带一路"国家间签证便利化，扩大教育领域合作交流，形成往来频繁、合作众多、交流活跃、关系密切的携手发展局面。鼓励有合作基础、相同研究课题和发展目标的学校缔结姊妹关系，逐步深化和拓展教育合作交流。举办校长论坛，推进学校间开展多层次、多领域的务实合作。支持高等学校依托优势学科和专业，建立"产学研用"相结合的国际合作联合实验室（研究中心）、国际技术转移中心，共同应对各国在经济发展、资源利用、生态保护等方面面临的重大挑战与机遇。打造"一带一路"国家学术交流平台，吸引各国专家学者、青年学生开展研究和学术交流。推进"一带一路"国家优质教育资源共享。

三是促进语言互通。研究构建语言互通协调机制，共同开发语言互通开放课程，逐步将国家语言课程纳入各国的学校教育课程体系。拓展政府间语言学习交换项目，联合培养、相互培养高层次语言人才。发挥外国语院校人才培养优势，推进基础教育多语种师资队伍建设和外语教育教学工作。扩大语言学习国家公派留学人员规模，倡导各国与中国院校合作在华开办本国语言专业。支持更多社会力量助力孔子学院和孔子课堂建设，加强汉语教师和汉语教学志愿者队伍建设，全力满足不同国家的汉语学习需求。

四是推进民心相通。鼓励学者开展或合作开展中国课题研究，增进各国对中国发展模式、国家政策、教育文化等各方面的理解。建设国别和区域研究基地，与对象国合作开展经济、政治、教育、文化等领域研究。逐步将理解教育课程、丝路文化遗产保护纳入各国中小学教育课程体系，加强青少年对不同国家文化的理解。加强"丝绸之路"青少年交流，注重通过志愿服务、文化体验、体育竞赛、创新创业活动和新媒体社交等途径，增进不同国家青少年对其他国家文化的理解。

五是推动学历学位认证标准联通。推动落实联合国教科文组织《亚太地区承认高等教育资历公约》，支持联合国教科文组织建立世界范围学历互认机制，实现区域内双边、多边学历学位关联互认。呼吁各国完善教育质量保障体系和认证机制，加快推进本国教育资历框架开发，助力各国学习者在不同种类和不同阶段教育之间进行转换，促进终身学习社会的建设。共商、共建区域性职业教育资历框架，逐步实现就业市场的从业标准一体化。探索建立各国教师专业发展标准，促进教师流动。

2．开展人才培养培训合作

一是实施"丝绸之路"留学推进计划。设立"丝绸之路"中国政府奖学金，为各国专项培养行业领军人才和优秀技能人才。全面提升来华留学人才培养质量，把中国打造成为深受各国学子欢迎的留学目的地。以国家公派留学为引领，推动更多中国学生到"一带一路"其他国家留学。坚持"出国留学和来华留学并重、公费留学和自费留学并重、扩大规模和提高质量并重、依法管理和完善服务并重、人才培养和发挥作用并重"，完善全链条的留学人员管理服务体系，保障平安留学、健康留学、成功留学。

二是实施"丝绸之路"合作办学推进计划。有条件的中国高等学校开展境外办学要集中优势学科，选好合作契合点，做好前期论证工作，构建科学的人才培养模式、运行管理模式、服务当地模式、公共关系模式，使学校顺利落地生根、开花结果。发挥政府引领、行业主导作用，促进高等学校、职业院校与行业企业深度产教融合。鼓励中国优质职业教育配合高铁、电信运营等行业企业"走出去"，探索开展多种形式的境外合作办学，合作设立职业院校、培训中心，合作开发教学资源和项目，开展多层次职业教育和培训，培养当地急需的各类"一带一路"建设者。整合资源，积极推进与各国在青年就业培训等共同关心领域的务实合作。倡议国家之间开展高水平合作办学。

三是实施"丝绸之路"师资培训推进计划。开展"丝绸之路"教师培训，加强先进教育经验交流，提升区域教育质量。加强"丝绸之路"教师交流，推动各国校长交流访问、教师及管理人员交流研修，推进优质教育模式在各国的互学互鉴。大力推进各国优质教学仪器设备、教材课件和整体教学解决方案的输出，跟进教师培训工作，促进各国教育资源和教学水平均衡发展。

四是实施"丝绸之路"人才联合培养推进计划。推进国家间的研修访学活动。鼓励各国高等院校在语言、交通运输、建筑、医学、能源、环境工程、水利工程、生物科学、海洋科学、生态保护、文化遗产保护等国家发展急需的专业领域联合培养学生，推动联盟内或校际教育资源共享。

3．共建丝路合作机制

一是加强"丝绸之路"人文交流高层磋商。开展国家间的双边、多边人文交流高层磋商，商定"一带一路"教育合作交流总体布局，协调推动各国建立教育双边和多边合作机制、教育质量保障协作机制和跨境教育市场监管协作机制，统筹推进"一带一路"教育共同行动。

二是充分发挥国际合作平台作用。发挥上海合作组织、东亚峰会、亚太经合组织、亚欧会议、亚洲相互协作与信任措施会议、中阿合作论坛、东南亚教育部长组织、中非合作论坛、中巴经济走廊、孟中印缅经济走廊、中蒙俄经济走廊等现有双边、多边合作机制的作用，增加教育合作的新内涵。借助联合国教科文组织等国际组织力量，推动各国围绕实现世界教育发展目标形成协作机制。充分利用中国-东盟教育交流周、中日韩大学交流合作促进委员会、中阿大学校长论坛、中非高校20+20合作计划、中日大学校长论坛、中韩大学校长论坛、中俄综合性大学联盟等已有平台，开展务实的教育合作交流。支持在共同区域、有合作基础、具备相同专业背景的学校组建联盟，不断延展教育务实合作平台。

三是实施"丝绸之路"教育援助计划。发挥教育援助在"一带一路"教育共同行动中的重要作用，逐步加大教育援助力度，重点投资于人、援助于人、惠及于人。发挥教育援助在"南南合作"中的重要作用，加大对相关国家尤其是最不发达国家的支持力度。统筹利用国家、教育系统和民间资源，为相关国家培养培训教师、学者和各类技能人才。积极开展优质教学仪器设备、整体教学方案、配套师资培训一体化援助。加强中国教育培训中心和教育援外基地建设。倡议各国建立政府引导、社会参与的多元化经费筹措机制，通过国家资助、社会融资、民间捐赠等渠道，拓宽教育经费来源，做大教育援助格局，实现教育共同发展。

三、精心组织"一带一路"国家文化教育大系的编著出版

在编写"一带一路"国家文化教育大系过程中，应当全面了解国内外对"一带一路"倡议的响应情况，关注进展，总结做法；应当在新冠肺炎疫情得到控制后到对象国去走一走，看一看，实地感受其教育情况和发展变化；应当广泛收集对象国一手资料，认真阅读，消化分析，吐故纳新；应当多方检索专家学者已经开展的相关研究，虚心参阅已有的研究成果。肆虐全球的新冠肺炎疫情，给人类身体健康和生命安全带来了巨大威胁，对世界格局和世界治理体系产生了重大影响，给全球各行各业带来了巨大挑战。教育置身其间，影响十分明显。因而，对"一带一路"国家文化教育进行研究时，必须观察分析疫情对相关国家文化教育和全球教育治理的深刻影响。

"一带一路"倡议提出后，中外已形成多个"一带一路"多边大学联盟。2015 年 5 月 22 日，由西安交通大学发起的新丝绸之路大学联盟成立，迄今已吸引 38 个国家和地区的 150 余所大学加盟。该联盟是海内外大学结成的非政府、非营利性的开放性、国际化高等教育合作平台，以"共建教育合作平台，推进区域开放发展"为主题，推动"新丝绸之路经济带"国家和地区大学之间在校际交流、人才培养、科研合作、文化沟通、政策研究、医疗服务等方面的交流与合作，增进青少年之间的了解和友谊，培养具有国际视野的高素质、复合型人才，服务"新丝绸之路经济带"及欧亚地区的发展建设。

2015 年 10 月 17 日，丝绸之路（敦煌）国际文化博览会筹委会文化传承创新高端学术研讨会在敦煌举行。中国的复旦大学、北京师范大学、兰州大

学和俄罗斯乌拉尔国立经济大学、韩国釜庆大学等 46 所中外高校在甘肃敦煌成立了"一带一路"高校战略联盟，以探索跨国培养与跨境流动的人才培养新机制，培养具有国际视野的高素质人才。46 所高校当日达成《敦煌共识》，联合建设"一带一路"高校国际联盟智库。联盟将共同打造"一带一路"高等教育共同体，推动"一带一路"国家和地区大学之间在教育、科技、文化等领域的全面交流与合作，服务"一带一路"国家和地区的经济社会发展。

2016 年 9 月，中国、中亚及丝绸之路经济带沿线 7 个国家的 51 所高校共同发起成立了中国–中亚国家大学联盟，旨在打造开放性、国际化互动平台，深化"一带一路"科教合作。

此外，高等教育合作研讨会也日渐增多，既有官方推动形成的研讨会，也有民间自发举办的研讨会。比如，中外大学校长论坛、新加坡–中国–印度高等教育论坛、"一带一路"教育对话论坛，以及北京师范大学举办的"一带一路"国家教育交流与合作高端研讨会，北京外国语大学举办的"一带一路"与行业国际化人才培养高峰论坛，北京理工大学主办的"一带一路"高等教育研究国际会议，浙江大学举办的"一带一路"背景下的工程科技人才培养国际研讨会等。这些多边研讨会的召开，不仅吸引了大量"一带一路"沿线国家的教育研究者与实践者参会，推动了研究与实践合作，而且创新了教育合作模式，促进了国际化高端人才培养，为"一带一路"建设奠定了民意基础。

"一带一路"倡议提出之后，中国学术界迅速开展了关于"一带一路"的研究活动，有关"一带一路"主题的图书主要有以下五类。第一类是倡议解读类图书，一般是梳理"一带一路"倡议的提出、发展及其理论内涵与外延。第二类是经济贸易类图书，专业性较强，主要为理论研究型图书。第三类是国情文史类图书，多为介绍"一带一路"国家国情概览、历史情况、发展概况的工具书，语言平实，部分图书学术性较强。第四类是丝路历史类图书，一般回顾古代丝绸之路的形成与发展、丝绸之路上的人物和大事记等，追古溯源，以便更好地开启"一带一路"新篇章。第五类是法律税收类图书，多为法律指引、税务规范手册等。

可以看出，国内对"一带一路"国家的研究已有一定基础，但是囿于语言翻译的障碍，已经出版的"一带一路"图书，大多是政策解读、数据报告、概况介绍等，对对象国的研究广度和深度还很不够，尤其是针对"一带一路"国家文化教育的系统研究还比较少。

在"一带一路"国家中，遴选具有代表性的对象，对其文化、教育进行系统性的研究，并在此基础上编写"一带一路"国家文化教育大系，分期分批出版，对于帮助中国普通读者和研究人员了解"一带一路"国家的文化教育情况，以及对于拓展我国比较教育研究领域、丰富比较教育研究文献，乃至对于促进中外文明互通、更好地参与推进"一带一路"建设，都具有重要意义。基于对选题背景与意义、相关出版产品调研和北京外国语大学比较优势的分析，"一带一路"国家文化教育大系坚持学术性、可读性兼顾原则，分批次推出，不断积累，以形成规模和品牌。

大系在内容上，一方面呈现"一带一路"国家的文化概貌，展示"一带一路"国家教育发展的文化背景和社会依托。大系采用专题形式，力求用简洁平实的语言生动活泼地介绍"一带一路"国家的自然地理、人文景观、历史发展、风土人情、文化遗产等内容，重点呈现对象国独有的文化现象和独特风貌，集中揭示其民族文化内涵、民族精神、人文意蕴。另一方面，大系重点研究、评价、介绍"一带一路"国家教育的基本情况、发展历史、发展战略、政策法规、现存体系、治理模式与师资队伍等，这方面内容占较大篇幅，是全书的重点和主要内容。

"一带一路"倡议正在成为我国参与全球开放合作、改善全球治理体系、促进全球共同发展繁荣、推动构建人类命运共同体的中国方案。作为国家社会科学基金（教育学）重大项目"新时代提升中国参与全球教育治理的能力及策略研究"的部分研究成果和北京外国语大学"双一流"建设重大标志性成果，"一带一路"国家文化教育大系计划在 2021 年中国共产党建党 100 周年和北京外国语大学建校 80 周年之际，推出首批图书。2023 年"一带一路"倡议提出 10 周年时，推出该项目二期成果。同时积极参与党和国家相关主题纪念活动，以及国家重大图书项目的申报评选工作。

北京外国语大学以外语见长，国际交往活跃，被誉为"共和国外交官的摇篮"，先后培养了 400 多位大使、2 000 多位参赞，以及更多的外交外事外贸工作者。凡是有五星红旗飘扬的地方，都能看到北外人的身影。北外不仅承担着培养各类国际化人才的任务，更担负着向中国介绍世界、向世界介绍中国的历史使命。迄今为止，北外已获批开设 101 种外国语言，成立了 37 个区域与国别研究中心，丰富的涉外资源正在助力"一带一路"国家的研究。

大系由外研社具体组织实施。外研社隶属北外，多年来致力于"一带一路"国家的合作交流，服务讲好"中国故事"，在中华思想文化传播、打造中外出版联盟、推动中外学术互译等方面积累了丰富经验，对于协助研究、编著、出版"一带一路"国家文化教育大系具有良好的工作基础。这也是北外及外研社的使命和担当之所在。

大系编著者以北外教师为主。服务国家重大战略，北外人责无旁贷。同时，国内有研究专长和研究意愿的专家学者也踊跃参与，他们或独自撰著一书，或与北外同仁合作。大系还邀请了驻外使领馆的同志和对象国的学者参加撰写或审稿，他们运用一手资料，开展实地调研，力图提升大系的准确性。

四、结语

"一带一路"倡议植根历史，更面向未来；源于中国，更属于世界。"一带一路"作为文明互鉴的桥梁，从亚欧大陆延伸到非洲、美洲、大洋洲，与世界各国发展战略及众多国际和地区组织的发展实现对接联通，在通路、通航的基础上更好地通商，进而开展文化教育交流与沟通，加强商品、资金、技术、文化、教育流通，达成互学互鉴的文明愿景。"一带一路"倡议的目标是中国与"一带一路"国家在互联互通基础上分享优质产能，共商项目投资，共建基础设施，共享合作成果，内容包括政策沟通、设施联通、贸易畅通、资金融通、民心相通"五通"。"一带一路"倡议肩负重大使命，它要探寻经济增长之道，将中国自身的产能优势、技术与资金优势、经验与模式优势转化为市场与合作优势，实行全方位开放，共享中国改革发展红利；它要实现全球化再平衡，鼓励向西开放，带动西部开发以及中亚、蒙古等内陆国家和地区的开发，在国际社会推行全球化的包容性发展理念，主动向西推广中国优质产能和比较优势产业，惠及沿途、沿岸国家，避免西方国家所开创的全球化造成的贫富差距和地区发展不平衡情况，推动建立持久和平、普遍安全、共同繁荣的和谐世界；它要开创地区新型合作，强调共商、共建、共享原则，超越了马歇尔计划和传统的对外援助活动，给 21 世纪的国际合作带来了新的理念。所以，新时代中国的教育学者应当将"一带一路"国家文化教育研究作为比较教育新的增长点，全面深入开展研究，以自己的聪明才智丰富学术，为国出力，服务国家重大发展战略；在加强与"一带一路"国家的交流合作中，推动"一带一路"建设高质量发展，努力建设高质量的中国教育体系，并积极参与后疫情时代全球教育治理体系改革，加快构建以国内大循环为主体、国内国际双循环相互促进的新发展格局。

2023 年春
于北京外国语大学

（王定华，北京外国语大学党委书记、博士、教授、博士生导师，国家督学。历任河南大学教师、中国驻纽约总领事馆教育领事、教育部基础教育一司司长、教育部教师工作司司长等。）

本书前言

哈萨克斯坦是中国的重要邻国，也是有影响力的地区大国。独立后，哈萨克斯坦实现政治、经济、社会稳定发展，成为中亚国家的"领头羊"。2013年9月7日，中国国家主席习近平在哈萨克斯坦纳扎尔巴耶夫大学发表题为《弘扬人民友谊　共创美好未来》的重要演讲，首次提出共同建设"丝绸之路经济带"的倡议，得到了友好邻邦哈萨克斯坦的积极响应，从而拉开了中哈两国全面合作的新篇章。[1] 此后，中哈共建"一带一路"，实施了一系列具有战略意义的合作项目，为两国人民带来实实在在的福祉，也为国际社会树立了典范。中国"一带一路"倡议与哈萨克斯坦"光明之路"新经济政策的对接为基础设施、投资贸易、工业与交通、人文交流等诸多领域的双边合作提供了巨大助力，也为中哈两国之间的教育合作开启了新的篇章。教育合作是"一带一路"倡议的重要组成部分，深入开展双边教育交流有利于实现中哈两国的民心相通，促进了中哈永久全面战略伙伴关系的发展，为两国人民世代友好夯实了民意基础。

2022年9月14日，在"一带一路"倡议即将十周年之际，应托卡耶夫总统的邀请，习近平主席再次对哈萨克斯坦进行国事访问，并在《哈萨克斯坦真理报》发表署名文章。习主席说："中国和哈萨克斯坦是山水相连、唇齿相依的好邻居、好朋友、好伙伴，两国人民有着数千年的友好交往史，

---

[1] 人民网. 弘扬人民友谊 共同建设"丝绸之路经济带"[EB/OL]. （2013-09-08）[2023-07-18]. http://www. people.com.cn/24hour/n/2013/0908/c25408-22842984.html.

共同谱写了古丝绸之路贯通东西的壮美诗篇。中国唐代高僧玄奘、明代外交家陈诚等都曾经到访哈萨克斯坦，'东方亚里士多德'阿里·法拉比、'诗圣'阿拜·库南巴耶夫等哈萨克斯坦历史文化名人在中国也为众人知晓，他们的故事至今在两国民间广为传颂。今年是中哈建交 30 周年。三十载风雨兼程，三十载携手同行。两国交往日益密切，合作驰而不息，共同走出了一条不平凡的发展道路。"[1] 正如习主席所说，建交以来，中哈两国人民之间已经筑起了友谊的新桥梁，特别是中哈人文交流与教育合作不断深入，成果丰硕。在这一时间节点，对哈萨克斯坦教育发展状况和中哈两国的教育合作进程进行梳理和总结无疑具有重要意义。

《哈萨克斯坦文化教育研究》是北京外国语大学组织编写的"一带一路"国家文化教育大系丛书的分册之一，是国家社会科学基金（教育学）重大项目"新时代提升中国参与全球教育治理的能力及策略研究"以及北京外国语大学"双一流"建设标志性项目的阶段性研究成果。本册的研究对象是中国的西部邻国哈萨克斯坦，课题组通过大量外文资料的搜集与分析，聚焦哈萨克斯坦的国情概况、文化传统、教育历史、学前教育、基础教育、高等教育、职业教育、成人教育、教师教育、教育政策、教育行政以及与中国的教育交流，为读者了解这个中亚邻居的文化教育概貌提供了窗口与视角，为中国教育改革和发展提供了参考与建议、思考与启迪。

本书力求从整体上勾勒出当代哈萨克斯坦教育体系各个阶段的发展情况与行政管理措施，总结出哈萨克斯坦各教育层次的发展特点和改革方向，分析哈萨克斯坦整个教育体系创新发展面临的主要问题，从中发现有益的可借鉴经验，同时对哈萨克斯坦的教育发展前景做出预测。本书的创新之处主要体现在以下四个方面：（1）内容覆盖了哈萨克斯坦当今教育体系的所有层级，包括学前教育、基础教育、高等教育、职业教育、成人教育、教

---

[1] 人民网. 习近平在哈萨克斯坦媒体发表署名文章 [EB/OL].（2022-09-13）[2023-01-19]. http://politics.people.com.cn/n1/2022/0913/c1024-32525307.html.

师教育等不同领域和类型，系国内学术界对哈萨克斯坦教育进行的较全面的研究；（2）研究过程中参考了大量外文资料，文中大量信息和数据均来自俄语、哈萨克语、英语一手资料；（3）关注哈萨克斯坦教育发展的最新内容，展现了哈萨克斯坦教育改革的最新动态；（4）落脚于中哈两国教育合作，通过实际案例分析中哈教育交流的实践状况。本书可以作为中国学界中亚区域国别研究领域的一项学术补充，也可以作为高等学校教育学领域的补充教材，亦可为中国外交和教育等政府部门提供一定的对策建议。

本书是北京外国语大学哈萨克斯坦研究中心的研究成果，由中心主任孙芳副教授、哈萨克语教师谢维宁博士合作完成。谢维宁负责第一至第五章及文前的彩插，占总工作量的40%；孙芳负责本书前言、第六至第十二章、结语、参考文献及全书的统稿，占总工作量的60%。

感谢北京外国语大学党委书记、中国教育学会副会长兼国际教育分会理事长、"一带一路"国家文化教育大系总主编王定华教授提供的专业支持、指导和鼓励，感谢外语教学与研究出版社的充分信任和对本书编写、出版的大力支持，感谢刘捷编审、孙凤兰编审、蔡喆编辑的专业修改和默默付出。感谢北京外国语大学俄语学院研究生李伊蒙、马跃、陈永红、范蕊、林梦含、王子晴、于镶麟和高雪为本书的撰写工作提供的得力帮助。

由于时间紧、任务重，书中可能存在疏漏、错误等情况，恳请各位学界同仁和广大读者批评指正。

孙芳
2023年8月于北京外国语大学哈萨克斯坦研究中心

目　录

第一章 国情概览

第一节 自然地理

一、地理位置

哈萨克斯坦地处欧亚大陆腹地，国土面积为 272.49 万平方千米，位列世界第 9，是世界上最大的内陆国，同时也是面积最大的中亚国家。哈萨克斯坦的国土西起伏尔加河下游平原，东至阿尔泰山脉，其北面是西伯利亚平原，南部则是克孜勒库姆沙漠和天山山脉。哈萨克斯坦的地理中心点位于北纬 48°11′、东经 66°22′。其国土南北纵贯约 1 650 千米，东西绵延近 3 000 千米，全国跨越东 5 区、东 6 区两个时区，哈萨克斯坦首都阿斯塔纳采用东 6 区时间，无夏令时。[1]

哈萨克斯坦的陆地边境线长达 13 000 多千米，其中与俄罗斯接壤部分为 7 591 千米，是全世界最长的无间断陆地边境线。哈萨克斯坦的东部与中国接壤，边境线为 1 783 千米；南部与吉尔吉斯斯坦、乌兹别克斯坦以及土库曼斯坦三国接壤，其中与吉尔吉斯斯坦接壤的边境线长 1 242 千米，与乌

---

[1] ВИЛЕСОВ Е. Н., НАУМЕНКО А. А. и др. Физическая география Казахстана[M]. Алматы: Қазақ университеті, 2009: 6.

兹别克斯坦接壤的边境线长 2 351 千米，与土库曼斯坦接壤的边境线长 426 千米。此外，哈萨克斯坦还有近 3 000 米长的边境线位于里海和咸海域内，属于水上边境线。[1]

二、地形地貌

哈萨克斯坦地貌的第一个特点是东高西低、南高北低，东部的阿尔泰山脉海拔最高可达到 4 500 米，而西部的里海低地海拔为负 28 米；南部的天山山脉海拔高达 4 000—5 000 米，而北部的西西伯利亚平原最高处也不过海拔 200 米。但哈萨克斯坦总体地势不高，80% 以上的地区海拔在 500 米以下。[2] 哈萨克斯坦地貌的第二个特点是拥有大量的湖泊和内流河。只有其北部、东北以及最东部少数河流流向海洋，如额尔齐斯河、伊希姆河、托博尔河及其支流，其余大部分河流最终都汇入了盆地和低地的湖泊中。哈萨克斯坦的第三个地貌特点是带状地貌和块状地貌交叉分布。从南向北有东南高山带、中部丘陵带和西北部高原带这三个带状地形，在它们中间以及哈萨克斯坦北部、西北和南部边陲则分布着包括巴尔喀什—阿拉湖低地、咸海低地、里海低地以及图兰低地在内的块状洼地。

三、气候特征

哈萨克斯坦地处北温带，是典型的内陆国家，其北部是西西伯利亚平

---

[1] 资料来源于哈萨克斯坦共和国总统官网。

[2] ГЕРАСИМОВА И. П. Очерки по физической географии Казахстана[M]. Алма-ата: Издательство академии наук Казахской ССР, 1952: 16.

原，东南部为山脉和荒漠，西北部与俄罗斯欧洲部分的丘陵地带接壤，东北部则是西伯利亚中部和东部的山脉。远离海洋造就了哈萨克斯坦的强大陆性气候。由于领土南北跨度较大，哈萨克斯坦的气候自北向南由草原气候逐步过渡到沙漠气候。此外，纬度差异还导致了南北部地区日照时间不同，北方地区的年平均日照时间为 2 000 小时，南部地区的这一数值则为 3 000 小时。年日照时间最长的地区为南部的图尔克斯坦，达到 3 072 小时。[1]

影响哈萨克斯坦冬半年气候的主要是西伯利亚寒流，它使哈萨克斯坦中、北部地区的冬季漫长而寒冷。夏半年哈萨克斯坦南部及东南边境附近的卡拉库姆、克孜勒库姆、塔克拉玛干沙漠对其气候产生直接影响，使其南部地区时常刮起干燥、灼热的风。因此，哈萨克斯坦的强大陆性气候主要表现为总体降水量较少，南部地区夏季炎热干燥而冬季短暂，北部地区夏季短暂但冬季漫长严寒。

哈萨克斯坦北部地区 1 月份的平均气温低至零下 19℃，南部地区则为零下 1℃至 3℃。相比之下，7 月是哈萨克斯坦最热的月份，大部分北部平原地区 7 月份的平均温度为 18℃，南部平原地区这一数值为 30℃。

除部分高海拔地区以外，哈萨克斯坦气候的整体特点是干旱，全国的年平均降水量约为 200 毫米。地形对降水量的分布有较大影响，哈萨克斯坦境内的草原地带年平均降水量为 250—300 毫米，其北部森林草原地带的年均降水量要高于这一数值。哈萨克斯坦中部的多数地区年降水量为 125—250 毫米。哈国境内年平均降水量最低的地区为巴尔喀什湖沿岸以及咸海附近的克孜勒库姆地区，约为 100 毫米。[2]

---

[1] ВИЛЕСОВ Е. Н., НАУМЕНКО А. А. и др. Физическая география Казахстана[M]. Алматы: Қазақ университеті, 2009: 162.

[2] ВИЛЕСОВ Е. Н., НАУМЕНКО А. А. и др. Физическая география Казахстана[M]. Алматы: Қазақ университеті, 2009: 167.

四、水文情况

哈萨克斯坦全国共计有 8.5 万条河流和临时水道，其中只有 10% 的河流的长度超过 10 千米，超过 800 千米的河流有 10 条。[1] 发源于中国，经哈萨克斯坦流入俄罗斯的额尔齐斯河是哈萨克斯坦境内最长、流域面积最广的一条河流。额尔齐斯河全长 4 284 千米，在哈萨克斯坦境内的长度为 1 700 千米。第二长的河流为锡尔河，全长 3 019 千米。锡尔河发源于吉尔吉斯斯坦的那伦河，流经乌兹别克斯坦，在哈萨克斯坦境内的长度为 1 400 千米。长度排名第三的是流经哈萨克斯坦与俄罗斯的跨境河流伊希姆河，全长 2 450 千米，在哈萨克斯坦境内的长度为 1 400 千米。[2] 伊希姆河流经哈萨克斯坦首都阿斯塔纳。

哈萨克斯坦的境内河流补给类型主要为积雪融水补给、冰川融水补给以及混合型补给。受补给类型的影响，哈萨克斯坦大部分河流都有春汛现象，只有当积雪和冰川大规模融化时才会在夏季出现水位上涨的情况。

在哈萨克斯坦境内，除里海和咸海以外分布着大大小小 4.8 万个湖泊，湖泊的总面积约为 4.5 万平方千米。94% 的湖泊面积小于 1 平方千米，面积超过 100 平方千米的湖泊有 22 个。[3] 这些湖泊最大的共同点是它们都是内流湖、浅水湖，且水位随季节变化较大。大多数湖泊分布在哈萨克斯坦北部的森林和草原地带，南部的沙漠地带也有一些湖泊，尤其是内流河的河滩和三角洲地带。此外，在广阔的沙漠低地上分布着哈萨克斯坦境内面积最大的三个湖泊——巴尔喀什湖、阿拉湖和萨瑟克湖。大大小小的湖泊为

---

[1] ВИЛЕСОВ Е. Н., НАУМЕНКО А. А. и др. Физическая география Казахстана[M]. Алматы: Қазақ университеті, 2009: 192.

[2] ВИЛЕСОВ Е. Н., НАУМЕНКО А. А. и др. Физическая география Казахстана[M]. Алматы: Қазақ университеті, 2009: 193.

[3] ВИЛЕСОВ Е. Н., НАУМЕНКО А. А. и др. Физическая география Казахстана[M]. Алматы: Қазақ университеті, 2009: 203.

哈萨克斯坦提供了渔业资源，部分湖泊的湖水可以晒盐，此外，湖泊周围的温泉还是哈国人的疗养胜地。

五、矿产资源

哈萨克斯坦矿产资源丰富，有各类矿藏 5 000 多处，大多数重要的矿产资源在哈萨克斯坦都有丰富的储量。在已经探明的储量中，锌、钨以及氧化钡（重晶石）的储量居世界第一位，白银、铅、铬铁以及铀的储量为世界第二，铜和萤石的储量排世界第三位，钼的储量排世界第四位，黄金储量排世界第六位。此外，哈萨克斯坦拥有丰富的化石能源，其煤炭储量排世界第八位，已探明的石油储量排世界第九位。[1] 哈萨克斯坦的矿产资源不仅能满足本国工业发展的需求，还能向外出口部分化石燃料、有色金属、化工原料及建材。

六、土壤条件

哈萨克斯坦有丰富的土地资源，大量尚未开发的肥沃黑土、栗钙土（北部）、灰钙土（南部）以及面积更为广阔的夏牧场和冬牧场。夏牧场主要集中在北部和山区，冬牧场集中在半荒漠地区。

哈萨克斯坦的平原地带主要分为三类土壤。第一类为草原地带的黑土，第二类为草原荒漠地带和半荒漠地带的栗钙土，第三类为荒漠地带的棕色或灰棕色漠土。草原地带的土壤面积为 25.3 万平方千米，约占国土总面积

---

[1] 资料来源于哈萨克斯坦共和国总统官网。

的 9%。荒漠草原和半荒漠地带的土壤面积为 90.4 万平方千米，约占国土面积的 33%。此外，最为广阔的荒漠地带面积为 120 万平方千米，占国土面积的 44%。[1]

七、动植物种类

哈萨克斯坦境内约有 6 000 种植物，这其中不包括引进、栽培和入侵的 500 种植物。[2] 就物种而言，水生植被是哈萨克斯坦植物区系中数量最少同时也最为古老的物种，如眼子菜属的植物，它们在距今 100 万—70 万年前便已经在哈萨克斯坦境内出现了。哈萨克斯坦各地不同的气候孕育了各具特点的植被，其中具有代表性的有梭梭林、白桦林和针叶林。梭梭林是哈萨克斯坦荒漠和半荒漠地带最典型的植被。梭梭树是一种旱生植物，有白梭梭和黑梭梭之分。关于哈萨克斯坦梭梭树的记载最早可追溯到 1771 年，当时它被称为"沙漠中的杉树"。[3] 梭梭林分布在哈萨克斯坦广阔的沙漠地带、锡尔河、伊犁河岸以及巴尔喀什湖和阿拉湖的周边。哈萨克斯坦北部森林草原地带的植被以白桦林为主，它们通常生长在灰黑土与脱碱土中。在纬度更低的哈萨克丘陵地带也能看到白桦林的身影。白桦林在阿尔泰山脉南麓海拔较低处尤其常见。这里的桦树林以疣皮桦为主，毛桦次之。白桦林中间的灌木层生长着包括西伯利亚红柳、灰柳、黄花柳在内的大量柳树以及蔷薇。松树林主要生长在哈萨克斯坦北部边疆的河边沙堤或丘陵地带的花岗岩表面上。针叶林主要分布于阿尔泰和天山山脉中。这里生长着

---

[1] ВИЛЕСОВ Е. Н., НАУМЕНКО А. А. и др. Физическая география Казахстана[M]. Алматы: Қазақ университеті, 2009: 266, 268, 271.

[2] 资料来源于维基百科网站。

[3] ВИЛЕСОВ Е. Н., НАУМЕНКО А. А. и др. Физическая география Казахстана[M]. Алматы: Қазақ университеті, 2009: 234.

高大的西伯利亚冷杉、云杉和新疆五针松，同时也掺杂着山杨树和白桦树。除了高大的乔木外，哈萨克斯坦还生长着大量灌木，在其东北部丘陵的低洼地带、阿尔泰山的山前地带以及河滩上生长着黄刺条。

哈萨克斯坦林业和动物保护委员会官方网站2022年的数据显示，哈萨克斯坦共生存着835种脊椎动物，其中哺乳类动物178种，鸟类489种（396种为哈萨克斯坦境内的常居鸟类，其余93种则仅在哈萨克斯坦境内过冬），爬行动物49种，两栖动物12种，鱼类104种，圆口类3种。此外，哈萨克斯坦境内还生存着10万种无脊椎动物，其中半数为昆虫。[1]

动物的分布在很大程度上取决于生态环境。哈萨克斯坦地形、地貌的复杂程度决定了其动物种群的多样性。哈萨克斯坦草原上的动物以草食动物为主，如狍子、高鼻羚羊等。草食动物的存在为肉食动物提供了食物来源，因此草原上还生活着相当数量的狐狸、黄鼠狼、狼、鹰以及游隼。得益于丰富的植被，草原的昆虫以及微生物也种类繁多。相比之下，荒漠地带的生存环境要严峻得多。由于植被稀疏，荒漠地带生物的种类和数量都要低于草原地带。在荒漠上生存的动物普遍具有抗旱耐高温的特质。然而不同生物个体的耐热限度也有所差异，尽管这里的昆虫通常能忍受50—55℃的高温，但跳鼠在温度达到34℃时就会死亡。因此许多动物都藏在洞穴或躲在灌木深处来抵抗炎热的环境。哈萨克斯坦不少特有物种都分布在沙漠地带，如小肥尾跳鼠、荒漠睡鼠、阿尔泰灰蹶鼠、黄兔尾鼠等。栖身之处较少、地表温度较高造就了哈萨克斯坦荒漠动物快速奔跑的能力。食草动物本身数量不多，导致这一地带的食肉动物不仅数量较少，且体型不大。受海拔和气候的影响，山地动物分布与草原和荒漠有较大差异。在哈萨克斯坦的山区数量最多的是全身覆盖着厚重皮毛的哺乳动物以及羽毛丰满的鸟类。这里的动物都能适应氧气稀薄的环境，并且颜色更深。

---

[1] 资料来源于哈萨克斯坦共和国政府官网。

八、自然遗产

截至 2021 年，哈萨克斯坦共有两处自然保护地被联合国教科文组织列入《世界遗产名录》，分别为萨雅克—北哈萨克斯坦草原湖群和西部天山山脉。

位于哈萨克斯坦丘陵地带的萨雅克—北哈萨克斯坦草原湖群于 2008 年被联合国教科文组织列入《世界遗产名录》，是哈萨克斯坦乃至中亚地区的首个世界自然遗产。该区域占地约 45 万公顷，包含那吾鲁孜厄姆和可干尔赞恩两个自然保护区，为来自欧洲、非洲、南美洲等地的候鸟提供了迁徙的重要中转地。保护区内有世界上纬度最高的火烈鸟栖息地。

西部天山山脉为哈萨克斯坦、乌兹别克斯坦和吉尔吉斯斯坦三国共同申报的项目，于 2016 年被联合国教科文组织列入《世界遗产名录》。该自然遗产在哈萨克斯坦境内的部分可分为阿克苏—扎巴格雷自然保护区、卡拉套自然保护区和撒伊拉姆—乌加姆国家公园三部分，在这里生活着雪豹、喜马拉雅棕熊、卡拉套盘羊等多种珍稀野生动物。

第二节　国家制度

哈萨克斯坦全称为哈萨克斯坦共和国，首都为阿斯塔纳市，哈萨克语是其国语，俄语则是族际交流语言。每年的 12 月 16 日为哈萨克斯坦的国家独立日。哈萨克斯坦官方货币为坚戈。

一、国家象征

哈萨克斯坦国旗于 1992 年正式启用，其创作者是艺术家沙肯·尼亚兹别科夫。国旗的长宽比为 2 ∶ 1，以天蓝色为底色，正中为一只托着太阳的金色雄鹰，左侧饰有一条颇具民族特色的花纹。天蓝色的底色象征着晴朗的天空、和平与繁荣。金色的太阳是财富、生命和能量的化身。太阳昭示着哈萨克斯坦作为一个年轻的国家具有蓬勃向上的力量，同时也彰显着与世界各国开放合作的姿态。在阳光下翱翔的金鹰则代表了哈萨克斯坦的国家力量、主权和独立，反映其对世界文明高度的渴望。环绕太阳的射线呈谷物状，既代表光明，又象征繁荣和幸福。国旗左侧的花纹是哈萨克斯坦文化和传统的象征。

哈萨克斯坦的国徽和国旗于同一年诞生，由建筑师詹达尔别克·马力别科夫和硕特－阿曼·瓦力汉诺夫共同完成。国徽呈圆轮状，象征着生命和永恒。国徽中央为毡房顶部的通风窗，在它周围有一圈支撑杆，如同阳光一般向四周发散。通风窗是毡房的骨干部分，形似天穹，是亚欧大陆游牧民族文化传统中的重要标识，象征着哈萨克斯坦是其境内各族人民的共同家园。而通风窗四周的支撑杆则寓意国家的稳定和发展取决于每一个公民的福祉。通风窗的左右两侧饰有神话中的飞马，马的形象体现了勇敢、忠诚、力量，马的翅膀则寄托着哈萨克斯坦各族人民对国家繁荣的期盼。通风窗的上方有一颗立体的五角星，下方以拉丁字母写有 QAZAQSTAN 字样。国徽上的五角星反映了哈萨克斯坦人民同世界各国人民开放合作的心态。整个国徽除底色外所有纹饰均为金色。

哈萨克斯坦国歌在 1992 年获得批准后于 2006 年经历了一次改动。目前的国歌版本基于哈萨克斯坦爱国歌曲《我的哈萨克斯坦》改编而来，歌曲创作于 1956 年，词作者为茹梅肯·纳日梅坚诺夫，曲作者为哈萨克斯坦著名音乐家沙姆什·卡尔达亚科夫。为了使歌曲与国歌的地位相符合，2006年，其歌词经历了一次修订。2006 年 1 月 6 日，经议会批准，《我的哈萨克斯坦》成为新的哈萨克斯坦国歌，沿用至今。

二、行政区划

哈萨克斯坦的行政单位分为三级：州和直辖市，州区域、州首府和直辖市各区，地级市、镇、村。目前，哈萨克斯坦全国划分为 17 个州和 3 个直辖市。17 个州分别为北部的北哈萨克斯坦州、阿克莫拉州、科斯塔奈州、巴甫洛达尔州，中部的卡拉干达州和乌勒套州，南部的图尔克斯坦州、江布尔州、克孜勒奥尔达州、阿拉木图州以及杰特苏州，西部的阿克托别州、西哈萨克斯坦州、曼吉斯套州、阿特劳州，东部的东哈萨克斯坦州和阿拜州。3 个直辖市为阿斯塔纳市、阿拉木图市和奇姆肯特市。

（一）阿斯塔纳

1997 年 10 月 10 日经议会决议通过，阿斯塔纳成为哈萨克斯坦首都。在哈萨克斯坦独立前，阿斯塔纳曾被称为切利诺格勒，在俄语中有"处女地之城"的意思。独立之初更名为阿克莫拉，1998 年 5 月更名为阿斯纳塔，即哈萨克语的"首都"。

2022 年 1 月的统计数据显示，阿斯塔纳人口为 123.99 万人，占地面积 797.33 平方千米，下辖 4 个区。[1] 阿斯塔纳位于哈萨克斯坦北部，伊希姆河将城市一分为二。地处北温带的阿斯塔纳年平均气温为 3.1℃，年降水量 300 毫米，是世界上最寒冷的首都之一。凭借独特的地理位置，阿斯塔纳成了欧洲和亚洲之间的过境桥梁，是亚欧大陆的运输、通信和物流中心，近年来发展迅速，其工业生产主要集中在建材、食品饮料以及机械工程领域，在金属和混凝土建材制造方面处于哈萨克斯坦领先地位。

---

[1] 资料来源于哈萨克斯坦共和国政府官网。

（二）阿拉木图

阿拉木图市位于哈萨克斯坦东南部，是天山—外伊犁阿拉套山脉北侧山脚下的城市。阿拉木图年平均温度为 10℃，年降水量为 600—650 毫米。自 1920 年 10 月吉尔吉斯（后更名为哈萨克）苏维埃社会主义自治共和国成立至 1997 年 10 月迁都前，阿拉木图曾长期作为哈萨克斯坦的首都。截至 2021 年 6 月 1 日，阿拉木图市人口为 199.67 万人，占地面积 682 平方千米，下辖 8 个区。[1] 目前阿拉木图仍是哈萨克斯坦人口第一大城市，同时也是哈国的文化、教育、金融中心。阿拉木图的制造业以食品加工（肉类、奶制品、水果罐头等）和棉纺织业为主。

（三）奇姆肯特

奇姆肯特位于哈萨克斯坦南部，毗邻乌兹别克斯坦首都塔什干，占地 1 170 平方千米。截至 2021 年 6 月，奇姆肯特市人口为 111.51 万人，是哈萨克斯坦第三大城市。[2] 在 2018 年以前，奇姆肯特市曾长期作为南哈萨克斯坦州州府存在，自 2018 年起升级为直辖市。奇姆肯特市是哈国境内最南，同时也是最温暖的城市之一，年平均温度为 13℃。作为中亚古城，曾经丝绸之路上的重镇，近年来奇姆肯特市以文化为重要发展方向。奇姆肯特也是一个大型工业中心，基础设施建设完备。全市有食品、炼油、化工、纺织、服装等行业的大中型企业 80 余家。奇姆肯特炼油厂是哈萨克斯坦三大炼油厂之一。

---

[1] 资料来源于哈萨克斯坦共和国政府官网。

[2] 资料来源于哈萨克斯坦共和国政府官网。

三、政治体制

哈萨克斯坦《宪法》规定哈萨克斯坦为总统制共和国，总统为国家元首。国家政权以《宪法》和法律为基础，按照立法、司法、行政三权分立，彼此制衡的原则行使职能。

哈萨克斯坦《宪法》规定哈萨克斯坦是一个民主、世俗、法制和社会制的国家，人以及人的生命、权利和自由是国家的最高价值。同时，国家的一切活动都应符合下列原则：促进社会和谐、政治稳定；有利于造福全民的经济发展；基于爱国主义，以全民公决或议会投票等民主的方式解决国家的重要问题。

根据《宪法》，总统是哈萨克斯坦的元首，决定国家内外政策的主要方向，在国内和国际关系中代表哈萨克斯坦，是人民和国家权力统一、宪法不可侵犯、人权、公民权利和自由的象征和保证人。

哈萨克斯坦政府行使行政权，领导整个行政系统并对其进行管理。政府的主要职能为保障哈萨克斯坦内政外交政策的制定与实施，对总统负责。

哈萨克斯坦的最高立法机构为议会。议会由作为上议院的参议院和作为下议院的马吉利斯组成。参议院的席位有两部分，一部分由每个州和直辖市各选出的两名代表构成，其余的 15 个席位由总统直接任命。自 1998 年 10 月起，参议院议员的任期由原来的 4 年延长至 6 年，每隔三年要改选半数参议员。"马吉利斯"哈萨克语意思是"会议"，由选举中获得多数票的党派代表担任。根据 2022 年 12 月 21 日最新修订的章程，马吉利斯共设 98 个议员席位。马吉利斯议员的任期为 5 年。

四、主要政党

独立后的哈萨克斯坦推行多党制进程，并于 2002 年 7 月 15 日出台《政党法》，对政党的活动加以规范和限定。经过多次修订，2022 年的《政党法》规定来自哈萨克斯坦三分之二的州和直辖市的不少于 1 000 人的公民团体即可成立一个政党。当党员人数超过两万，在首都及全国各州、直辖市均设有不少于 600 人的分支机构时便可在司法部获准登记。[1] 由于哈萨克斯坦忠诚党于 2022 年 4 月 26 日并入阿玛纳特党，哈萨克斯坦司法部登记在册的政党由原来的 6 个减少至 5 个，分别为阿玛纳特党、哈萨克斯坦光明道路民主党、哈萨克斯坦人民党、哈萨克斯坦乡村社会民主党和哈萨克斯坦全国社会民主党。其中，阿玛纳特党是目前哈萨克斯坦的第一大党。在 2021 年 1 月的议会选举中，阿玛纳特党以 71.09% 的得票率获得马吉利斯 98 个党派席位中的 76 席。[2]

五、外交

哈萨克斯坦外交的目标是为了给哈萨克斯坦国家、企业及个人的发展创造一个良好的外部环境，推动哈萨克斯坦早日进入全球最发达的 30 个国家之列。根据《2020—2030 年哈萨克斯坦外交构想》，哈萨克斯坦进一步发展与俄罗斯的同盟关系以及与中国的全面战略合作伙伴关系，扩大与美国的战略合作伙伴关系。同时也发展和中亚各国之间战略关系，加强与欧盟以及欧盟成员国之间的合作。除了上述重点方向以外，哈萨克斯坦与东南亚、拉美国家也保持着积极的交往姿态。广泛参与国际事务是哈萨克斯坦

---

[1] 资料来源于哈萨克斯坦共和国司法部官网。

[2] 资料来源于哈萨克斯坦共和国议会官网。

外交的一大特色，哈萨克斯坦是亚洲相互协作与信任措施会议（简称"亚信会议"）的发起国，也曾担任过欧洲安全与合作组织以及伊斯兰会议组织的主席国。

六、国家发展战略

哈萨克斯坦第一份全方位的国家发展战略《哈萨克斯坦（2030 年）》形成于 1997 年，彼时正值独立初期，哈萨克斯坦刚刚在国际上站稳脚跟，对外与世界主要国家建立了外交关系，对内基本完成了国有经济的私有化改革。在这一大背景下，《哈萨克斯坦（2030 年）》战略提出将国家安全，内政稳定和社会团结，经济增长，保障公民的健康、教育和福利，发挥能源优势，加强基础设施建设，建设职业化国家共七个目标作为国家战略的优先发展方向。

2012 年，哈萨克斯坦综合各项数据，认为国家已提前完成了《哈萨克斯坦（2030 年）》战略，在此基础上根据新的国际国内形势制定了《哈萨克斯坦（2050 年）》战略。该战略将在 2050 年跻身世界发达国家 30 强设为国家发展的主要目标，并从经济、商业、社会、科教、民主事业、外交、爱国主义等多个方面对哈国未来的发展进行了详尽的规划。总体来看，该战略的着眼点在于尽快推进哈萨克斯坦国内的现代化进程，为人民的生活创造福祉。为此，这份战略将务实的经济策略置于首要位置，同时强调实现企业管理式的用人机制、农业的现代化生产、完善社会保障体系、保障妇女儿童的权益以及推行男女平等。值得注意的是，与《哈萨克斯坦（2030年）》相比，新的战略更加注重对教育、语言政策及宗教方面的规划。在教育领域，该战略提出了四大工作重点：第一，保障儿童学前教育的巴拉潘计划延续至 2020 年，将儿童的学前教育普及率提升至 100%；第二，发展具备国际认可资质的工程教育和现代技术专业体系；第三，鼓励私营企业、非政府组织、慈善机构和个人共同承担社会责任，资助家境困难的青年完成学业；第四，推进教学法的现代化改革，大力发展线上教育，创建区域学校中心。[1] 在语言政策方面，《哈萨克斯坦（2050 年）》战略一方面将哈萨克语视为哈萨克斯坦的精神核心，另一方面倡导三语政策，提出政府应当创造条件让儿童在学习哈萨克语的同时兼顾俄语和英语。宗教方面，新战略强调防止宗教激进主义和极端主义影响的重要性。《哈萨克斯坦（2050 年）》战略是哈国执政的基本方针，2014 年提出的"光明之路"新经济计划、2017 年提出的精神文明复兴计划都可视为在某一具体领域上对这一基本方略的拓展和延续。

第三节 社会生活

一、经济发展

独立三十多年来，哈萨克斯坦的经济取得了很大发展，国内生产总值（以下简称 GDP，按美元计算）较 1991 年独立之初增长了 15 倍，中小企业数目达到 330 万家，贡献了 GDP 总量的 31%。自独立以来，哈萨克斯坦累计吸引直接外资 3 300 亿美元，为中亚地区吸引外资总额的 70%。2015 年，哈萨克斯坦加入世界贸易组织，并在 2021 年联合国发布的经济自由度指数排名中位列第 29 位。[2]

根据世界银行的评估，哈萨克斯坦属于中高等收入国家。哈萨克斯坦

---

[1] 资料来源于哈萨克斯坦共和国总统官网。

[2] 资料来源于哈萨克斯坦共和国政府官网。

国家统计局的数据显示，2020 年哈萨克斯坦 GDP 总值为 70.649 万亿坚戈，合 1 710.837 亿美元；人均 GDP 为 376.681 万坚戈，合 9 121.7 美元。[1] 在产业分布方面，近五年来哈萨克斯坦的第一产业增加值占 GDP 的比重在 5% 上下波动，2020 年，哈萨克斯坦第一、二、三产业增加值占 GDP 的比重分别为 5.3%、33.2% 和 55.7%。[2]

尽管整体经济水平较独立初期有了大幅提升，目前哈萨克斯坦的经济仍面临两大挑战。一方面，对能源经济的高度依赖依然是哈萨克斯坦现阶段经济发展的最大掣肘。截至 2020 年，自然资源的租金总额占其 GDP 的 17.62%，其中石油租金的 GDP 占比为 13.84%，天然气租金占比为 1.05%。近年来能源租金占哈国 GDP 的比率呈不断下降趋势，这其中固然有政府调整产业结构的因素，但更主要的原因是国际油价下跌。目前，能源出口仍是哈萨克斯坦最重要的外汇来源，2020 年能矿产品出口占其出口总额的 63.7%。[3] 对能矿出口的高度依赖使哈萨克斯坦经济受国际能源价格影响较大，在油价快速上涨的 2011 年，GDP 增速超过了 7%，为近 10 年来最大增幅。2013—2016 年，受国际油价下行的影响，GDP 增速大幅放缓，由 2013 年 6% 的增幅一直跌至 2016 年的 1.1%。[4]

另一方面，较为单一的经济结构导致哈萨克斯坦需要从国外进口大量的生活用品，从而对世界经济波动高度敏感，长期处于较大的通胀压力之下。哈萨克斯坦国家统计局的数据显示，2020 年哈萨克斯坦进出口总额为 864.699 亿美元，其中出口额为 475.408 亿美元，进口额为 389.291 亿美元，全年贸易顺差 86.117 亿美元。[5] 在哈萨克斯坦的出口产品中排在前三位的分别

---

[1] 资料来源于哈萨克斯坦共和国国家统计局官网。

[2] 资料来源于世界银行官网。

[3] 商务部国际贸易经济合作研究院，中国驻哈萨克斯坦大使馆经济商务处，商务部对外投资和经济合作司. 对外投资合作国别（地区）指南：哈萨克斯坦（2021 版）[R/OL].（2021-12-31）[2022-10-30]. http://fec. mofcom.gov.cn/article/gbdqzn/#.

[4] 资料来源于美联储 FRED 数据库官网。

[5] 资料来源于哈萨克斯坦共和国国家统计局官网。

是能矿产品（63.9%）、金属制品（16.2%）以及农产品和食品（7%）；进口产品主要以机械设备（45.1%）、化工产品（15%）、金属及其制品（10.8%）、农产品和食品（10.7%）为主。[1]2022年发布的社会经济指标显示，哈萨克斯坦的进口产品中包含了多项食品和生活必需品，如肉、肉食类副产品、咖啡、茶、香料、食用油、糖、罐装食品、烟草、药品、肥皂、洗涤剂、塑料制品等，因此国际经济一点风吹草动都会触发哈萨克斯坦国内的通货膨胀。

除2013年以外，近十年来哈萨克斯坦的通货膨胀率均维持在5%以上，处于较高通胀水平（见图1.1）。2022年国际形势进一步复杂，首先，受新冠疫情和俄乌冲突影响，全球供应链受阻；其次，世界经济缓慢复苏，对商品的需求增加；最后，政府在疫情期间为了提振经济超发货币。多种因素叠加之下，哈萨克斯坦的通胀问题进一步激化，2022年5月哈萨克斯坦

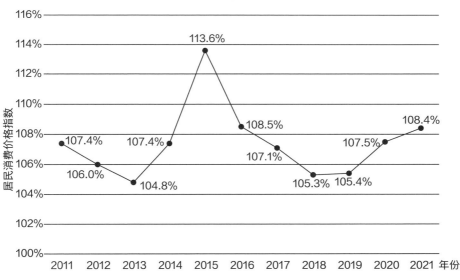

图 1.1　2011—2021 年哈萨克斯坦居民消费价格指数

[1] 商务部国际贸易经济合作研究院，中国驻哈萨克斯坦大使馆经济商务处，商务部对外投资和经济合作司．对外投资合作国别（地区）指南：哈萨克斯坦（2021版）[R/OL]．（2021-12-31）[2022-10-30]．http://fec.mofcom.gov.cn/article/gbdqzn/#.

食品类 CPI 指数增幅一度高达 17.6%，同年 6 月哈萨克斯坦的通货膨胀率达到 14.5%。[1] 高通胀一度对哈萨克斯坦的内政稳定构成威胁，尽管历届政府都在缓解通胀问题上做出过努力，然而解决这一问题的根本仍然在于调整产业结构，在短期内这一情况很难得到明显改善。

二、民族与宗教

2021 年的官方统计数据显示哈萨克斯坦的总人口为 1 918.6 万人。其中哈萨克族占人口总数的 70.4%，俄罗斯族占 15.5%，乌兹别克族占 3.2%。此外，在哈萨克斯坦各民族人口中排名靠前的还有乌克兰族（2%）、维吾尔族（1.5%）以及日耳曼族（1.2%）。[2] 与 2020 年的数字相比，主体民族哈萨克族人口的比例上升约 1.9%，俄罗斯族人口下降约 3.3%。[3] 目前，哈萨克斯坦境内有约 140 个民族。哈萨克斯坦人民代表大会作为直接隶属总统管辖的政治协商机构，在协调各民族之间的关系、促进民族团结、维护国家稳定方面发挥着重要作用。

截至 2021 年，哈萨克斯坦人口中信仰伊斯兰教的人占总人口的 69.3%，基督教徒占 17.2%，另有 2.3% 的人为无神论者。[4] 根据宗教事务委员会的统计，截至 2021 年末，哈萨克斯坦共有 18 个教派，共计 3 834 个宗教团体和分支机构，其中规模较大的有伊斯兰教（下属 2 695 个宗教团体）、东

---

[1] 资料来源于哈萨克斯坦共和国国家统计局官网。

[2] ШАЙМАРДАНОВ Ж. Н. Итоги национальной переписи населения 2021 года в Республике Казахстан[R]. Нур-Султан: Бюро национальной статистики Агентства по стратегическому планированию и реформам Республики Казахстан, 2022: 12.

[3] 资料来源于哈萨克斯坦共和国总统官网。

[4] ШАЙМАРДАНОВ Ж. Н. Итоги национальной переписи населения 2021 года в Республике Казахстан[R]. Нур-Султан: Бюро национальной статистики Агентства по стратегическому планированию и реформам Республики Казахстан, 2022: 35.

正教（下辖 345 所教堂）、天主教（下辖 88 所教堂）。[1]

三、居民生活

哈萨克斯坦国家统计局的数据显示，截至 2020 年，哈萨克斯坦全国人口为 1 887.96 万人，其中城市人口 1 115.14 万人，占总人口的 59%，农村人口 772.82 万人，占人口总数的 41%，适龄劳动人口为 1 100.94 万人，失业率为 4.9%。[2] 近年来，哈萨克斯坦总人口、城市人口以及劳动力人口均呈现出上升趋势，失业率长期稳定在 5% 左右，从侧面反映出其社会较为稳定的发展趋势。

收入方面，2020 年哈萨克斯坦最低月工资标准为 42 500 坚戈，合 103 美元，人均月收入 116 126 坚戈，合 281 美元；开支方面，食品支出占其居民总支出的 53.9%，服务类支出占 15.7%。[3] 住房方面，2020 年哈萨克斯坦人均住房面积 22.6 平方米，较上年增长 1.8%，其中城市人口人均住房面积 25 平方米，乡镇人口人均住房 19.3 平方米。[4]

四、交通运输

交通方面，哈萨克斯坦国内以公路运输为主，铁路运输为辅，空运次之。根据中国商务部统计的数据，2021 年哈萨克斯坦的公路里程为 9.58 万千米，在独联体国家中仅次于俄罗斯，排在第 2 位。其中区县级公路

---

[1] 资料来源于哈萨克斯坦共和国政府官网。
[2] 资料来源于哈萨克斯坦共和国国家统计局官网。
[3] 资料来源于哈萨克斯坦共和国国家统计局官网。
[4] 资料来源于哈萨克斯坦共和国国家统计局官网。

3.88 万千米，州级公路 3.21 万千米，国际及国家公路 2.49 万千米。[1] 完整的路网体系在哈萨克斯坦国内运输中发挥了重要作用。截至 2019 年，哈萨克斯坦有超过八成的货物和四分之三以上的客运均由公路运输承担。[2] 哈萨克斯坦的运输不仅服务于本国的人员货物，在亚欧地区，尤其是中国和欧洲之间的跨境货运上也发挥着重要的作用。其境内有 6 条国际公路，全长 8 258 千米，其中著名的"双西公路"从中国经霍尔果斯口岸进入哈萨克斯坦后历经 2 787 千米，穿越 5 个州后从其北部地区进入俄罗斯，是中俄货运的重要路线之一。哈萨克斯坦目前有铁路干线约 1.58 万千米，其中复线约 5 000 千米，电气化线路约 4 100 千米，站线和专用线路约 6 700 千米。2019 年经哈萨克斯坦周转的跨境货物为 1 940 万吨，2020 年上升至 2 267 万吨，2021 年进一步升至 2 380 万吨。[3] 哈萨克斯坦工业和基础设施发展部的数据显示，跨境货物中有近九成为铁路运输货物，而铁路运输的集装箱中又有半数以上为中欧班列的货物。

　　民航业是哈萨克斯坦国内运输的重要组成部分。截至 2019 年，哈国民航全年运送旅客超过 860 万人次，较上一年增长 9%，其国内各机场客流量达到 1 770 万人次，较上年增长 12%。[4] 2020 年哈萨克斯坦共有航空公司 55 家，其中较著名的有阿斯塔纳航空公司、斯卡特航空公司和哈萨克航空公司。根据国际民用航空组织的（ICAO）的标准，哈萨克斯坦民航的机场安全水平为 83%，飞行安全水平为 74%，在独联体国家中排名第二。[5] 作为一个内陆国，水运在哈萨克斯坦的交通运输体系中占比较低，内河航运主要分布在额尔齐斯河水域、伊犁—巴尔喀什水域以及乌拉尔河—里海水域，

---

[1] 商务部国际贸易经济合作研究院，中国驻哈萨克斯坦大使馆经济商务处，商务部对外投资和经济合作司. 对外投资合作国别（地区）指南：哈萨克斯坦（2021 版）[R/OL].（2021-12-31）[2022-10-30]. http://fec. mofcom.gov.cn/article/gbdqzn/#.

[2] 资料来源于哈萨克斯坦共和国政府官网。

[3] 资料来源于哈萨克斯坦共和国政府官网。

[4] 资料来源于哈萨克斯坦共和国政府官网。

[5] 资料来源于哈萨克斯坦共和国政府官网。

总里程约为 4 054 千米。[1]

五、医疗卫生

独立三十年以来，哈萨克斯坦的医疗水平有了较大发展。2022 年，在全球最大数据库 Numbeo 公布的世界医疗保健水平排名中，哈萨克斯坦在 95 个国家中居第 58 位，在独联体国家中排在第一位。[2] 2019 年哈萨克斯坦人均预期寿命为 73.18 岁。截至 2020 年，哈萨克斯坦境内共有医院 773 家，诊所 3 169 家，医疗床位 127 500 张，每万人拥有床位 67.5 张。医护人员数量方面，2020 年哈萨克斯坦共有在职医生 76 400 人，医疗辅助人员 185 800 人，即每万人拥有医生 40.5 人，医辅人员 98.4 人。[3]

目前，哈萨克斯坦医疗体系最主要的挑战来自本国药物自产能力不足和医疗人员短缺。哈萨克斯坦国家统计局的数据显示，2021 年哈国自产的药物总价值为 1 916 亿坚戈，而整体药物市场的体量为 8 202 亿坚戈，这意味着哈国居民日常消费的药品中有 75% 以上来自进口。截至 2022 年 1 月 1 日，哈萨克斯坦预计医生岗位的缺口为 3 931 名，其中排在最为短缺前三位的分别是全科医生、麻醉师以及内科医生。为了应对医生不足的情况，自 2022 年 9 月 28 日起，哈萨克斯坦卫生部将通过就业分配的方式将 3 034 名毕业生配置到相关岗位。[4]

[1] 商务部国际贸易经济合作研究院，中国驻哈萨克斯坦大使馆经济商务处，商务部对外投资和经济合作司. 对外投资合作国别（地区）指南：哈萨克斯坦（2021 版）[R/OL].（2021-12-31）[2022-10-30]. http://fec.mofcom.gov.cn/article/gbdqzn/#.

[2] 资料来源于哈萨克斯坦新闻网站 inform.kz。

[3] Статические показатели: 1/2022: 19 [R]. Агентство по стратегическому планированию и реформам Республики Казахстан Бюро национальной статистики, 2022.

[4] 资料来源于哈萨克斯坦共和国总理办公室官网。

六、文化娱乐

文化方面，截至 2021 年，哈萨克斯坦共有剧院 65 所，年观影人数 117 万余人次。2020 年的数据显示，哈萨克斯坦共有图书馆 3 925 所，年借阅人数 423 万余人次；各类博物馆 253 所，年访问人数 235 万余人次。此外，哈萨克斯坦还有 13 所动物园以及 99 所电影院，电影院的全年观影人数达到 478 万人次。[1] 从分布上来看，哈萨克斯坦的剧院、博物馆主要集中在 3 个直辖市，其中具有代表性的剧院有国立阿拜歌剧与芭蕾舞剧院、国立阿乌埃佐夫戏剧院、阿斯塔纳歌剧院等。博物馆方面，哈国境内目前规模最大、馆藏最丰富的是哈萨克斯坦国家博物馆。该馆位于哈国首都阿斯塔纳，由 7 栋不同形状的大楼组成，总建筑面积 7.4 万平方米，展区面积 1.4 万平方米，设有 18 个展厅，是中亚地区最新同时也是面积最大的博物馆。[2] 在阿拉木图市建有哈萨克斯坦中央国家博物馆，馆藏近 30 万件藏品，设有包含哈萨克斯坦地理、古代历史、中世纪史、近代历史等主题在内的 7 个展厅，也是哈萨克斯坦国内最大的博物馆之一。[3] 此外还有以装饰艺术和现代艺术著称的哈萨克斯坦国家艺术博物馆，位于阿拉木图市中心的乐器博物馆等。尽管独立后哈萨克斯坦政府在文化建设上付出了不少努力，提出了文化遗产、精神文明复兴等一系列计划，青年人参与文化生活的热情并没有达到政府的预期。2018 年，哈萨克斯坦宗教与公民社会部部长指出，在哈萨克斯坦独立 27 年之际，仍有 44.9% 的青年人从未去过图书馆，54.2% 的青年人从未去过博物馆，而从未踏足过剧院的青年人则达到了 55%。[4] 2020 年北京大学组织的调研结果也显示，哈萨克斯坦的年轻人"很了解法国的疗养胜地或一级方程式赛车比赛，但不了解哈萨克斯坦的名胜古迹……对本

[1] 资料来源于哈萨克斯坦共和国国家统计局官网。
[2] 资料来源于哈萨克斯坦国家博物馆官网。
[3] 资料来源于哈萨克斯坦中央国家博物馆官网。
[4] 资料来源于哈萨克斯坦新闻网站 forbes.kz。

国的历史不甚了解"；各地的博物馆"对一些文物藏品的解释出入较大……哈国在文化艺术领域尚未有效形成一套相对固定、广泛传播并为大众所接受的官方知识体系，民众对本国艺术表达的认知较为模糊"。[1] 可见，提高年轻人对文化活动的参与度，加深其对本国文化的认识和了解仍是今后哈萨克斯坦文化建设的挑战之一。

七、大众传媒

大众传媒方面，截至 2022 年 6 月，哈萨克斯坦境内共有注册媒体 5 189 家，其中定期出版物 3 676 种（报纸 2 180 种，杂志 1 496 种），电视台 191 家，电台 84 家，通讯社和网络媒体 959 家。在哈萨克斯坦所有登记在册的媒体中，国内媒体数为 4 910 家，占媒体总数的 94.6%，外国媒体 279 家，占比为 5.4%。哈萨克斯坦的主流媒体大多采取哈、俄双语并用的模式，有 1 852 家媒体同时以两种语言进行信息传播。[2]

哈萨克斯坦主要的通讯社有哈萨克国际通讯社（简称哈通社）和哈巴尔通讯社。哈通社成立于 1920 年，是哈萨克斯坦境内第一家通讯社，其前身为俄罗斯电讯社驻奥伦堡—图尔盖分社。2022 年哈通社并入哈萨克斯坦共和国总统电视和广播综合体。目前哈通社与包括新华社在内的 50 多家国际媒体建立了合作关系，以哈、俄、中、英 4 种语言发布新闻，是哈萨克斯坦官方媒体的代表。哈巴尔通讯社成立于 1995 年，为哈萨克斯坦国家财产和私有化维护委员会全资创办的通讯社，目前该通讯社中的国有股份归哈萨克斯坦信息与社会发展部直接管理。哈巴尔通讯社及其下属的哈巴尔、哈巴尔 24 以及叶勒阿尔纳 3 家电视台覆盖了哈萨克斯坦 99% 的电视受众，

---

[1] 施越. "全球视野"中的哈萨克斯坦：经贸、医疗与人文新观察 [M]. 北京：新华出版社，2020：260-261.
[2] 资料来源于哈萨克斯坦共和国政府官网。

是哈国最重要的媒体之一。

报刊方面，哈萨克斯坦较权威的官方报刊有《哈萨克斯坦真理报》《主权哈萨克斯坦报》和《实业周报》等。《哈萨克斯坦真理报》创办于 1920 年，其前身是沙俄时期在哈萨克斯坦境内发行的《吉尔吉斯边疆区消息报》，是哈萨克斯坦历史最悠久的报刊之一。该报的纸质版主要以俄语发行，网页版则有俄、哈、英 3 种语言，在哈国实现了全境覆盖。哈萨克斯坦的总统令、议会决议、新法案以及政府的行政命令大多通过《哈萨克斯坦真理报》发布，因此该报也是哈萨克斯坦最具影响力和权威性的官方媒体代表。《主权哈萨克斯坦报》创刊于 1919 年 12 月 17 日，于 1937 年被命名为《社会主义哈萨克斯坦报》，1991 年哈萨克斯坦独立后更名为《主权哈萨克斯坦报》。和《哈萨克斯坦真理报》类似，《主权哈萨克斯坦报》也是哈国政府发布信息的主要平台，区别在于该报的纸质版主要以哈萨克语印发，在受众范围和发行量上要略低于《哈萨克斯坦真理报》。除此之外，创办于 2006 年的《实业周报》也是哈萨克斯坦的主流媒体之一，该报积极参与丝绸之路经济带的相关报道，目前拥有"丝绸之路"和"中国之窗"两个栏目，与《人民日报》、新华社、中国国际电视台等多家中国官方媒体有合作关系。《实业周报》的网站有俄、哈、中、英 4 种语言的页面，同时还设有新华社的专栏以及多家中国官方媒体的链接。近年来《实业周报》刊发了中国驻哈萨克斯坦大使以及驻阿拉木图总领事的多篇文章，为中哈两国的信息沟通和人文交流搭建了一个宝贵的平台。

电视台方面，除了上文提到的由哈巴尔通讯社控股的 3 家电视台外，哈萨克斯坦境内受众范围最广、最具影响力的当属哈萨克斯坦国家电视台。该电视台成立于 1958 年 3 月 8 日，覆盖了哈国 99% 以上的受众，是一家集新闻、电视剧、文艺晚会、纪录片等多种放送形式为一体的综合性电视台。值得一提的是，哈萨克斯坦国家电视台隶属的哈萨克斯坦国家广播电视公司是目前在哈国广电领域占绝对主导地位的国家控股集团，旗下除哈萨克斯坦国家电视台外，还包括哈萨克斯坦首家国家级体育频道哈兹体育，儿童频道巴拉潘以及普及阿拜思想、传承国家文化的阿拜电视台。

在电台方面，哈萨克斯坦国家广播电视公司更是以哈萨克广播电台、沙勒沙尔、阿斯塔纳和经典 4 家电台实现了 88.74% 的听众覆盖率。[1] 其中哈萨克广播电台是哈萨克斯坦目前最大的广播电台。除了哈萨克斯坦境内，在俄罗斯、中国、蒙古国、乌兹别克斯坦、吉尔吉斯斯坦等国与哈国接壤的部分地区也能接收到上述电视台、广播电台的信号。

近年来随着互联网的发展，新媒体也在哈萨克斯坦境内迅速普及。国际电信联盟的数据显示，截至 2020 年，哈萨克斯坦 6 岁及 6 岁以上公民的网络普及率达到 85.9%，[2] 具备初级及以上电脑操作能力的人口比率达到了 92.5%。[3] 此外，哈萨克斯坦还具有独联体国家中最为低廉的网络使用费用。截至 2020 年，每 1.5G 流量所用话费仅占哈萨克斯坦人均国民收入的 0.36%。[4]

[1] 资料来源于哈萨克斯坦广播电视集团官网。
[2] 资料来源于哈萨克斯坦网站 zonakz.net。
[3] 资料来源于哈萨克斯坦共和国国家统计局官网。
[4] 资料来源于哈萨克斯坦网站 zonakz.net。

第二章 文化传统

从古至今，哈萨克斯坦[1]的土地上总是生活着大量的游牧民。正如哈萨克斯坦历史学家所言："在近三千年的漫长历史中，由于气候干旱，在哈萨克斯坦这片广袤的土地上，游牧民族一直占据着主导地位。"[2] 游牧造就了他们的住房、饮食、服装，也塑造了他们的文学、音乐和绘画，因此要解读哈萨克斯坦的文化，首先就要理解其文化中的游牧因子。与此同时，与游牧基因并存的是哈萨克斯坦的多民族文化格局。无论是在哈萨克汗国出现以前，还是在哈萨克汗国时期乃至今天，多民族共同生活始终是哈萨克斯坦这片土地上的常态。不同的民族在不同时期为哈萨克斯坦带来了不同的宗教、习俗和生活方式，使哈萨克斯坦成了名副其实的文化交融之地。本章将围绕着游牧以及多民族这两个特点梳理哈萨克斯坦文化的发展历程，展现哈萨克斯坦的风土人情，介绍其文化名人及思想。

---

[1] 虽然哈萨克斯坦作为一个独立的主权国家于 1991 年才登上世界舞台，但学术界所研究的哈萨克斯坦历史实际涵盖了当今哈萨克斯坦所在区域从古至今各个阶段，且对于其各阶段的断代和具体称谓至今没有定论。由于本书的主要目的不在于探讨哈萨克斯坦的历史问题，同时也为了便于读者理解，本书在指称哈萨克斯坦时并未严格按照其历史阶段做区别称呼，除必要情况外，一律称其为哈萨克斯坦。

[2] 马萨诺夫，阿贝尔霍任，耶罗费耶娃，等. 哈萨克斯坦民族和文化史 [M]. 杨恕，焦一强，译. 北京：民族出版社，2018：1.

第一节 文化的历史沿革

一、16 世纪以前的文化

尽管哈萨克斯坦的主体民族哈萨克族在 16 世纪才初步形成，但在此之前在哈萨克斯坦土地上生活的游牧民族已经发展出相当程度的文明，他们对哈萨克斯坦文化产生了深远的影响。

（一）游牧文化的产生

马是游牧生活中必不可少的牲畜，哈萨克斯坦境内最古老的考古遗址——博泰文化遗址中就有马的遗骸。专家推证博泰文化大约存在于公元前 3700 年至公元前 3000 年期间，这一时期被认为是铜石并用时期。考古学家通过对马匹遗骸的研究证实："在公元前 3700 至前 3500 年间在［现今］哈萨克斯坦北部已经开始出现佩戴嚼子供人乘骑的马。"[1] 这一发现对推断哈萨克斯坦游牧文化的起源有重要意义。学者王明珂曾指出："对于游牧，人们往往只注意'牧'而忽略其'游'。"[2] 在汽车出现之前，牧民为了实现"游"，最可以依靠的便是马无疑了，因为"马卓越的移动能力让它们可以利用广大的远方的草场资源，可以帮助人们沟通信息，让人们快速远离危机"[3]。因此，马的出现不仅使游牧生活成为可能，同时也为后世判定哈萨克斯坦早期人类生活方式提供了重要依据。

博泰文化之后是公元前两千纪中叶的安德罗诺沃文化。从考古发掘的

---

[1] ANTHONY D. W. The horse, the wheel, and language[M]. Princeton: Princeton University Press, 2007: 220.

[2] 王明珂. 游牧者的抉择：面对汉帝国的北亚游牧部族 [M]. 上海：上海人民出版社，2018：45.

[3] 王明珂. 游牧者的抉择：面对汉帝国的北亚游牧部族 [M]. 上海：上海人民出版社，2018：37.

成果来看，安德罗诺沃文化的早期人们使用的陶器依然呈平底，由此可以推测出人们还没有完全过上游牧生活。直到安德罗诺沃文化的最后阶段，即公元前二千纪末至公元前一千纪初，生活方式才逐步过渡到游牧阶段。安德罗诺沃文化在哈萨克斯坦境内有多处遗址，其中最为世人所瞩目是距离阿拉木图西北 170 千米处的塔姆加利岩刻遗址，该遗址于 2004 年被联合国教科文组织列入《世界遗产名录》。塔姆加利岩刻遗址是哈萨克斯坦最古老的文化遗产之一，占地 3 800 公顷。根据考古学家的判断，岩刻的创作始于公元前两千纪下半叶，在三千多年的时间中，人们在该地创作了近 5 000 幅岩画，这些岩画大多以狩猎、祭祀为主题，不同时代的创作相互覆盖，形成了独特的多层岩画场景。

继安德罗诺沃文化之后，是同属于青铜时代的卡拉苏克文化。卡拉苏克遗址在俄罗斯西伯利亚南部和哈萨克斯坦北部乃至中国的内蒙古、华北地区均有发现。考古研究显示："卡拉苏克墓葬中发现的食物残余中有大量家畜的骨骼。其中绵羊骨占 58.6%，牛骨占 33.3%，马骨占 6.3%，骆驼前腿骨占 1.8%。可见当时养羊业颇为发达。出土的陶器仍为手制，多为圆底。其居住遗址层次薄，时间短。有的墓葬在山地，表明利用山地作夏牧场。"[1] 居住遗址的底层薄说明居住的时间不长，有可能只在冬天居住。因此学者们普遍认为，到了卡拉苏克文化的时期，半游牧的生活方式已经出现。因此，哈萨克斯坦是人类最早出现游牧文化的地区之一。

早期游牧文化的出现与哈萨克斯坦的地理环境有着密不可分的关系。正如上一章中所提到的，哈萨克斯坦国土面积有一半以上处于荒漠和沙漠地区，且绝大部分位于北纬 45° 以北，无论是日照还是降水条件都不适宜农业的发展。现代学者普遍认为："若有适当日照、土壤、地形的配合，年降水量只要在 250—400 毫米之上的地区便可行农业。"[2] 然而，哈萨克斯坦境内的平均

---

[1] 王治来，丁笃本. 中亚通史：古代卷（上册）[M]. 北京：人民出版社，2010：19.
[2] 王明珂. 游牧者的抉择：面对汉帝国的北亚游牧部族 [M]. 上海：上海人民出版社，2018：28.

降水量只有 200 毫米，因此除南部部分地区外，广袤的哈萨克斯坦草原地带并没有发展出定居农业。为了将草原地带人类无法食用的草、灌木转化成人类可以利用的肉类和乳制品，早期在这片土地上居住的人类学会了畜牧。随着牧群的扩大，一地的天然植被越来越无法满足牲畜的需求，牧人被迫开始了迁徙。"由于马的骑乘技术的推广和运输工具的改进，中亚北方青铜时代的畜牧者在公元前 10 世纪初完成了向半游牧和游牧经济的过渡"[1]，而这一游牧经济的产生无疑确定了此后三千年哈萨克斯坦这片土地上的文化底色。自公元前 10 世纪初一直到 20 世纪初，广大哈萨克斯坦腹地曾活跃过不同的民族和部落，然而不管这些民族的人种、语言有多大差异，他们始终有一个共同点——保持游牧的生活方式。与其说是游牧民族选择了这片土地，毋宁说是这片土地决定了在它之上生活的人民应当以游牧为主要的生活方式。

公元前 10 世纪前后，广袤的哈萨克斯坦草原地带逐步进入了铁器时代，游牧经济进一步发展，产生了具有游牧文化特色的斯基泰—萨喀文化。对于这一时期哈萨克斯坦草原上情况的记载，主要来源于希罗多德的《历史》一书，在他的笔下所谓的斯基泰人是指"黑海以北南俄草原的游牧人……但到了希腊化时期的著作中，人们的看法就有所不同。这时，人们把东欧森林地区和亚洲的游牧人也看成为斯基泰人。……波斯人和印度人把所有的斯基泰人都称为萨喀人（Saka），张骞给汉武帝的报告译其音为塞，称为塞人"[2]。根据希罗多德的记载，和斯基泰人同处在哈萨克斯坦草原上的还有玛撒该塔伊人、撒乌罗玛泰伊人、草原南部的萨喀人、草原东北部的阿尔吉派欧伊人、伊赛多涅斯人和阿里玛斯波伊人。由于这些部族和斯基泰人的文化相近，故后世的哈萨克斯坦学者将这一时期的文化统称为斯基泰—萨喀文化。公元前 8 至前 6 世纪为斯基泰—萨喀文化的鼎盛时期，其最大特点是将动物的形象大量地运用在器物制作上，哈萨克斯坦学者称其为野兽

---

[1] 蓝琪，苏立公，黄红. 中亚史：卷 1[M]. 北京：商务印书馆，2020：81.

[2] 王治来，丁笃本. 中亚通史：古代卷（上册）[M]. 北京：人民出版社，2010：27-29.

风格，具体表现为斯基泰人擅长用黄金、青铜等材料打造雪豹、老虎、鹿、马等各类动物式样的饰物，同时也喜欢用动物纹样装饰他们的武器、服饰等日常用品。器物上的野兽风格、大量的马具和尚武精神被认为是斯基泰—萨喀文化最典型的三个要素，而这些同时也反映出游牧文化的典型特征。斯基泰文化最著名的考古遗址是据阿拉木图市约 50 千米处的伊塞克金人墓。该遗址于 1969—1970 年被发掘出来，出土文物中包含了一具人体骸骨。由于出土时这具人体头戴尖角高帽，身披铠甲，着长靴，且在他的服饰上饰有超过 4 000 块黄金饰品，因此得名为"金人"。专家推断，金人应为公元前 5 世纪前后居住在该地的萨喀战士。目前，金人作为国宝被保存在阿斯塔纳的哈萨克斯坦国家博物馆。

（二）丝绸之路上的文化交融之地

公元前 2 世纪，汉代的张骞两次出使西域，最终促成了丝绸之路的全线贯通，从此中亚地区作为沟通东西文化的桥梁在世界文明交流中发挥了重要作用。丝绸之路北线穿过北纬 45° 左右的草原地带，这里正是当今哈萨克斯坦的南部地区。几百年间东西方往来的商队不仅促进了哈萨克斯坦境内游牧民族经济贸易的发展，同时也对其文化产生了深远的影响，使其呈现出多民族、多宗教的包容姿态。在哈萨克斯坦，丝绸之路又被称为"伟大的丝绸之路"，是当今哈萨克斯坦重要的文化符号。以哈萨克斯坦人口最多的阿拉木图市为例，仅在该市就有超过十二处地点以"丝绸之路"命名，其中既有街道、村庄，也有大型的购物中心、写字楼。[1] 为了保护丝绸之路的文化遗产，哈萨克斯坦、中国和吉尔吉斯斯坦三国共同申报了名为"丝绸之路：长安—天山廊道的路网"的世界文化遗产项目。该项目于 2014 年

---

[1] 资料来源于哈萨克斯坦电子地图 2GIS。

被联合国列入《世界遗产名录》。在哈萨克斯坦境内共有八处遗产点，分别为科斯托别遗址、阿克托别遗址、库兰遗址、卡亚雷克遗址、塔尔加尔遗址、奥尔内克遗址、阿克勒塔斯遗址和卡拉梅尔根遗址。这些遗址均为 6—14 世纪丝绸之路沿线上的商贸重镇，在多处遗址均发掘出排水系统、瞭望塔、防御工事以及铸币、冶铁、酿酒作坊等建筑遗迹，反映出当时的城市规模以及手工业发展水平。与此同时，遗址中基督教、伊斯兰教、佛教、摩尼教和萨满教等器物也从侧面证明了当时开放包容的宗教环境。总体来说，哈萨克斯坦境内的八处遗址是游牧文明与农耕文明交汇的聚点，同时也是丝绸之路贸易繁盛、文化繁荣的见证。

（三）早期文字

16 世纪以前，对哈萨克斯坦文化领域产生重大影响的事件还包括文字的产生。早在 18 世纪末 19 世纪初，人们便在叶尼塞河流域发现了一种由独特字母铭刻的石碑。到 19 世纪末芬兰的考古学家对其加以整理、解析，出版了名为《叶尼塞碑铭词汇表》的考古成果。[1] 受到这一启发，很快在蒙古北部的鄂尔浑河流域也发现了与叶尼塞碑铭极为相近的石碑。经过多国学者的共同努力，这些石碑上的文字最终被认定为 8 世纪时亚欧草原北部游牧民族的语言，因其发现于鄂尔浑河、叶尼塞河流域，故又被称为鄂尔浑—叶尼塞文字。鄂尔浑—叶尼塞文字由 38—40 个字母组成，是一种音节音素混合型文字，与当今的哈萨克语有很深的渊源，因此哈萨克斯坦学术界普遍将其视为哈萨克语的肇始。值得注意的是，受游牧生活方式的影响，16 世纪以前在哈萨克斯坦境内生活的各游牧民族并没有留下太多的文字记录，鄂尔浑—叶尼塞文字仅存于碑铭之上。

---

[1] 汤姆森. 鄂尔浑和叶尼塞碑铭的解读——初步概述 [J]. 黑龙江民族丛刊, 2009（2）: 91-96.

二、16—19世纪上半叶的文化

16世纪在当今哈萨克斯坦的南部地区出现了哈萨克汗国,哈萨克民族也初步形成。关于哈萨克一词的来源学术界说法不一,根据苏北海的考证,较为可信的一种是苏联学者占乌扎阔夫的说法,即"广袤草原上自由迁徙的勇敢、自由的人们"[1]。的确,这一推断也与哈萨克人的游牧生活彼此印证。对于哈萨克汗国人民的生活方式,哈斯木汗曾有这样的描述:"我们是草原居民,我们这里没有稀有而珍贵的东西,没有商品,我们主要的财富是成群的马儿,它们的肉为我们提供了最好的食物,它们的皮毛为我们提供了最好的衣服,马奶和乳制品对我们来说是最好的饮料。在我们的土地上没有花园,没有任何建筑物,家畜和马群的牧场是我们消遣娱乐的地方,我们去那儿欣赏马儿的表演。"[2] 显然,彼时哈萨克汗国也和此前曾经出现在这一区域的其他民族一样,过着"逐水草而居,食肉饮酪"的生活。因此,相较同时代中亚南部的农耕文化而言,北部的哈萨克汗国并没有留下太多的物质文化遗迹。然而,通过流传至今的哈萨克民间口头文学作品、民族服饰、乐器、传统习俗,我们仍可以勾勒出这一时期文化发展的轮廓。

16世纪的哈萨克口头文学进一步发展,出现了一批为大家所熟知的吉劳。"吉劳"一词源自哈萨克语 жырау,指的是懂得许多民间歌谣且能够即兴创作诗歌的人。在哈萨克汗国时期,著名的吉劳有沙尔基兹、多斯帕姆别特、基耶姆别特、布哈尔、乌姆别捷依等。他们的作品主要围绕哈萨克汗国的汗[3]展开,通过描写哈萨克人与准噶尔人的战斗,歌颂汗的英勇和

---

[1] 苏北海. 哈萨克族文化史 [M]. 乌鲁木齐:新疆大学出版社,1989:30.

[2] 马萨诺夫,阿贝尔霍任,耶罗费耶娃,等. 哈萨克斯坦民族和文化史 [M]. 杨恕,焦一强,译. 北京:民族出版社,2018:40.

[3] 中亚草原游牧民族对首领的尊称。

智慧。如基耶姆别特吉劳的长诗《高大的勇士额什木》[1] 便是这类作品的典型代表。这一时期最著名的吉劳当属布哈尔吉劳，他本人是哈萨克中玉兹汗阿布赉的谋士，因此创作了大量描写阿布赉汗及其麾下勇士的诗歌，如《在阿布赉汗的身边》《哎，阿布赉，阿布赉！》《哈萨克汗阿布赉》等。哈萨克斯坦独立后，布哈尔吉劳被提升至国家文化符号的高度。1993 年，为了纪念布哈尔吉劳 325 年诞辰，哈国举办了一系列纪念活动，不仅在其家乡巴甫洛达尔的巴彦淖尔村修建了纪念雕像，出版了两部布哈尔吉劳的诗集，同时还将彼时还是首都的阿拉木图市的一条林荫道命名为布哈尔吉劳。总体来看，16—18 世纪吉劳的诗歌均属于口头文学，直到 19 世纪末 20 世纪初才经后人整理陆续出版刊印。由于哈萨克汗国时代并无太多的文字记载，这些吉劳的诗歌便成为目前哈国历史学家还原哈萨克汗国时代历史事件以及人民生活状态的重要依据。

16—18 世纪快速发展的文字形式还有口头叙事长诗。一方面，在此之前中亚地区广为流传的英雄史诗，如《阔布兰德》《卡姆巴尔勇士》《阿勒帕米斯》等在这一时期经过民间歌手的传唱进一步发展、成型。另一方面，爱情叙事诗如《吉别克姑娘》《阔孜库尔佩西与芭艳苏露》在牧民中广为传唱，在歌颂爱情的同时，也反映出哈萨克人的婚俗传统和伦理观念。

19 世纪上半叶，哈萨克汗国文学中出现了专业的诗人，诗歌的主题也不再局限于汗和勇士的英勇事迹，逐渐出现了一些反映诗人对自然、社会、人生思考的哲理性诗歌，如杜拉特·巴巴泰乌勒的诗歌《年轻的时候》《高山本不美妙……》体现了他对人生、对自然的哲思，开辟了哈萨克诗歌发展的新方向。与此同时，随着沙俄政府对中亚的控制进一步加强，出现了一批反抗其殖民统治的诗人，其中具有代表性的有马哈姆别特·乌杰米苏勒、舍尔尼亚兹·扎勒尔哈苏勒和绍尔坦拜·卡耐乌勒，他

[1] 额什木汗，哈萨克汗国的第十位汗，1598—1628 年在位。

们试图用诗歌唤醒麻木的大众，号召人民团结起来，反抗殖民者和统治阶级的剥削。

音乐在游牧人的生活中扮演着重要的角色，在哈萨克汗国时期，哈萨克草原上的游牧民族逐渐发展出一套较为完整的民族乐器体系，其中主要的弹拨乐器有冬不拉、谢勒铁尔和杰特根。冬不拉是最受哈萨克人喜爱的民族乐器，由木头制成，通常张两根弦，琴颈细长，琴身呈瓢形。哈萨克口头文学作品在创作之初大多都离不开冬不拉的伴奏，宴饮、聚会上也必有冬不拉的弹唱。谢勒铁尔琴和冬不拉类似，也由木头制成，张三根弦，琴身较冬不拉扁平，近似于长方体。杰特根是卧式的弹拨乐器，类似于筝。哈萨克语中数字"七"念做杰特，杰特根张七根弦，因此而得名。杰特根在哈萨克民族音乐中扮演重要的角色，是现代哈萨克斯坦民族乐团中不可或缺的一种乐器。弓弦乐器方面，最为常见的当属库布兹琴。库布兹琴琴颈较短，琴身形似盛马奶酒的大勺，张两根弦，拉奏时将琴身竖立，演奏姿势与拉二胡类似。库布兹的琴声哀婉，如泣如诉，因此也常被萨满法师用作宗教仪式的伴奏乐器。常见的哈萨克斯坦吹奏乐器有色布孜克和沙孜丝尔那依。传统的色布孜克为木制竖笛，开3—6孔不等，与箫的吹奏方法类似。沙孜丝尔那依为卵形陶笛，开6孔。由于声音悠扬，便于携带，沙孜丝尔那依很受牧民的喜爱，牧民常用其为儿童进行音乐启蒙。此外，打击乐器方面，供人敲击的大鼓达贝尔、半球形的手鼓达吾勒帕兹也较为常见。总体来说，传统的哈萨克民族乐器较为轻便、易于携带，材质以木制为主，兽皮为辅，满足了游牧生活中的文娱需求。为了体现对民族乐器的重视，哈萨克斯坦政府于1981年在阿拉木图市中心设立了一座民族乐器博物馆，博物馆门口树立着库布兹琴雕像。目前该馆是哈萨克斯坦国内最受欢迎的博物馆之一。

在哈萨克汗国时期，除了说唱艺人吉劳外，还涌现出一批专以冬不拉作曲的民间乐手，他们所创作的曲目被称为"葵依"，他们自己则被称为"葵依奇"，即创作歌曲的人。18世纪最著名的葵依奇拜日吉特一生创作了近300

首乐曲，被人称为"葵依之父"和"曲仙"，其代表作为《桦树汁》，歌曲描述了哈萨克人在和准噶尔人战斗的艰难时期被迫饮用桦树汁充饥的故事。

三、19 世纪末 20 世纪初的文化

19 世纪上半叶，哈萨克汗国的疆域悉数并入沙俄的版图。到了 19 世纪末 20 世纪初，随着沙俄政府殖民活动的不断加强，俄罗斯文化的影响力也不断提升。这一时期，一方面沙俄政府派出了学者对哈萨克草原的风土人情进行了大规模的研究，另一方面哈萨克斯坦本土也涌现出一批通晓俄语的知识分子，其中有著名的教育家伊布赖·阿尔腾萨林和诗人阿拜·库南巴耶夫。前者开启了用西里尔字母拼写哈萨克语的先河，为哈萨克人学习俄语编写了多本教科书，后者是现代书面哈萨克语的奠基人，他的诗歌受波斯文学、阿拉伯文学以及俄罗斯文学的影响，语言优美，富有哲理和批判性，在哈萨克斯坦文学史中具有重要地位。在沙俄政府的主导下，这一时期报刊快速发展，先是出现了由政府刊发的《吉尔吉斯草原报》，随后又出现了由哈萨克斯坦知识分子自主创办的《艾卡普》《哈萨克》等报纸。这些报刊宣传启蒙思想，在一定程度上推动了社会的进步。

文学方面，19 世纪末 20 世纪初最大的突破是出现了首批哈萨克语小说。其中最先出版的是 1910 年米·杜拉托夫创作的《不幸的扎马尔》。随后，1912 年出版了泰·卓马尔特巴耶夫的小说《相亲》，1913 年出版了斯·阔别耶夫的小说《彩礼》，1914 年穆·卡西莫夫为参加小说写作比赛创作了小说《悲伤的玛利亚姆》。同年，苏·托莱赫洛夫完成小说《美丽的卡马尔》和诗体小说《谁之过》。首批哈萨克语小说的出现开创了 20 世纪哈萨克语书面文学的新局面，至此散文逐渐取代诗歌，成为哈萨克斯坦文学的主流。受到首批小说的启发，各种新的体裁不断出现，1915 年出现了哈萨克斯坦文

学史上的首部戏剧作品——科·托格索夫的《无知的牺牲品》。从 20 世纪初期开始，哈萨克斯坦文学逐渐过渡至现代阶段。

音乐方面，19—20 世纪最著名的葵依奇当属库尔曼加孜·萨赫尔拜乌勒，他有 60 多首经典的乐曲传世，其中最著名的是《哈萨克草原》《越狱》和《克什肯太》。除此之外，同时代著名的葵依奇还有达乌列特克烈·舒加耶夫、扎亚乌·穆萨等人。

四、1920—1991 年的文化

在苏联时期，哈萨克斯坦的文化实现了快速发展。通过扫盲运动，大量兴建学校、图书馆、剧院等文化设施，国民的总体文化水平得到了较大提高。1914 年，吉尔吉斯边疆区总共有 139 处图书馆，馆藏书目共计 98 000 册，外加两座戏院、三个博物馆和几处电影放映点。1928 年，哈萨克苏维埃社会主义共和国的图书馆增加至 203 所，馆藏书目 4 883 000 册。此外还设有 810 个文化俱乐部、92 所电影院和 6 座博物馆。[1] 哈萨克斯坦的文化基础设施在建设之初即体现出其多民族的特点，政府在多民族的聚居地设置了专门面向哈萨克族、俄罗斯族以及其他少数民族的阅览室、图书馆和俱乐部。例如，1925 年政府在科斯塔奈县建了 31 个俄语阅览室、19 个哈萨克语阅览室以及俄语和哈语的移动学校各 5 所。此外，在该县中心图书馆和 4 所县图书馆都设有专门的哈萨克文学区。[2] 在乌兹别克人、东干人的聚居地还设有专门的少数民族学校。

第二次世界大战给哈萨克斯坦文化事业的发展带来了巨大挑战。在战争

---

[1] МАЖИТОВ С. Ф., АБЫЛХОЖИН Ж. Б., АЛДАЖУМАНОВ К. С. История Казахстана: с древейших времен до наших дней: Том 4[M]. Алматы: Атамұра, 2010: 406-407.

[2] МАЖИТОВ С. Ф., АБЫЛХОЖИН Ж. Б., АЛДАЖУМАНОВ К. С. История Казахстана: с древейших времен до наших дней: Том 4[M]. Алматы: Атамұра, 2010: 407.

期间，哈国境内的学校、图书馆、文化俱乐部等场所大幅减少，导致大量学生失学，人民的文化生活受到严重冲击。然而，作为大后方，哈萨克苏维埃社会主义共和国接收了大量从前线撤退至此地的科学家、文学家、艺术家，他们的出现从客观上促进了哈萨克斯坦文化的发展。战争期间，苏联各加盟共和国的多名科学家撤退至阿拉木图，短时间内成立了包括苏联科学院哲学研究所、地理研究所、物理研究所、语言研究所在内的 20 多所高等研究机构，为哈萨克斯坦的科研事业发展提供了契机，培养了大批本土专家学者。有赖于此，哈萨克苏维埃社会主义共和国科学院得以在战争结束的 1945 年快速成立。文学方面，二战时期涌现出一批杰出的作家。战争期间有大约 90 名诗人和作家奔赴前线，其中就有诗人卡·阿曼卓洛夫。面对血与火的洗礼，诗人创作了包括《致人民的一封信》《伟大的等待》《郁金香》《关于诗人之死的传说》等大量诗篇，在哈国境内广为流传。同一时期，诗人江布尔·扎巴耶夫的作品《列宁格勒人——我的孩子们》则通过《共青团真理报》传遍了整个苏联。这一时期，作家哈·穆斯塔芬以集体农庄为主题的长篇小说《希甘纳克》《百万富翁》，作家萨·穆坎诺夫的自传体小说《生活学堂》《来自哈萨克斯坦的战士》，以及穆·阿乌埃佐夫的获奖小说《阿拜之路》相继出版，体现出小说体裁在哈萨克斯坦文学中的全面成熟。文学的发展促进了戏剧的繁荣。截至 1940 年，哈萨克苏维埃社会主义共和国建成了 24 个哈萨克剧院，10 个俄罗斯剧院，2 个维吾尔剧院以及乌兹别克、乌克兰、朝鲜剧院各 1 个。[1] 这一时期哈国境内还出现了木偶剧院，表演的演员分为俄语组和哈语组。在这些剧院里既上演哈萨克斯坦各民族语言的经典剧目，也演出包括《奥赛罗》在内的一系列世界经典作品。

　　第二次世界大战结束后，哈萨克苏维埃社会主义共和国在电影、歌剧等文化领域都取得了长足的发展。1941 年战争期间，撤退至阿拉木图的莫

[1] МАЖИТОВ С. Ф., АБЫЛХОЖИН Ж. Б., АЛДАЖУМАНОВ К. С. История Казахстана: с древнейших времен до наших дней: Том 5[M]. Алматы: Атамұра, 2010: 427.

斯科电影制片厂和列宁格勒电影制片厂联合阿拉木图电影制片厂成立了联合电影制片中心，同时还组织建立起一个四年制的表演艺术学校，培养出一批电影人才。1960 年，阿拉木图电影制片厂更名为哈萨克电影制片厂，自这一年起，哈影制片厂平均每年要拍摄 7 部电影、50 多部纪录片，出版 24 期电影杂志，为近 70 部电影配音。[1] 这一时期哈萨克电影制片厂拍摄的儿童电影《我叫霍札》《没胡子的骗子》，以及电影《关于母亲的故事》《父辈的土地》《戴花帽的天使》受到大众的欢迎。凭借在电影《关于母亲的故事》中的出色表现，女主角阿·乌穆尔扎科娃夺得了 1964 年苏联电影节最佳女主角奖和同年在捷克举办的卡罗维发利电影节荣誉奖。这一时期备受瞩目的电影还有《吉别克姑娘》。这部电影汇集了当时最优秀的电影创作班底，被视为将诗歌、戏剧与电影相结合的一次成功尝试。电影再现了脍炙人口的哈萨克民间口头叙事长诗《吉别克姑娘》，获得了很高的评价。歌剧方面，这一时期既有基于哈萨克民间口头文学《比尔让和萨拉的诗歌对唱》改编的《比尔让和萨拉》，也有反映哈萨克族和俄罗斯族之间友谊的《杜达来》、维吾尔族歌剧《纳兹古姆》。

哈萨克斯坦的绘画源于 19 世纪末的俄国画家尼·加·赫鲁托夫。他于 1910—1919 年先后在阿拉木图的中学、神学院、女子学校以及农业大学担任美术教师并开设美术工作室，因此也被称为哈萨克斯坦本土画家的第一位启蒙教师。赫鲁托夫的学生包括日后被称为哈萨克斯坦美术奠基者的阿·卡斯捷耶夫和哈萨克斯坦苏联时期的著名画家阿·伊·波尔特尼科夫。在他们的不断努力下，哈萨克苏维埃社会主义共和国美术创作的队伍不断壮大，于 1933 年成立国家美术协会，1935 年建立国立艺术博物馆。1960 年以后，以西方绘画技巧表现哈国当地民族传统逐渐成为一种潮流，代表画家有萨·艾特巴耶夫。他的作品受后印象派画家塞尚、墨西哥画家迭

---

[1] МАЖИТОВ С. Ф., АБЫЛХОЖИН Ж. Б., АЛДАЖУМАНОВ К. С. История Казахстана: с древнейших времен до наших дней: Том 5[M]. Алматы: Атамұра, 2010: 649.

戈·里维拉和阿尔法罗·西凯罗斯的影响，擅长使用强烈、浓重的色彩，通过较大面积的色块来表现日常生活的主题。艾特巴耶夫的代表作《幸福》《客人来了》《年轻的哈萨克人》《毡房前的姑娘》为他在苏联绘画界赢得了较高声誉，并使他成为 20 世纪 60 年代哈国绘画界的领军人物。同样受到西方绘画深刻影响的还有画家沙·扎纳泰，由于创作风格上的相似，他又被称为"哈萨克斯坦的梵·高"。他运用自己的画笔，对哈国的风景进行诗意的诠释，代表作有《山中的果园》《冬季的桦树》《冬日山中》等。自 20 世纪 70 年代起，哈萨克斯坦绘画界的创作主题和表现方式进一步丰富，画家试图通过作品反映出自己对时代、历史以及传统的思考，这一时期的代表性作品有卡米尔·穆拉舍夫的科幻色彩作品《晨》《地球与时间》、叶·托列普巴耶夫的《三个老奶奶》等。

五、1991 年后的文化

1991 年苏联解体、哈萨克斯坦独立深刻影响了哈萨克斯坦文化的发展方向。为了塑造公民的国家认同，政府有意提升哈萨克民族文化在国家总体文化生活中的地位，与此同时仍然保留了哈萨克斯坦文化多民族的特性。这一趋势反映在国家的语言政策上：一方面，政府通过《语言法》和《宪法》明确了哈萨克语的国语地位；另一方面，多语言并存的教育方式并没有发生根本的改变。截至 20 世纪 90 年代末，哈萨克斯坦全国 8 610 所普通中小学中有 3 379 所哈萨克语学校、2 840 所俄语学校，2 299 所混合语言学校、72 所乌兹别克语学校、16 所维吾尔语学校、3 所塔吉克语学校和 1 所土耳其语学校。[1] 除此之外，苏联时期建立的各民族剧院也得以保留。

[1] МАЖИТОВ С. Ф., АБЫЛХОЖИН Ж. Б., АЛДАЖУМАНОВ К. С. История Казахстана: с древнейших времен до наших дней: Том 5[M]. Алматы: Атамұра, 2010: 536.

独立后，哈萨克斯坦政府大力发展文化事业，于 1995 年成立了"文化扶植国家基金"，相继出台包括《文化法》《历史文化遗产保护和使用法》《国家档案基金和档案法》等一系列法律，并于 2004 年开始实行文化遗产规划项目。该项目自 2004 年开始一直持续到 2011 年，每两年向政府进行一次成果汇报。在项目框架下，哈国政府组织编写了《世界历史思想》丛书，并完成了大量考古发掘以及文物保护修缮工作。

积极融入国际社会是独立后哈萨克斯坦文化发展的另一大趋势。音乐方面，哈萨克斯坦积极举办"亚洲之声"音乐节，以及各类音乐比赛，如"金唱片""年轻的翅膀""同梦人"等。在积极举办国际音乐赛事的同时，哈萨克斯坦也出现了像迪玛希、伊曼别克这样享誉世界的音乐人。绘画方面，在索罗斯基金的支持下，哈萨克斯坦的艺术机构不仅能邀请世界多国现当代艺术家、文艺理论家到哈国当地进行文化交流，同时还为本国的画家参加世界各地的画展提供支持。电影方面亦是如此。以达·奥米尔巴耶夫和阿·卡拉古洛夫为代表的一批哈萨克斯坦导演凭借作品《凯拉特》《心电图》《第三者》《鸽鸣》等影片多次参加国际 A 类电影节并斩获奖项。

第二节 风俗习惯

一、传统习俗

（一）婚俗

过去哈萨克人有一条严格的规定——父系亲属七代以内不得通婚。当今社会由于人口大幅度增加，人员流动性大，哈萨克斯坦的青年男女在结婚时已经无须再详细询问对方的七代祖先，但这曾经是婚姻最重要的标准。

传统的婚俗一般首先要由男方上门提亲，然后男女双方父母敲定彩礼的数额。提亲时男方会带上厚礼，过去礼物以骆驼、马、羊等牲口为主，现在则主要是一些高级糖果、点心和红酒。但无论时代如何变化，提亲的礼物中一定有专门送给女方母亲的礼物以及为女方准备的一副耳环。作为回报，女方要宴请男方家人并回赠相应的礼物。通常来说，住房由男方家里提供，而家具摆设则由女方决定。

正式的婚礼一般分为两个步骤。第一步是出嫁仪式，由女方家人操办，男方派一部分亲友参加，目的是让女孩和家里亲戚告别。出嫁仪式结束后姑娘就正式成为了男方家的一员，当她离开家时不能回头看，否则会被认为不吉。第二步则是迎亲仪式。过去新娘完成出嫁仪式之后就要骑马前往男方家里，因此出嫁仪式和迎亲仪式之间的时间差往往视两家人之间的距离而定，短则一日，多则数日都有可能。现代社会这两个仪式则按顺序先后在新娘和新郎的家乡举行，时间相对灵活。依照传统，迎亲意味着正式缔结婚姻，应当请阿訇来进行证婚，但现在多数新人会邀请婚姻登记所的工作人员来到婚礼现场进行证婚并登记。迎亲仪式由男方家庭操办。仪式从古老的"掀盖头"开始。由男方家庭熟悉的人担任歌手，通过唱的方式向新娘介绍男方的家人。每唱到一个亲戚，这个亲戚就要上前向新人送上自己的礼物，普遍的做法是将礼金放到一个碗里，最后传到歌手的手中。歌手每唱到一个人新娘就要鞠一躬，以示尊重，演唱结束后由歌手将新娘的盖头掀起，宣布宴会开始。在婚礼上，客人要轮流向新人表达自己的祝福，同时还要唱歌跳舞，以示庆祝。

（二）生育和成长

生育是哈萨克斯坦家庭最看重的一件事，怀孕的妇女通常禁止食用骆驼肉、兔肉和鱼肉，也不能剪头发、在晚上独自外出或者参加葬礼。如果妇女难产，则会煮一锅肉，寓意肉煮熟之前婴儿就会落地。婴儿出生 40 天以后要举行盛大的宴席，这一天要由家中的长辈给婴儿取名。当儿童开始学走路的时候要为其举行一个"剪断羁绊"的仪式，家长在孩子的脚踝处绑上彩色的绳子，然后挑选一位客人将绳子剪断，寓意孩子从此在人生道路上没有阻碍，顺利成长。随后孩子在一条以白色材料铺就的路上向前走几步，象征着他未来的人生道路光明、开阔。此外，男孩在 5—7 岁时要行割礼。

（三）葬礼

哈萨克斯坦人对于葬礼很重视，埋葬祖先的地方被视为家族永远的故土。葬礼在哈萨克人的传统中是最为隆重和严谨的。当一个人处于弥留之际时，他的亲人便要迅速通知亲友，以便他们能及时赶来与之告别并原谅他之前所犯过错。去世后，死者的遗体将在一个单独的房间内停灵三天，在此期间亲朋好友都将前来吊唁。在这三天中，家中的长辈和死者的近亲要为其守灵，晚上要点一支蜡烛。下葬的前一天晚上，死者的家人必须宰一头羊来招待前来吊唁的客人。第二天清晨，经过 3—5 名专人清洗之后，尸体将会被白布包裹起来，抬往下葬的地点。死者下葬之后，其家人还要再招待宾客吃一顿晚饭。类似的悼念宴席会在葬礼结束 40 天和 1 年之后再各举办一次，后者标志着下葬仪式最终结束。

（四）日常习俗

哈萨克斯坦自古以来便是文明交融之地，不同的文化也带来了不同的禁忌。在哈萨克斯坦，如果随意夸赞一个儿童会引起其父母的不满，因为他们认为这样会给孩子招来不幸。另外，哈萨克斯坦人热情好客，只要踏进了别人的家门，哪怕只停留几分钟，主人也会与你分享食物，通常是糖果、点心或者茶。这时一定要吃一点食物，并带走一两样主人桌上的东西，如一颗糖、一个橘子等，否则会被视为不礼貌。此外，哈萨克斯坦人的禁忌还包括邻居之间不能借盐，不能踩在门槛上等。哈萨克斯坦人很忌讳隔着门槛和人打招呼。他们认为不能把脱下来的鞋子翻过来，如果看到有这样的鞋子要马上穿上，否则会被视为是死亡的征兆。

二、价值观

传统游牧生活往往以家庭为单位进行放牧，因此哈萨克人能准确说出自己的七代祖先和所属部落，具有较强的家庭观念。大部分哈萨克家庭遵循的是幼子继承制，女孩一旦结婚就要从家中搬出，因此女孩又被称为家里的客人。家庭活动通常围绕着男方的家庭和亲属展开，女孩一旦嫁人，小夫妻有很多时间要和男方的家庭一起度过。家庭有严格的长幼尊卑之分，通常年幼的人要听从长辈的指导，接受他们的教育。总体看来，在遵循传统方面，哈萨克斯坦的农村地区要甚于城市，西部和南部地区又要甚于东部和北部地区。

哈萨克斯坦人普遍重视教育，相信一个好的文凭能带来一份有保障的工作。加之近年来政府扩大了公费教育的规模，普通家庭的孩子不论男女都能接受完整的教育，而有条件的家庭则会努力使孩子就读排名靠前的私立大学或送孩子出国深造。

三、生活方式

哈萨克斯坦人平均每年会有2—3周假期，主要分布在夏、冬两季。这段时间他们通常会用来陪伴家人或四处旅行。欢聚、宴会是哈萨克斯坦人生活中必不可少的一部分，他们喜欢在家中请客，也喜欢在餐厅里办生日派对或到酒店办宴会。宴会又称托依，不局限于单纯的宴饮，往往还伴随着唱歌、跳舞以及各种游戏，是哈萨克斯坦人最喜欢的娱乐活动。参加宴会的客人要轮流说祝酒词，越长越好。

哈萨克斯坦人喜爱运动，足球和冰球在当地很受欢迎。几乎每个城市都有自己的足球队和冰球队，定期举行比赛，往往能引起球迷的热议。除此之外，得益于相对较长的雪季和高山地形，哈萨克斯坦拥有大量的滑雪场和冰场。以阿拉木图为例，作为哈萨克斯坦人口第一大城市，其市内不仅有琼布拉克滑雪场，还有全球海拔最高的滑冰场麦迪奥，每年都能吸引大量的市民和游客到此参加冰雪运动。不仅如此，受游牧传统影响，哈萨克斯坦人还热衷于骑马。各地政府时常举办各类赛马比赛，奖品丰厚。大量的户外活动为哈萨克斯坦的年轻人保护视力创造了良好条件，在哈萨克斯坦的学校中戴眼镜的学生比例较低。

受苏联时期的影响，哈萨克斯坦直到今天仍保留周六义务劳动的传统。劳动的内容大多是冬季结束之后的大扫除，如清扫街道、捡垃圾、擦窗户等，有时也包含植树活动。周六义务劳动通常由市政府组织，事业单位参加。私营企业也会在这天响应政府的号召，但往往只进行公司内的扫除。在当代哈萨克斯坦，也有组织利用这一天为残疾人、老人、孤儿或患有艾滋病的儿童筹集善款。

四、饮食习惯

传统的哈萨克饮食在很大程度上受游牧生活的影响，偏爱肉食和奶制品。最典型的哈萨克食物是手抓肉，做法是对肉进行长时间的炖煮，在炖煮快要完成时加入方形的面片，最后在上桌前淋上洋葱、西红柿和其他香料做的料汁。其他的代表性肉类食物还有马肉、马肠子。哈萨克斯坦人偏爱发酵的马奶酒、骆驼奶以及咸味的奶疙瘩。哈萨克斯坦人的主食以面粉制品为主，哈萨克族的馕、包尔萨克，俄罗斯族的各式面包都是餐桌上常见的食物。由于历史原因，俄餐早已成为哈萨克斯坦人日常饮食中不可分割的一部分。俄式馅饼、薄饼、饺子和腌渍的酸黄瓜、酸番茄是哈萨克斯坦家庭的日常食物。哈萨克斯坦有很多餐厅，大部分餐厅提供的是俄式和中亚菜式的混合菜单。在大城市，高端餐厅主要是法餐和意大利菜。土耳其餐厅和格鲁吉亚餐厅因为价格适中、上菜分量大，很受家庭聚餐的欢迎。随着中哈两国的合作不断加深，近年来中餐馆也在哈萨克斯坦发展壮大起来，在主要的城市如阿斯塔纳、阿拉木图都能吃到中式烤鸭和火锅。此外，近年来哈萨克斯坦的外卖网络快速发展，韩式快餐和日本寿司也颇受欢迎。在哈萨克斯坦，即使是最受欢迎的餐厅也很少出现排队的情况，总体来说不需要提前订位。除了大城市的市中心，哈萨克斯坦的餐厅通常不供应早餐。哈萨克斯坦人，尤其是学生最爱的早餐是24小时供应的土耳其烤肉卷饼。土耳其式快餐、拉条子和比萨饼也广受欢迎。

五、法定节假日

哈萨克斯坦一年有10个法定假日，法定休息时间共13天。这10个节日分为：世界性的节日，如新年（1月1—2日）、三八国际妇女节（3月8日）；国家性的节日，如民族团结日（5月1日）、祖国保卫者日（5月7日）、胜利日（5月9日）、首都日（7月6日）、宪法日（8月30日）、共和国日（10月25日）、独立日（12月16日）；民族性的节日，如纳吾鲁孜节（3月21—23日）。节日反映了哈萨克斯坦历史变迁和文化特色，在现有的法定假日中，哈萨克斯坦人对新年、三八国际妇女节、纳吾鲁孜节、胜利日和独立日尤其重视。

（一）新年

新年是哈萨克斯坦最受欢迎的节日，法定假日为 1 月 1—2 日，但政府通常会以调休的方式将其延长至 3 天。在哈萨克斯坦新年的庆祝方式和西方的圣诞节有些类似，人们在家中或公共场所摆放饰有彩带和礼物的雪松，互相赠送巧克力、红酒等新年礼物。12 月 31 日晚上，电视台会播放新年晚会，而家人则要团聚在一起吃一顿新年大餐。晚饭结束后人们不会马上休息，而是纷纷走上街头观看新年焰火，随后年轻人还会通宵聚会庆祝新年来临。

（二）三八国际妇女节

在苏联时期，三八节本意是为了庆祝妇女解放。随着时间的推移，逐渐演变为哈萨克斯坦人最爱的节日，被认为是"情人节和母亲节的结合"。在哈萨克斯坦的大部分地区，三月正是一年中春回大地、万物复苏的时节，在南部地区三月更是郁金香开始绽放的季节。因此，哈萨克斯坦人尤其喜欢在三八妇女节这一天向他们的女性亲朋好友赠送郁金香和巧克力作为礼物。与此同时，这一天也是家庭聚会和恋人约会的日子。

（三）纳吾鲁孜节

"纳吾鲁孜"一词源自波斯语，意思为"新年、元旦"，相传这一节日最初起源于波斯拜火教，在中亚和东亚许多国家都有庆祝这一节日的传统。哈萨克斯坦人十分重视纳吾鲁孜节，将其视为传统新年。每年的 3 月 21—

23 日，哈萨克斯坦各大城市主要的街道和广场上都会支起售卖传统食物、手工制品的毡房，同时还会搭建大量的露天舞台，供穿着传统服装的歌手和舞者表演。纳吾鲁孜节期间，大街小巷都播放着欢快的音乐，家家户户都会熬制传统的纳吾鲁孜粥。虽然每家的熬制方法各不相同，但通常情况下人们会以酸马奶或骆驼奶为粥底，同时加入牛肉、各种谷物以及油和盐。纳吾鲁孜粥中的每一种食物都有一个美好的寓意，融合在一起形成了人们对来年生活幸福美满的美好祝愿。

（四）胜利日

近百万哈萨克斯坦人在第二次世界大战中牺牲，几乎每一个哈萨克斯坦家庭都有一个在卫国战争中牺牲的亲人，因此胜利日（5 月 9 日）也成为哈萨克斯坦人最重视的节日之一。尽管哈萨克斯坦已经独立三十多年，其国内二战老兵的数量也在不断下降，但这些都没有影响人们对胜利日的态度。在这一天，哈萨克斯坦各地的无名烈士墓都会迎来大量的参观者。人们往往会献上红色康乃馨，以此表达自己对烈士的尊敬和思念。除此之外，人们还会在这一天为在世的二战老兵送去鲜花和问候。按惯例，政府会在这一天举行焰火晚会。

（五）独立日

政府设立独立日是为了纪念 1991 年 12 月 16 日哈萨克斯坦获得独立，因此独立日也被视为是哈萨克斯坦的国庆日，在哈萨克斯坦人心中有举足轻重的地位。在这一天，政府会表彰对国家有突出贡献的艺术家、运动员、科学家等。对于哈萨克斯坦的普通家庭来说，独立日还是一个相对年轻的节日，尚未形成固定的庆祝传统，但是这一天人们通常会聚集在广场上看表演。

第三节 文化名人

一、库尔曼加孜·萨赫尔拜乌勒

库尔曼加孜·萨赫尔拜乌勒（1818—1889）是著名的冬不拉乐手、音乐家。他出生于今西哈萨克斯坦州，成长于一个颇具艺术氛围的家庭之中。稍长一些时，他便拜当时著名的民间音乐家乌扎克为师，专门学习冬不拉作曲。18 岁时库尔曼加孜不顾父亲的反对，离开家乡，开始了四处漂泊、以音乐为生的生活。在随后的生涯中，他带着冬不拉游走各地，留下了大量经典的冬不拉乐曲。库尔曼加孜开始音乐创作的时候正值 19 世纪30 年代哈萨克斯坦人民反抗沙俄统治的时期，伊萨泰·泰曼乌勒和玛哈姆别特·乌洁米苏鲁领导的人民起义引起了他的极大共鸣和同情。为此，库尔曼加孜创作了大量反映人民疾苦、歌颂起义的歌曲，其中以《克什肯太》和《阿代》最为著名。由于支持起义，库尔曼加孜受到当局的迫害，于 1857 年被捕入狱。然而他并没有因此而消沉，反而创作了《明天我就离开》《越狱》《打开枷锁》等作品，用音乐对抗生命中的苦难。库尔曼加孜的乐曲中蕴含着丰富的主题，其中既有抒发爱国情怀的《哈萨克草原》，也有歌颂崇山峻岭的《阿拉套》；既有反映他对母亲的眷念的《我可怜的母亲》和《愿您平安，我的母亲》，也有纪念他与俄罗斯人友谊的《拉乌什肯》。晚年的库尔曼加孜身边围绕着大量的冬不拉学徒，他的学生形成了冬不拉演奏的"库尔曼加孜学派"。

库尔曼加孜在哈萨克斯坦的音乐界享有很高声誉，哈萨克斯坦国立交响乐团、阿拉木图国立音乐学院、儿童音乐学校乃至不少音乐比赛均以他的名字命名。

二、阿拜·库南巴耶夫

阿拜·库南巴耶夫（1845—1904）是伟大的哈萨克诗人、思想家。幼年的阿拜在家中接受毛拉的教育，随后他被送入塞米巴拉金斯克市的经学院学习。自幼生活在托不克泰部落的阿拜在目睹了部落的各种纠纷后，他一方面深深同情广大贫苦的游牧民，另一方面对哈萨克社会中虚伪腐败的统治阶层愈发憎恶。1886 年，阿拜创作了诗歌《夏天》，此后的二十年间他全身心投入文学创作中，写出了大量诗歌、箴言。阿拜通晓阿拉伯语、波斯语、察合台文，辍学在家后他并没有放弃学习，而是在家自学俄语和俄罗斯文学，广泛涉猎各种书籍。在他阅读的书目中既有尼扎米、纳沃依、博组利等东方文学史上著名诗人的作品，又有俄罗斯作家普希金、莱蒙托夫、果戈理、托尔斯泰、涅克拉索夫、别林斯基、车尔尼雪夫斯基的作品，甚至还包括了莎士比亚和达尔文的作品。阿拜在诗歌中表达了他对穷苦人民的同情，同时也号召人民摈弃陈旧的陋习，学习新的知识，反抗来自封建主和沙俄政府的压迫。

阿拜对现代哈萨克斯坦文学做出了巨大的贡献，被视为现代哈萨克语的奠基人。他的诗富含深刻的哲理，具有深刻的人文情怀。2020 年哈萨克斯坦政府颁布法令，把每年的 8 月 10 日定为"阿拜日"。在这一天哈萨克斯坦全国各地乃至世界各地的哈萨克斯坦大使馆都会组织纪念阿拜的活动，人们通过朗诵阿拜的诗歌和举行研讨会来缅怀这位伟大的诗人。

三、阿贝尔汗·卡斯捷耶夫

阿贝尔汗·卡斯捷耶夫（1904—1973）是哈萨克斯坦历史上第一位哈萨克画家，也是现代哈萨克斯坦美术的奠基人之一。他 15 岁开始从事业余绘画，但由于家境贫寒，直到 25 岁才得以进入俄罗斯画家赫鲁多夫在阿拉木图开办的工作室中学习绘画，并于 1934—1937 年赴莫斯科进修。

自幼生长在草原上的卡斯捷耶夫对牧民日常生活的点滴怀有很深的感情。他的作品主要分为四类。第一类是反映牧民生活的作品，如《牧草》《摘棉花》《挤马奶》《草场上的牧群》等。这些作品以草原、雪山和毡房为背景，展现牧民割草、挤奶、牧羊的生活场景。卡斯捷耶夫尤其喜欢刻画牧民在国营农场中的生产和生活，以此为主题创作了《集体农庄的奶制品厂》《集体农庄的节日》等画作。第二类作品是人物肖像画，其中最著名的是他为纪念哈萨克斯坦民族英雄阿曼盖尔德创作的《阿曼盖尔德·伊曼诺夫》和《战士阿曼盖尔德》。阿曼盖尔德于 1916 年领导了反抗沙俄暴政的起义，在刻画他的形象时，画家并没有将他孤立起来，而是尝试将其还原至历史场景中，在行军打仗的背景下展现他的精神风貌。此外，卡斯捷耶夫还以哈萨克斯坦著名诗人阿拜和江布尔·扎巴耶夫为原型创作了《阿拜》和《阿肯江布尔》。第三类作品是风景画。画家尤其喜欢描绘冬天的景致，1965 年他完成了水彩画《冬牧场》，随后在给友人多姆布洛夫斯基的信中他曾这样写道："想要久久地伫立在这幅画前，呼吸画中的空气，沉浸在这份寂静中。画家必须要足够细腻，才能描绘出这般柔和纤弱的寂静。"[1]除了自然风景，卡斯捷耶夫还注重表现哈萨克苏维埃社会主义共和国的现代化建设成果，其作品《阿克塞采石场》《图西大铁路》《奇普恰盖水电站》便是这方面的代表。第四类是反映传统的画作。其中以《抢亲》和《买来的新娘》最为著名，前者画面中的新娘身着红装，却满脸悲戚，后者刻画了新娘被掳走的瞬间，观众仿佛能从她脸上痛苦的表情听见她的哀嚎。卡斯捷耶夫通过这两幅作品表达了对抢亲以及买卖新娘的传统糟粕无声的批判，给人留下了深刻印象。

---

[1] 资料来源于俄罗斯艺术网站 art.mirtesen.ru。

卡斯捷耶夫从一个牧羊人最终成长为开辟哈萨克斯坦绘画艺术先河的著名画家。卡斯捷耶夫于 1944 年获人民艺术家称号，1967 年获得哈萨克苏维埃社会主义共和国国家奖章。为了纪念卡斯捷耶夫，哈萨克斯坦国家艺术博物馆以他的名字命名。

第三章 教育历史

第一节 历史沿革

1991年12月16日哈萨克斯坦独立，到2023年哈萨克斯坦作为一个独立的国家已经走过了将近三十二个年头。在过去的三十多年中，哈萨克斯坦在政治、经济、文化等领域都发生了巨大的变化，其教育事业的发展更是有紧随世界潮流之势，然而追本溯源，今天哈萨克斯坦教育领域的传统和变革不仅仅是独立之后三十多年发展的成果，历史上各个时期的政治、经济和文化也都对其产生了一定影响。因此，为了厘清哈萨克斯坦教育发展的脉络，在此我们有必要对其历史略做回顾。

一、近代以前的教育

据史料记载，今天哈萨克斯坦国土范围内在公元前6世纪前后就已经有人类活动的痕迹。到公元8世纪时，这片土地上生活着各种大大小小的游牧部落。也是在同一时期，今天哈萨克人的祖先在生产生活的过程当中形成了一套与游牧生产方式相匹配的教育理念。根据这套传统的理念，可以将其培养模式分为实用和审美两个导向的内容。以实用为导向的教育目的在于培养人在草原中的生存能力，如骑马、辨识方向、畜养牲畜等，而这些能力又自然而然地需要人具有勇敢、坚忍、机敏和勤劳的意志品质和耳聪目明、身强力壮这样过硬的身体素质。此外，由于阿肯弹唱 [1] 是游牧生活中的重要娱乐活动，因此在美育方面，哈萨克人的祖先尤其注重对年轻一代口才和音乐素养方面的培养，将其视为评价一个人是否有才华的重要标准。

总体来说，8 世纪以前的哈萨克传统教育在技能上注重培养人骑马、畜牧、识途的游牧生活技能以及即兴作诗和唱歌的才艺，强调人要有勇敢、坚忍、机敏和勤劳的品质。除此之外，哈萨克教育传统还强调一个人对自己家族谱系的了解，认为一个合格的年轻人应当清楚地说出从父亲、祖父、曾祖父一直上溯到第七代先祖的名字。尽管时间久远，但从当今的哈萨克斯坦教育体系对口试、体育教学的强调中，依然能感受到其教育传统所带来的影响。

自 8 世纪开始，一方面伊斯兰教在中亚地区传播的范围不断扩大，另一方面丝绸之路的繁荣促成了一批城市的崛起，哈萨克草原地区的教育步入了一个新的发展阶段，哈萨克斯坦国内的学者将其称为中世纪的教育。

这一时期，在游牧生活中形成的传统教育模式得到了进一步的加强和完善。教育内容主要分为知识、道德、劳动、美育以及体育这五部分。

以传授知识为目的的教育，按照现代学科分类，可以将其分为以下六类。第一类是地理知识。在这一时期辨认道路与方向被更加系统和复杂的地理教育所取代。儿童不仅要学会认路，还要对空间方位有清楚的认识，能够对天气进行预测，并往返于牧场和村落之间。第二类是天文学知识。在游牧生活中，天文学知识对人在夜间辨明方位具有重要的作用。第三类是动植物学知识。为了在草原上生活，人们必须清楚了解周围环境中植物的食用价值、药用价值和毒性，能区分牲畜的年龄并熟悉其产羔的季

---

[1] 一种即兴的诗歌对唱活动，又称赛诗。

节，知道野生动物的价值，能判断一种昆虫是有害还是有益。第四类是医学知识。熟悉一些病的症状及基本的治疗方法和治疗工具。第五类是历史知识。熟悉一些历史古迹，了解部落的历史和由来，知道历史传说。第六类是文学知识。学习者要通晓语言，口才好，掌握修辞术，能进行诗歌创作，对集中体现了民间智慧的史诗、民歌、成语熟语等民间口头文学有充分的了解。

道德教育方面，这一时期注重培养人的下列品质：尊老爱幼，长辈说话时，不能出言顶撞；尊敬母亲，关心爱护家族的女性成员；忠诚于家族、部落和人民；爱国，英勇，无畏；团结一致，互相帮助，乐于奉献；深思熟虑，尊重他人，善良朴素；公平公正，实事求是，善于发现问题；具有良知和荣誉感，有敬畏之心；坚定不移。与此同时，也有一些道德方面的缺点在教育过程中被着重警示，让年轻一代引以为戒，如懒惰、自负、说谎、搬弄是非、游手好闲、粗心大意、颓废堕落等。

劳动方面，传统的哈萨克教育最重视畜牧技能的培养，如放牧、给牲口准备饲料等。大人干活的时候，孩子就在一旁学习、模仿。除此之外还有一些手工技能，如鞣革、制作各种皮革制品、擀毡、制作各类毛毡制品、木工以及建造村庄和各类牲畜圈等。针对女孩的劳动培养与男孩有所不同，她们主要学习如何收拾和布置毡房，制作能够长期储存的食物，绣花、擀毡和编织地毯等。

近代以前的哈萨克斯坦教育非常重视美育，审美品位体现在生活的方方面面，小到人们穿着的服装，大到音乐、舞蹈、建筑艺术，都能看出人们对美的追求。这一时期的哈萨克斯坦教育注重启发儿童对大自然的热爱以及对自然之美的感悟能力。在文学方面，强调人的口才和即兴诗歌创作能力。儿童从小便从长辈口中听到了大量的史诗、传说、童话和诗歌，其自身的口头表达能力也在一次次转述和阿肯弹唱中不断提高，这一时期还涌现出许多著名的民间抒情长诗，如《阿勒帕米斯》《吉别克姑娘》《阔孜库尔佩西与芭艳苏露》等。唱歌、跳舞以及手工艺术也是这一时期美育的重要组成部分。

体育一直是近代以前的哈萨克斯坦教育中最为重要的环节之一。传统观念认为，在大自然中生活，身体是最基本也是最重要的工具。长期的游牧生活练就了哈萨克斯坦人祖先优秀的视力和听力，按照他们对视力的标准，视力足够好的人甚至能在平地上看见几千米以外的物体。为了培养儿童的体魄，幼小的孩子被裹起来，浸入冷水中，再抱出来用羊尾油进行按摩。夏季来临时，家长任由儿童光脚行走。近代以前的哈萨克斯坦教育中，最受重视的体育项目当属骑马，在这项技能的培养上不分男女，一律要求达到纯熟的境界。在培养青年人骑马技能的过程中，百里长距离赛马、叼羊 [1]、姑娘追 [2] 等传统的马术比赛扮演了重要的角色，青少年也通过这样的趣味活动或者比赛不断提高自己的马术水平。除此之外，摔跤、打猎、军事演练以及类似箭射元宝之类的传统游戏都对提高青年人的身体素质大有裨益。

学校教育方面，随着 8 世纪伊斯兰教在中亚地区的传播，穆斯林学堂和伊斯兰教经学院逐渐成为这一时期哈萨克斯坦教育的主要形式，这种情况一直持续到 19 世纪。这类学校最初产生于今天的中东地区。它们的主要任务是传播伊斯兰教并禁止民众做出违反教义的行为。穆斯林学堂和伊斯兰教经学院的教师必须由毛拉担任，教学的语言为阿拉伯语，学校的办学经费来源于信众的布施和捐赠。这类学校的教室布置十分简单，室内不设任何家具，仅在地上铺有毛毡或者花毡，学生跪坐着听课。每年的冬季到夏季为学校的教学时间，一个学年的时长为 4—5 个月。在这样的学校里，绝大部分的学生是 7—8 岁或者 16—17 岁的男孩。该类穆斯林学堂仅传授宗教方面的知识，学生入学之后的第一件事便是学习背诵阿拉伯语字母表，学

---

[1] 一种传统的娱乐活动，青年人骑在马上，争夺一只两岁左右、割去头和蹄子的山羊。

[2] 一种传统的娱乐活动，姑娘和小伙子骑在马上互相追赶。

校所使用的教材也一律为伊斯兰教的教义和教法，学生们必须熟知书中的经文和祷告辞。直到 19 世纪中期，经堂教育都是哈萨克斯坦教育体系中的主流模式。

二、近代教育

（一）19 世纪下半叶的教育

直到 19 世纪中期，在哈萨克斯坦境内都没有专门招收当地哈萨克儿童的欧式学校。1841 年在布凯汗国 [1] 出现了第一所欧式小学。[2]1850 年，奥伦堡边区委员会专门开设了一所招收哈萨克学生的七年制学校，目的在于为沙俄政府在其草原诸省的基层组织培养翻译和抄写员。这所学校从整个奥伦堡边区招收了 30 名学生，其中就有哈萨克斯坦教育的奠基者伊布赖·阿尔腾萨林。该校在其存在的 19 年间总共培养了 48 名学生。成立之初，学校教学的主要内容依然以伊斯兰教教育科目为主。[3] 随着时间的推移，宗教的因素被逐渐淡化，到了 1859 年，学生学习的科目已经逐渐扩大到俄罗斯历史、数学、几何、地理通识以及俄罗斯地理。1857 年，以奥伦堡的学校为模板，在鄂木斯克开设了一所招收哈萨克学生的新式学校，这所学校的主要目的也是培养翻译。这所学校存在了将近四分之一个世纪，随后被改造成了 10 个俄罗斯学生和 10 个哈萨克学生的寓所，既保障学生的住宿

---

[1] 于 1801—1845 年存在于里海以北，伏尔加河和乌拉尔河之间的哈萨克自治政权。

[2] АЛДАЖУМАНОВ К. С., АСЫЛБЕКОВ М. Х. История Казахстана：с древнейших времен до наших дней в: Том 3[M]. Алматы: Атамұра, 2010: 523.

[3] АЛДАЖУМАНОВ К. С., АСЫЛБЕКОВ М. Х. История Казахстана：с древнейших времен до наших дней в: Том 3[M]. Алматы: Атамұра, 2010: 523.

也提供伙食。这些学生分别在东正教教区学校和县里的学校上学。[1]1865年，在鄂木斯克又成立了一所招收哈萨克学生的学校。1869年，奥伦堡中学新开设了一个专门培养东方语言翻译和军区文书的分部。面向当地哈萨克儿童招生的小学出现在19世纪60年代，它们的建立要得益于伊布赖·阿尔腾萨林。

1867—1868年，沙俄政府进行了行政疆域改革，改革后，除布凯汗国并入沙俄阿斯特拉罕省以外，剩下的大部分地区被分别划入3个总督区进行管辖。其中，乌拉尔省和图尔盖省被划入奥伦堡总督区，阿克莫拉省和塞米巴拉金斯克省被划入西西伯利亚总督区，剩下的七河省和锡尔河省被划入图尔克斯坦总督区。各省的教育发展总体趋势一致，但具体情况有所不同。

奥伦堡总督区的乌拉尔省1868—1869年有24所俄哈学校，其中有2所两级制学校[2]、6所乡村一级制学校、14所哥萨克军队学校以及2所私立学校。到了1877年，在乌拉尔斯克的哥萨克驻军中已经开办了包含5所女校在内的47所学校，学生人数为2 250人，覆盖了超过2%的哥萨克学龄儿童。[3]1894年，在乌拉尔斯克市已经设有男子军校、女子学校以及神学院。此外，在整个乌拉尔省共计有37个东正教教区学校、77个小型哥萨克镇和乡村学校以及10个乡属俄哈学校，在校学生共计2 984人。[4]

相比起乌拉尔省的情况，阿克莫拉省的教学基础似乎更为薄弱。截至1861年，整个阿克莫拉省只有14所学校为驻扎在此的西伯利亚哥萨克军团子弟们提供最基本的识字教育，根本无暇顾及当地农牧民的孩子。到了19

---

[1] АЛЕКТОРОВ А. Из истории развития образвания среди киргизов Акмолинской и Семипалатинской областей[J]. Журнал Министерства народного просвещения, 1905(12): 159.

[2] 19世纪70年代俄罗斯的一种初级学校的形式，学制通常为5—6年，前3年为第一级，第4—6年为第二级，故称为两级制学校，同理，一级制学校指学制为3—4年，只有一个学级的学校。

[3] АЛДАЖУМАНОВ К. С., АСЫЛБЕКОв М. Х. История Казахстана: с древнейших времен до наших дней в: Том 3[M]. Алматы: Атамұра, 2010: 523.

[4] ТАЖИБАЕВ Т. Т. Просвещение и школы Казахстана во второй половине XIX века[M]. Алма-Ата: Казгосполитиздат, 1962: 268, 274, 281.

世纪 70 年代，阿克莫拉省的办学情况有所改善，开办了一批男子中学、女子中学、预备中学 [1]、师范学校、县级男子东正教教区学校、军队学校、哥萨克镇和乡村学校以及军医院下属的卫校等。在这一时期，整个阿克莫拉省共计有 76 所教学单位，在校学生 2 767 人，其中包含 1 所哈萨克学校，在校学生 27 人；4 所鞑靼男校，在校学生 231 人；3 所女校，在校学生 44 人。[2] 到 19 世纪末，阿克莫拉省的学校数量增加了两倍以上，开办了一些阿吾勒 [3] 学校。然而，新开办的学校依然无法满足人们的需求。据统计，1898 年阿克莫拉省共有 61 106 名适龄儿童，其中 88% 的儿童未能进入新式学校接受教育。与阿克莫拉省的情况类似，1872 年，塞米巴拉金斯克省有 68 所教育单位，1896 年，这个数字上升到了 105 所，1900 年达到 114 所。1898 年，塞米巴拉金斯克省共有 61 668 名适龄儿童，他们当中仅有 5% 的人能接受学校教育。[4] 同一时段，针对本地哈萨克儿童的新式教育还处于萌芽阶段。1883 年，省会城市塞米巴拉金斯克以及县级市巴甫洛达尔、乌斯季卡缅诺戈尔斯克以及斋桑开办了专门招收哈萨克男孩的寄宿学校，与此同时，塞米巴拉金斯克和巴甫洛达尔开设了招收哈萨克女孩的专门学校。到 1886 年，在上述学校中共有 152 名男孩和 37 名女孩在读。[5]

　　同一时期，位于南部图尔克斯坦总督区的现代学校教育也处于起步阶段。1860 年，锡尔河省的赖伊姆堡（今卡扎林斯克）和彼罗夫斯克（今克孜勒奥尔达）出现了 2 所主要招收俄罗斯族学生的新式学校，前者招收了

---

[1] 1864 年以后在俄国出现的一种学校形式，学校内的教学设置与中学的低年级课程吻合，其作用相当于小学或者上文提到的一级学校，在没有条件开办中学的地区被广泛采用。

[2] АЛДАЖУМАНОВ К. С., АСЫЛБЕКОВ М. Х. История Казахстана：с древнейших времен до наших дней в: Том 3[M]. Алматы: Атамұра, 2010: 524.

[3] 哈萨克部落的最小组织单位，通常由 7 户以上、15 户以下组成，相当于村子。

[4] АЛДАЖУМАНОВ К. С., АСЫЛБЕКОВ М. Х. История Казахстана：с древнейших времен до наших дней в: Том 3[M]. Алматы: Атамұра, 2010: 524.

[5] ТАЖИБАЕВ Т. Т. Просвещение и школы Казахстана во второй половине XIX века[M]. Алма-Ата: Казгосполитиздат, 1962: 282-307, 322-329.

17 名俄罗斯族男孩和 6 名哈萨克族男孩，后者招收了 16 名俄罗斯族男孩和 13 名哈萨克族男孩。一年之后，在赖伊姆堡又成立了一所女子学校，首批招收了 15 名俄族女孩。[1] 1863 年起，赖依姆堡也成立了专门招收哈萨克儿童的新式学校。到了 1876 年，锡尔河省共有 10 所新式学校，同年图尔克斯坦总督区设立了督学来监察所有的学校。[2] 1879 年，在塔什干成立了专为图尔克斯坦总督区新式学校培养师资的师范学校。1896 年，锡尔河省共有 78 所教学单位，其中有 7 所是俄罗斯—土著合校（简称俄土合校），在校学生共计 3 896 人，包括男孩 2 743 人，女孩 1 153 人，在所有学生中有 548 名哈萨克儿童。[3] 师资方面，这些学校里共有 120 名男教师和 31 名女教师，有 13 名教师在俄土合校中教学。两年之后，锡尔河的初级教学机构达到了 119 所，在校学生 5 507 人。1898 年，锡尔河省平均每 12 436 个人拥有一所学校，其中 206 322 名城市居民拥有 29 所学校，1 273 526 名农村居民拥有 90 所学校。[4] 19 世纪 80 年代中期，在锡尔河省的哈萨克村庄中开始陆续出现新式学校。七河省的第一批新式学校成立于 1868 年，它们是维尔内要塞和科帕尔的东正教教区学校。在七河省其余的镇里共计有 12 所哥萨克镇和乡村小学，所有这些学校的学生共计 532 人，其中有女孩 72 人。这个时期逐渐出现了一批吸收社会资金办学的城市和乡镇学校。到 19 世纪 90 年代末，在七河省下属的六个县——维尔内、科帕尔、列普辛斯克、扎尔肯特、皮什别克（今比什凯克）以及普尔热瓦尔斯基共有 61 所教学单位。其中，维尔内的男子中学有在校学生 260 人，女子中学有在校学生 229 人。此外还有

[1] АЛДАЖУМАНОВ К. С., АСЫЛБЕКОВ М. Х. История Казахстана：с древнейших времен до наших дней в: Том 3[M]. Алматы: Атамұра, 2010: 524.

[2] АЛДАЖУМАНОВ К. С., АСЫЛБЕКОВ М. Х. История Казахстана：с древнейших времен до наших дней в: Том 3[M]. Алматы: Атамұра, 2010: 524.

[3] АЛДАЖУМАНОв К. С., АСЫЛБЕКОВ М. Х. История Казахстана：с древнейших времен до наших дней в: Том 3[M]. Алматы: Атамұра, 2010: 524.

[4] ТАЖИБАЕВ Т. Т. Просвещение и школы Казахстана во второй половине XIX века[M]. Алма-Ата: Казгосполитиздат, 1962: 332-353.

1 所军事中学、1 所三级制市立学校、1 所园艺学校、2 所农业学校。其他的县级市共计有 5 所两级制的男子学校和 35 所一级制的东正教教区学校，在校学生共计 1 833 人。[1] 在七河省，俄土合校的数量并不多。1897 年，该省的学龄儿童为 89 110 人，其中 97% 的儿童没有接受新式教育。[2]

由上述数据不难看出，在 19 世纪下半叶，新式学校还并未得到普及，很多沙俄草原诸省的儿童，尤其是当地绝大部分哈萨克学龄儿童无法进入新式学校就读。因此，培养他们的任务大部分情况下依然落在家庭教育以及传统的穆斯林经堂教育上。穆斯林学堂遍布其草原诸省。北部的图尔盖省在 1894 年共有穆斯林学堂和伊斯兰教经学院 59 所，在校学生 457 人。西北部的乌拉尔省在 1896 年有穆斯林学堂和经学院共计 206 所，在校学生 4 926 人。到 1897 年学校的数量变为 198 所，在校学生 4 113 人。西西伯利亚总督区的阿克莫拉省在 1896 年共有 13 所穆斯林学堂和伊斯兰教经学院，在校学生 547 人，1898 年学校数量变为 11 所，在校学生 425 人。同属该总督区的塞米巴拉金斯克省在 1884 年共有 10 所穆斯林学堂和伊斯兰教经学院，在校学生 615 人，到 1895 年学校数量增长为 17 所，在校学生 900 人。[3] 在南部地区，穆斯林经堂教育更加普遍，如图尔克斯坦总督区的锡尔河省（该省的范围包含了今天乌兹别克斯坦的部分城市）在 1892 年共有 1 497 所穆斯林学堂，另有伊斯兰教经学院 35 所，在校学生 27 082 人。1895 年，该省有 2 409 所穆斯林学堂，34 所伊斯兰教经学院，在校学生 28 898 人。[4] 七河省 1891 年的穆斯林学堂和伊斯兰教经学院共计 64 所，在校学生 1 251

[1] АЛДАЖУМАНОВ К. С., АСЫЛБЕКОВ М. Х. История Казахстана: с древнейших времен до наших дней в: Том 3[M]. Алматы: Атамұра, 2010: 525.

[2] СЕМЕНОВ-ТЯН-ШАНСКИЙ П. П. Россия. Полное географическое описание нашего отечества. 17-том: Киргизский Край[M]. Санкт-Петербург, 1903: 173.

[3] АЛДАЖУМАНОВ К. С., АСЫЛБЕКОВ М. Х. История Казахстана: с древнейших времен до наших дней в: Том 3[M]. Алматы: Атамұра, 2010: 526.

[4] АЛДАЖУМАНОВ К. С., АСЫЛБЕКОВ М. Х. История Казахстана: с древнейших времен до наших дней в: Том 3[M]. Алматы: Атамұра, 2010: 526.

人。1897 年学校的总数上升到 88 所，在校学生 12 835 人。[1]

　　穆斯林学堂没有固定的教学场所，夏天通常将教室设在毡房中，冬天则在窑洞中授课。夏天上课的毡房一般为私人所有，当地居民按顺序暂时让出自己的毡房，而冬天上课的窑洞则由全村出资共建。相比较而言，伊斯兰教经学院一般位于拥有清真寺和固定居民点的处所，校舍由个人或者整个教区的穆斯林捐资建成，学校内的建筑一般为土坯房，只有少数城市里的经学院才具备像城市学校一样条件较好的校舍。在哈萨克斯坦历史上，这样的伊斯兰教经学院曾出现在阿克莫林斯克、彼得罗巴甫洛斯克、塞米巴拉金斯克、乌拉尔斯克和科克舍套。南部城市的穆斯林学堂和伊斯兰教经学院更具有中亚风格，而北部则更偏向于鞑靼风格，这类学校都是由信众自发捐款修建而成的。19 世纪 70 年代起，沙俄政府根据新的疆域划分，在中亚地区设置了三个主要的学区，它们分别是包含乌拉尔省和图尔盖省的奥伦堡学区、包含阿克莫拉省和塞米巴拉金斯克省的西西伯利亚学区以及包含锡尔河省和七河省的图尔克斯坦学区。每个学区都设专门的督学，负责督察非俄罗斯族学校的教学情况。

（二）19 世纪末 20 世纪初的教育

　　19 世纪末 20 世纪初对沙俄政府的教育体系而言，是一个充满变革且富有特色的时间段。这一时期沙俄政府在教育方面实行的政策也极大地影响了它的边疆地区，一定程度上改变了当时哈萨克斯坦的教育面貌。1870 年颁布的《针对俄罗斯境内非俄罗斯民族的教育措施》将边疆区和民族学校的教育划为三类：第一类是俄罗斯化程度非常低的地区，第二类是有大量俄罗斯族人口聚居的地区，第三类是俄罗斯化程度较高的地区。该《措施》

---

[1] САБИТОВ Н. Мектебы и медресе у казахов[M]. Алма-Ата: Акад. наук Казах. ССР, 1950: 16-17.

规定：第一类地区的教材用语为俄语字母拼写的民族语言；第二类地区要开办俄式学校，学校同时招收俄罗斯学生和其他民族的学生，民族语言只能用于课堂上的口头讲解；第三类地区要开办俄式学校并且教学语言为单一的俄语。[1] 根据这项措施，各省均建立了不同种类的学校。阿克莫拉省和塞米巴拉金斯克省建立的是寄宿制学校和初等农业学校，图尔盖省和乌拉尔省建立的是哈萨克阿吾勒学校、乡属一级制学校和二级制学校，锡尔河省和七河省开办的则是俄土合校，而在已经划归为阿斯特拉罕省的布凯汗国创办的则是军队和地区的专属学校。1905 年，关于东方非俄罗斯民族的教育问题的会议召开，会议决定在包括今天哈萨克斯坦所在区域在内的沙俄边疆地区采取伊尔明斯基教育体系。[2] 本次会议规定，初等学校的学习时长为两年，第二年的教学内容要与普通俄罗斯学校一年级的学习内容相符合；一级制的学校的学习时长为四年；两级制的学校学习时长为六年，且只允许在头两年时间使用民族语言教学。当代哈萨克斯坦的学者普遍认为，这项规定是沙俄政府通过推广俄语教学对其境内的非俄民族实施俄罗斯化的重要手段之一。但不得不承认，这项措施在客观上提高了民众的总体教育水平，为哈萨克斯坦本土知识分子的成长创造了机会。

随着与俄罗斯的联系不断加强，20 世纪初哈萨克斯坦的教育有了进一步的发展，出现了一批培养农业人才和专业手工业者的职业技术学校。1901 年，整个哈萨克斯坦境内共有 283 所俄式学校和 207 所俄哈学校，到了 1916 年新式学校数量有了大幅的提高，达到了 2 448 所之多。1916 年，在哈萨克斯坦境内开设的所有新式学校中有 562 所是俄哈学校，在校学生共

---

[1] 资料来源于俄罗斯国家图书馆官网。

[2] 尼古拉·伊万诺维奇·伊尔明斯基，沙俄时期的东方学家、教育家、传教士，一生主要的工作为在非俄民族内开展俄罗斯化的教育。伊尔明斯基教育体系于 1870 年正式得到沙俄政府的承认，成为其少数民族地区教育的指导方针。该体系的特点是在少数民族教育中提倡语言的本民族化和意识形态的俄罗斯化。

计 134 245 人，其中鞑靼学生和哈萨克学生 19 372 人。[1] 截至 1917 年，哈萨克斯坦境内共有 47 所高等学校、17 所中等学校、4 所实用学校[2]、4 所男子中学和 9 所女子中学，除此之外还有 13 所农业学校和 2 所手工业学校。[3]

值得注意的是，尽管哈萨克斯坦境内新式学校的数量在 20 世纪初有了大幅度的增加，但在新式学校接受教育的当地哈萨克儿童依然有限，仍有相当一部分儿童被送入传统的穆斯林学堂接受初级教育。20 世纪初，图尔克斯坦总督区内的非俄式学校共计约 6 000 所。[4] 俄土学校与穆斯林学堂的数目差距较大。1907 年在七河省的俄土合校共有 15 所，在校学生 222 人，同一时期穆斯林学堂为 243 所，在校学生 6 076 人。[5]1910 年仅在锡尔河省就有 32 所经学院，其中 23 所位于城市内，9 所位于乡村地区。[6] 在新式学校数量不断增长的情况下，穆斯林学堂和伊斯兰教经学院并没有受到很大的冲击，这在很大程度与 19 世纪末 20 世纪初的宗教教育改革潮流有关。新思潮倡导对传统的伊斯兰教教育进行变革，引入一些世俗教育的科目，使学生所学的知识更加实用，在一定程度上迎合了哈萨克斯坦本地儿童的教育需求。20 世纪初，沙俄政府教育部强化了对经堂教育的管控，对穆斯林学堂和伊斯兰教经学院的开办、日常事务、人员流动、外国护照的发放以及书籍出版印刷的监控进一步加强了。

---

[1] СЕМБАЕВ А. И., ХРАПЧЕНКО Г. М. Очерки по истории школ Казахстана (1900-1917 гг.)[M]. Алма-Ата, 1972: 27, 69.

[2] 俄语为 реальное училище，与古典学校相对应，古典学校偏重人文经典教育，实用学校偏重自然科学的教育。

[3] АЛДАЖУМАНОВ К. С., АСЫЛБЕКОВ М. Х. История Казахстана：с древнейших времен до наших дней в: Том 3[M]. Алматы: Атамұра, 2010: 678.

[4] АЛДАЖУМАНОВ К. С., АСЫЛБЕКОВ М. Х. История Казахстана：с древнейших времен до наших дней в: Том 3[M]. Алматы: Атамұра, 2010: 678.

[5] 阿拉木图哈萨克斯坦中央档案馆：第 90 库，目录 1，487 号档案，第 101 页。

[6] АЛДАЖУМАНОВ К. С., АСЫЛБЕКОВ М. Х. История Казахстана：с древнейших времен до наших дней в: Том 3[M]. Алматы: Атамұра, 2010: 678.

三、1917 年以后的教育

（一）苏联教育体制在哈萨克斯坦的建立

1917 年十月革命以后，苏维埃政府工作的重要任务之一便是彻底变革过去的教育体系，建立新的教育体制。这项工作一开始，苏维埃和人民教育部便将管理各教学单位的权力牢牢地握在手上，不允许神职人员对其进行干涉。全苏中央执行委员会于 1918 年 10 月 16 日颁布了《统一劳动学校条例》，根据这项条例，包括初等学校、高中、实用学校等各种沙俄时期的学校形式都要被统一劳动学校所取代。新成立的统一劳动学校由两个阶段构成，第一阶段面向 8—13 岁的学生，第二阶段面向 14—17 岁的学生。1918年 10 月 31 日，人民教育委员会又颁布了《少数民族学校决议》，规定俄罗斯苏维埃联邦社会主义共和国境内的各少数民族都有权在两级制的统一劳动学校和高等学校中用本民族语言进行教学。在 1917 年底到 1918 年初这段时间里，各级苏维埃代表大会都在反复讨论学校教育的问题，此后即使在面临国内战争和外国武装势力干涉时，苏维埃政权在学校教育方面的工作也没有停止。苏维埃政权所采取的措施在短时间内对提升学龄儿童的入学率有一定的成效，1920—1921 学年学校的数量为 2 410 所，相较于 1914—1915 学年的 2 011 所有所提高，然而新教育体制的建立依然困难重重。由于在新经济政策实施期间，学校的经费由地方财政负担，学校低年级学生的在读人数从 1921—1922 学年的 172 000 人降至 1922—1923 学年的 114 000 人。1924—1925 学年依然只有 12% 的哈萨克学龄儿童能接受学校教育。[1] 为了解决牧民子女的上学问题，在游牧和半游牧地区推行的公社学校并没有达到预想的效果，乡村学校经常找不到合适的校舍，不得不在屋顶破洞的土坯房中上课。

---

[1] МАЖИТОВ С. Ф., АБЫЛХОЖИН Ж. Б. и др. История Казахстана: с древнейших времен до наших дней: Том 4[M]. Алматы: Атамұра, 2010: 401.

学生们没有课本，师资力量也极度缺乏，以至于有时候不得不请过去的毛拉或者稍通文字的人来担任教师。到了20世纪20年代末，教育条件的简陋和师资短缺的问题已经异常尖锐，严重阻碍了全民扫盲运动。1929年全苏联境内学龄儿童的初等学校入学率为40%，其中哈萨克儿童和乌兹别克儿童的入学率最低，仅为21%。[1]

　　1930年8月27日，苏联中央执行委员会和人民政治委员会颁布了一项命令，规定在苏联全面普及初等义务教育。根据这项规定，1931年春天在游牧人口聚集的地区对8岁的学龄儿童普及义务教育，对年龄11—15岁超龄的未入学儿童则用为期一至两年的快速教学模式助其在短期内完成学习。在此期间，政府设有专管普及义务初等教育的委员会，在地方上也设有类似的委员会。同时，共青团承担对普及义务教育的支援工作。他们帮助各个学校修缮校舍，为学生提供必要的衣物和早餐，组织周六和周日的义务劳动以及对普及教育工作的成果进行抽查，同时还增加了教材和教学法相关书籍的印刷数量。总体来说，政府对教育的投入增加了。到20世纪30年代末期，义务初等教育的普及工作基本已经完成。1937年哈萨克苏维埃社会主义共和国学龄儿童的初等教育覆盖率达到了96%，到第二次世界大战前夕，全哈境内共有约52 000所小学和17 000所不完全中学，在校学生超过1 000 000人，其中1—4年级学生有628 000人，5—7年级学生有372 000人，8—10年级学生有62 000人。在普及义务教育的地区学生的入学率达到98.9%。[2]

　　如果说苏联时期哈萨克斯坦境内中小学教育的发展还多少借助了十月革命前的教育基础，那么高等学校和职业教育学校的建立则完全得益于新的苏联教育体制。根据七河省工农兵苏维埃的决议，1918年3月在维尔

---

[1] МАЖИТОВ С. Ф., АБЫЛХОЖИН Ж. Б. и др. История Казахстана: с древнейших времен до наших дней: Том 4[M]. Алматы: Атамұра, 2010: 401.

[2] Культурное строительство в Казахстане(1933-июнь 1941): сборник документов и материалов[M]. Алма-Ата: Институт истории партии при ЦК Компартии Казахстана, 1985: 99.

尼市（今阿拉木图市）建立了七河农业学校，规定招生名额为 22 人。[1] 不久，七河省教育委员会就宣布于 1918 年 11 月 10 日在维尔内市建立一所穆斯林中等师范学校，学校配备有一个基本班和两个预科班，并提供 60 个奖学金名额。[2]1919—1920 年，奥伦堡、乌尔达和塞米巴拉金斯克都开办了人民教育学院，培养了一批具有中专学历的教师人才。在推广职业技术教育的过程中，当地的青年人知识基础薄弱，无法适应中等技术学校教学大纲的问题很快暴露出来，为此，政府专门设立工农速成中学。哈萨克斯坦的第一所工农速成中学于 1921 年在奥伦堡成立。到 1927 年末，共有 24 所中等技术学校为苏维埃政权培养人才，其中有 14 所为师范和农业类技校，在 35 000 名在校学生中有 37.8% 为哈萨克人。[3]

与职业教育学校一起增长的还有对经济和文化类专业人才的需求。1928 年 6 月 10 日，人民政治委员会做出成立哈萨克国立大学的决定。按计划学校最初只设有三个院系，分别是教育系、农业系和医学系。1928 年 10 月哈萨克国立大学的教育系率先成立，该系设立为 3 个专业方向，共招收 124 名学生，拥有 9 名教师。然而，农业系和医学系未能按计划招到教师和学生。[4] 这样一来，1930—1931 学年教育系被重组为哈萨克师范学院，随后又更名为阿拜哈萨克师范学院（今哈萨克斯坦阿拜国立师范大学）。此后，一批高等学校陆续成立：1929 年 9 月阿拉木图畜牧兽医学院成立，1930 年 6 月哈萨克农业学院成立，1931 年 4 月哈萨克医学院成立，1932 年 10 月乌拉尔师范学院成立。从 1934 年 1 月起，哈萨克基洛夫国立大学（今哈萨克斯坦

[1] МАЖИТОВ С. Ф., АБЫЛХОЖИН Ж. Б. и др. История Казахстана: с древнейших времен до наших дней: Том 4[M]. Алматы: Атамұра, 2010: 403.

[2] МАЖИТОВ С. Ф., АБЫЛХОЖИН Ж. Б. и др. История Казахстана: с древнейших времен до наших дней: Том 4[M]. Алматы: Атамұра, 2010: 404.

[3] ХАБИЕВ Х. Х., АБДУЛКАДЫРОВА М. А. и др. Культурное строительство в Казахстане: (1918-1932 гг.): сборник документов и материалов: Том 1[M]. Издательство Казахстан, 1965: 267.

[4] МАЖИТОВ С. Ф., АБЫЛХОЖИН Ж. Б. и др. История Казахстана: с древнейших времен до наших дней: Том 4[M]. Алматы: Атамұра, 2010: 404.

阿里·法拉比国立大学）的物理数学系和生物系开始定期授课，上课的学生共有 54 人，教师队伍由 5 名教授和 10 名副教授组成。[1] 到卫国战争前夕，哈萨克苏维埃社会主义共和国共有 20 所高等院校和 118 所中专院校，在校学生超过 40 000 人。全哈 12 所工农速成学校的毕业生中共有 28 000 人考入了高等院校。[2] 截至 1931 年底，哈萨克师范学院共培养教师 53 人，到二五计划结束前这个数字已经上升到了 500 人。[3] 快速发展的职业技术教育为当时的哈萨克斯坦培养了大批工业、建筑、交通、农业、卫生事业方面的人才。1936—1940 年，哈国境内的各高等院校和中等技术学校共培养出 24 000 名专业人才。[4] 为了满足哈萨克斯坦对专业人才的巨大需求，每年都有大批青年专家从俄罗斯的莫斯科、列宁格勒（今圣彼得堡）以及乌克兰、乌兹别克斯坦等其他苏联加盟共和国被派往哈萨克斯坦。

（二）1939—1945 年的教育

卫国战争对包括哈萨克斯坦在内的全体苏联加盟共和国的冲击是巨大的，教育领域也不例外。在卫国战争期间，虽然哈萨克斯坦境内的中小学总数上升了 1%，但在校学生的数量大幅下降，由战前的 1 138 187 人降至 792 058 人。[5] 实际上，如果没有国家机关、教职员工以及社会团体支援和捐赠的衣物、食物、燃料等物资的话，战士家庭，尤其是多子女家庭儿童

[1] МАЖИТОВ С. Ф., АБЫЛХОЖИН Ж. Б. и др. История Казахстана: с древнейших времен до наших дней: Том 4[M]. Алматы: Атамұра, 2010: 404.

[2] МАЖИТОВ С. Ф., АБЫЛХОЖИН Ж. Б. и др. История Казахстана: с древнейших времен до наших дней: Том 4[M]. Алматы: Атамұра, 2010: 404.

[3] МАЖИТОВ С. Ф., АБЫЛХОЖИН Ж. Б. и др. История Казахстана: с древнейших времен до наших дней: Том 4[M]. Алматы: Атамұра, 2010: 404.

[4] Культурное строительство в Казахстане(1933-июнь 1941) : сборник документов и материалов[M]. Алма-Ата: Институт истории партии при ЦК Компартии Казахстана, 1985: 130, 137.

[5] Народное хозяйство Казахской ССР: Стат. сборник[M]. Алма-Ата: Казгосиздат, 1957: 284-285.

的失学情况还要更为严重。卫国战争期间，哈萨克斯坦境内的中专院校的数量由 118 所缩减为 92 所，但计划招生名额只减少了 349 人，而高等院校的数目则由战前的 20 所增加到了 24 所，在校学生的数量在战前的 104 000 人的基础上增加了 46 000 人。[1]

与战前相比较，哈萨克斯坦境内大中小学的教学大纲都出现了较大的变化。在中小学，5—7 年级的学生开始学习农业基础知识和最简单的农机操作，8—10 年级的学生要学习驾驶拖拉机、联合收割机和汽车。为了响应 1939 年确立的《全民义务兵役法》，在后方从事生产活动的所有大中小学和中等技术学校的学生都于 1941—1942 学年开始学习军事原理。这一时间，教师在教授历史、文学和地理科目时，尤其强调爱国主义和与战争相关的内容。此外，卫国战争期间，哈萨克斯坦境内的大中小学生还广泛地参与到课外的活动中，这些活动包括由前线撤回的伤兵做的讲座、见面会以及苏联国防建设促进会和各类体育团体、军医院支援委员会组织的活动。在校的大学生和中等技术学校学生还完成了不少军工企业的订单，利用所学知识为各类武器制作零部件。

卫国战争期间，一批乌克兰和俄罗斯的高等院校撤退到哈萨克斯坦境内，一大批优秀专家的到来客观上提升了哈萨克斯坦的科教实力。阿拉木图外国语学院（今阿布莱汗国际关系与世界语言大学）、奇姆肯特建材技术学院、库尔曼加孜哈萨克国立音乐学院、哈萨克国立女子师范学院、哈萨克国立体育学院均在战争年代成立。而哈萨克采矿冶金与农业学院和哈萨克基洛夫国立大学则在卫国战争期间扩大了学校的规模，增开了新的院系、教研室和实验室。截至 1945 年，共有 45 000 名学生在高等院校和中专学校学习。[2] 这样一来，在哈萨克苏维埃社会主义共和国已经形成了相对高质量的人民教育体系，无论是在教学质量上还是学生人数上，新体系都远超十月革命前的教育水平。

---

[1] Народное хозяйство Казахской ССР: Стат. сборник[M]. Алма-Ата: Казгосиздат, 1957: 322, 326.

[2] ВЛАСОВ И. О советском патриотизме[J]. Пропагандист и агитатор Красной Армии, 1947(5): 15.

（三）1946—1991 年的教育

卫国战争结束后，哈萨克斯坦的高等教育快速发展。截至 1946 年，哈萨克斯坦境内共有 24 所高校，其中包括 1934 年创办的哈萨克基洛夫国立大学，1928 年创办的阿拜哈萨克师范学院，1934 年创办的哈萨克采矿冶金学院（后更名为列宁理工学院），1930 年创办的哈萨克农业学院，1929 年创办的哈萨克畜牧兽医学院等。[1]1946—1960 年又成立了卡拉干达理工学院、乌斯季卡缅诺戈尔斯克筑路学院、切利诺格勒（今阿斯塔纳）农业学院、塞米巴拉金斯克畜牧兽医学院、卡拉干达和阿克托别医学院及一批师范院校。其中，以谢尔盖·米洛诺维奇·基洛夫的名字命名的哈萨克基洛夫国立大学成了战后哈萨克斯坦境内的高等教育中心。

卫国战争结束后的最初几年，哈萨克基洛夫国立大学也曾面临缺乏师资、教室、实验室、书籍等重重困难。1946—1947 年，全校的在编教职工仅有 147 人。[2] 在此期间，哈萨克基洛夫国立大学共有 5 个系、27 个教研室，开设专业 14 门。[3] 为了开展教学和工作，卫国战争结束后，一度有 63 名哈萨克苏维埃社会主义共和国科学院的专家在哈萨克基洛夫国立大学兼任教职，他们当中就有院士、著名哈萨克作家穆合塔尔·阿乌埃佐夫和苏联时期著名地质学家、哈萨克科学院士卡内什·伊曼塔耶维奇·萨特巴耶夫。[4] 哈萨克基洛夫国立大学各院系的科研水平在哈萨克斯坦均处于前列，20 世纪 40—50 年代学校的物理系成为全国最先进行核物理研究的科研机构之一，在实验物理教研室，学生在教师的指导下检测出了物质当中的镭。此外，

[1] МАЖИТОВ С. Ф., АБЫЛХОЖИН Ж. Б. и др. История Казахстана: с древнейших времен до наших дней: Том 4[M]. Алматы: Атамұра, 2010: 571.

[2] МАЖИТОВ С. Ф., АБЫЛХОЖИН Ж. Б. и др. История Казахстана: с древнейших времен до наших дней: Том 4[M]. Алматы: Атамұра, 2010: 571.

[3] Казахский государственный университет им. С. М. Кирова[M]. Алма-Ата: Акад. наук Казах. ССР, 1984: 32.

[4] МАЖИТОВ С. Ф., АБЫЛХОЖИН Ж. Б. и др. История Казахстана: с древнейших времен до наших дней: Том 4[M]. Алматы: Атамұра, 2010: 571.

哈萨克基洛夫国立大学的学者们还在哈萨克苏维埃社会主义共和国科学院科学研究所的植物学、遗传学、微生物学、解剖学、生物学、神经系统形态学等学科中承担了一部分实用性较强的课题。

　　人文学科方面，成立于 1940 年的哈萨克基洛夫国立大学语文系的哈萨克文学教研室也十分突出。著名的哈萨克斯坦作家、长篇小说《阿拜之路》的作者穆合塔尔·阿乌埃佐夫曾在该教研室执教。在他的带领下，语文系进行了一系列针对哈萨克语言文学和俄语语言文学，以及包括哈萨克族在内的苏联各民族文化史的科研工作。哈萨克斯坦境内的苏维埃建设学院成立于 1933 年，并于 1938 年 4 月 28 日更名为阿拉木图法律学院。在 1945—1946 学年该学院共有 42 名教师，其中包括 3 名教授。阿拉木图法律学院于 1947—1948 学年开始招收第一批研究生。[1]1955 年，学院被并入哈萨克基洛夫国立大学法律系，为哈萨克斯坦培养了大量法律人才。

　　哈萨克斯坦第一所理工科院校的前身为成立于 1934 年 9 月 22 日的哈萨克采矿冶金学院。学院的教学和研究方向十分符合哈萨克斯坦国内工业生产和矿产资源勘探的需求，然而由于条件限制，1945—1948 年全院仅有 10 人在从事科研工作。经过两年的发展，到 1950 年 7 月 1 日，采矿冶金学院共有 96 名教师，其中包括 10 名教授、31 名副教授、14 名高级讲师、11 名讲师和 30 名助理。学院下设 3 个系，25 个教研室。1960 年学院更名为列宁理工学院（今哈萨克斯坦萨特巴耶夫国立技术研究大学）。自成立以来该学院一直被视为哈萨克斯坦境内最重要的科研与教学中心之一。[2]

　　在教育人才的培养上，阿拜哈萨克师范学院一直发挥着重要的作用。学院成立于 1928 年，是哈萨克斯坦境内第一所师范类院校。哈萨克苏维埃社会主义共和国科学院院士、哈萨克民间口头文学研究专家卡仁姆·茹

---

[1] МАЖИТОВ С. Ф., АБЫЛХОЖИН Ж. Б. и др. История Казахстана: с древнейших времен до наших дней: Том 4[M]. Алматы: Атамұра, 2010: 573.

[2] 阿拉木图哈萨克斯坦中央档案馆：第 1972 库，目录 17，5 号档案，第 91 页。

马利耶夫曾在该学院担任教研室主任长达三十年，期间出版了他的代表作——两卷本的《哈萨克史诗和哈萨克文学中的历史问题》。在他的带领下，战后的阿拜哈萨克师范学院为哈萨克斯坦的中小学编写了大量哈萨克文学的教材和文选读本。

　　1959 年，苏联开始对高等院校的管理体系进行改革。1959 年 8 月，哈萨克斯坦成立了高等院校和中等技术学校国家管理委员会，一年之后，委员会改组成哈萨克苏维埃社会主义共和国高等与中等专业教育部。1959 年管理委员会成立前，哈萨克斯坦境内的高校分属不同的国家部门管辖，改革后高等院校和中等技术学校国家管理委员会接管了原来归其他国家部门管辖的 1 所高校、25 所中等技术学校和原来由苏联高等教育部管理的另外 5 所高校，哈萨克斯坦境内的高等学校和中等技术学校总数达到了 151 所。[1]

　　20 世纪 60—80 年代，哈萨克斯坦的基础教育和职业教育发展迅速，形成了较为完备的教育网络。经历了 50—60 年代的七年制中学教育，哈萨克斯坦的中学教育在 70 年代出现了很大变化，一方面全面推行普通中等教育，另一方面中学的教学条件和设施也有所优化。得益于此，哈萨克斯坦的基础教育质量在 70 年代显著上升。与 1960—1961 学年相比，1980—1981 学年哈萨克斯坦普通中小学的学生总数上升了 70%，其中农村地区的中学的发展尤为迅速，在校人数增加了 2.6 倍。[2]

　　同一时期的中等职业教育也得到了长足的发展，学生人数和教育程度都在逐年增加。1977 年中等职业技术教育的在读学生中有 14% 为八年级毕业生，1986 年这一数字上升为 23.7%。[3] 由于职业技术教育发展迅速，哈萨克斯坦成为苏联各加盟共和国中、高等职业技术教育的中心之一。

---

[1] 阿拉木图哈萨克斯坦中央档案馆：第 1982 库，目录 1，第 286 号档案，第 5 页。

[2] Центральное Статистическое Управление Казахской ССР. Народное хозяйство Казахстана в 1980 г.[M]. Алма-Ата: Казахстан, 1981: 253-255.

[3] Министерство просвещения Казахской ССР. Народное образование от съезда к съезду[M]. Алма-Ата: Мектеп, 1987: 5.

然而，20 世纪 60—80 年代，高等教育发展却相对缓慢，主要原因是缺乏师资。1960 年全哈只有 99 名高校教师具有教授职称，占全体高校教职人员的 2.2%，副教授也仅有 921 人，占全体教职人员的 20.3%。直到 90 年代初，哈萨克斯坦高校仍有一半以上的教师没有职称，拥有教授职称的教师占比不到 2%。[1]

第二节　教育家

一、阿里·法拉比

阿里·法拉比（870—950）是 10 世纪杰出的哲学家、文学家、音乐家和学者。法拉比出生于今南哈萨克斯坦州的奥特拉尔城，他曾先后在阿勒颇和巴格达求学，精通阿拉伯语、波斯语等多种语言。他全面、系统地介绍和评论了以亚里士多德为代表的古希腊哲学思想，因此又被誉为继亚里士多德之后的"第二导师"。法拉比在世时完成了近 160 部作品，[2] 其中著名的有《论科学的划分》《关于"理智"（一词）意义的论断》《幸福之路》《音乐学大全》等。

根据法拉比的观点，自然是自古以来就存在的真实客观的现象，而人是自然的产物，是世界的中心。在他看来，教育的目的是培养具有极高自尊心的、仁爱的、能够符合理想国标准的人，而教育的任务则要通过智慧、道德、审美、劳动以及身体上的锻炼来完成。对他而言，教育最重要的目

[1] КАШАКБАЕВА К. Т. Общие тенденции культурного развития Казахстана в 1970-1980 годы[J]. Абай атындағы ҚазҰПУ-дың ХАБАРШЫСЫ, «Тарих және саяси-әлеуметтік ғылымдар» сериясы, 2011(3): 48-52.

[2] АБДИЛЬДИН Ж. М. и др. Аль-Фараби. Историко-философские трактаты[M]. Алма-Ата: Наука, 1985: 11.

标就是培养人高尚的道德品质，帮助人实现个体的发展。他在著作中指出，应当注重培养人善良、勇敢、无畏、友善、热心、慷慨、追求真理、富有良知和责任心等品质。他认为，儿童教育离不开父母、教师以及一个在负责任的领导者管理之下的善意的社会的协作。与此同时他也强调，自我培养和独立学习对达到教育目的有很大的帮助。

法拉比对哈萨克斯坦的教育产生了深远的影响，他对教师的看法也能给今天的教育带来启发。在他看来，教师最重要的个人品质是公正、严格、热情、遵守教学礼仪、毅力以及耐心。根据他的观点，教师一定要严格，没有人会尊重不严格的教师，但是教师在对学生严格要求之前首先要严格要求自己。法拉比不赞成对学生过分严格，但是他认为教师对学生破坏规矩的行为不能坐视不理。为了纪念法拉比，哈萨克斯坦独立后将国内排名第一的大学，原哈萨克基洛夫国立大学，更名为哈萨克斯坦阿里·法拉比国立大学。

二、伊布赖·阿尔腾萨林

伊布赖·阿尔腾萨林（1841—1889）是哈萨克斯坦杰出的教育改革家，新式学校的创办者，此外他还是民族学家、民俗学家、诗人、作家和翻译家。阿尔腾萨林出生于今哈萨克斯坦北部的科斯塔奈州。1851年，他被送入奥伦堡边疆区为哈萨克儿童开办的学校上学，学习内容包括俄语、习字、算数、鞑靼语、伊斯兰教教义和俄语公文写作。在上学期间，阿尔腾萨林阅读了大量世界名著，其中包括莎士比亚、歌德、拜伦、普希金、果戈理等作家的经典著作。他与当时在边区委员会任职的瓦西里·瓦西里耶维奇·格利高里耶夫关系很好，得以经常出入对方的家中浏览他的藏书，后者后来成为俄罗斯著名的历史学家和东方学家。

1857年，结束了六年学业后，阿尔腾萨林在祖父身边担任文书，随后又在奥伦堡的管理委员会担任翻译。1860年省政府委托他在图尔盖地区开办一所接收哈萨克学生的初等学校并任命他为学校的俄语教师。在他的不懈努力下，学校于1864年1月8日隆重举办了成立仪式，16名男孩办理了入学手续。1879年，阿尔腾萨林被任命为图尔盖省的督学，上任以后他很快在伊尔吉斯、尼古拉耶夫、图尔盖和伊列茨四个县各建立了一所两级制的俄哈学校，同时为学校配备了师资和学生。阿尔腾萨林对学校的硬件设施，尤其是图书馆的配备尤为重视，他写道："我有意要在图尔盖省的学校都配备了供师生使用的图书馆，为此我已经募集了600卢布。建图书馆的目的不仅是为了哪一位教师或者学生能用上这里面的书，而是为了让草原上已经毕业的学生和所有识字的人有机会接触有益的书籍，为他们未来自学提供一定的指导。"[1] 此外，阿尔腾萨林还在开办手工业学校和农业学校上耗费了大量的心血，同时他不遗余力地推动女子学校的建立。在他的支持下，1891年在图尔盖开办了女子寄宿学校，同样的学校又于1893年和1896年在科斯塔奈和阿克托别成立。

阿尔腾萨林对哈萨克斯坦教育所做的贡献主要分为三个方面。一是创办学校。他一生总共创办了4所两级制的俄哈学校、1所手工业学校、1所女子学校、5所乡村小学、2所招收俄罗斯儿童的学校。[2] 二是编纂教材。1869年他完成了两本教材《哈萨克文选读本》和《哈萨克人俄语学习入门指南》的编写工作。三是将部分俄罗斯的经典文学作品翻译成哈萨克语。在他看来，学校应该教给学生真正的知识，帮助学生完善自身的道德品质。此外，他在设计教学大纲时，还尤为重视对自然科学学科的设置。阿尔腾萨林对哈萨克斯坦教育事业的贡献得到了社会各界的高度评价，他被视为哈萨克斯坦新式教育的奠基人。

---

[1] АЛДАЖУМАНОВ К. С., АСЫЛБЕКОВ М. Х. История Казахстана: с древнейших времен до наших дней в пяти томах: Том 3[M]. Алматы: Атамұра, 2010: 534.

[2] АЛДАЖУМАНОВ К. С., АСЫЛБЕКОВ М. Х. История Казахстана: с древнейших времен до наших дней в пяти томах: Том 3[M]. Алматы: Атамұра, 2010: 535.

三、格里高利·马克西姆维奇·库布拉科夫

格里高利·马克西姆维奇·库布拉科夫（1920—2006）被认为是苏联教育家马卡连科教育理念在哈萨克斯坦的忠实实践者，一生出版各类教育著作 40 余部，1988 年被评为哈萨克苏维埃社会主义共和国功勋教师、苏联人民教师。库布拉科夫于 1939 年从医学职业技校毕业，随后被派往前线的战地医院。他在战场上遇到许多因战争而失去父母、无法上学的儿童，因此下决心投身教育事业。1958 年，库布拉科夫从巴甫洛达尔师范学院语文系毕业后先后在一些中小学担任教师和校长职位。由于在工作中表现突出，库布拉科夫得到了一套带有马卡连科亲笔签名的七卷本作品集。从此，他和这位苏联教育学家结下了不解之缘。通过对马卡连科理论的研究和实践，库布拉科夫自己也成为哈萨克斯坦著名的教育学家。

1963 年 8 月，库布拉科夫被任命为马穆鲁特疗养寄宿中学的校长。这所学校主要招收健康状况欠佳和患有肺结核的学生，正是在这里，库布拉科夫开始了他的马卡连科教学理论实践。由于这里的学生大多身患疾病，按照疗养学校以往的传统，学生通常可以不参加体育锻炼和劳动，但这种教学方式并没有使学生受益，学生反而因缺乏锻炼而免疫力低下，大批感染流感。库布拉科夫在疗养学校实行的第一个举措便是恢复学生的体育课，由医生和教师根据每一个学生的身体状况为其制定相应的锻炼计划和劳动内容。同时，他在晨练中增加了一些针对性的锻炼项目，将授课环境尽可能地置于室外。通过一系列的措施，学生的健康水平都有了明显提高，患流感的人数减少了，还有一些学生养成了终身锻炼的习惯。1975 年记者在马穆鲁特疗养寄宿中学学校参观时，惊讶于学校与普通的中学截然不同："学校的后面是果园、菜地和麦田……学校的运动队在全区数一数二。"[1] 显

---

[1] 资料来源于哈萨克斯坦《教学同行》杂志官网。

然，这些都和库布拉科夫为学生创造了良好的运动和劳动条件密不可分。马穆鲁特疗养学校的另一大特点就是让学生自行组队实现自我管理。库布拉科夫践行马卡连科把学校看作一个大家庭的理念，他鼓励不同年龄段的学生按 13—15 人的规模自由组合，形成学生自治团体。原本需要由班主任监督完成的学业任务、日常行为规范等，都由学生团体里高年级的学生协助并监督低年级的学生完成。这种学生团体的管理模式让疗养学校里形成了平等、互助、自由的学习氛围。

库布拉科夫分别于 1982 年、1987 年和 1989 年出版了《沿着马卡连科的道路》《遵照马卡连科的遗训》以及《充满劳动和信任的学校》。在他的推动下，教育与医疗相结合的疗养学校培养模式在哈萨克斯坦成为典范。

四、拉菲加·别肯诺夫娜·努尔塔济娜

拉菲加·别肯诺夫娜·努尔塔济娜（1921—2013）出生于今哈萨克斯坦北部巴甫洛达尔州，1939 年考入哈萨克斯坦基洛夫国立大学（今哈萨克斯坦阿里·法拉比国立大学），然而受战争影响未能入校就读，几经辗转最终于 1949 年毕业于哈萨克国立女子师范学院语文系。努尔塔济娜的专长在语言教学方面，由她担任校长的阿拉木图第 12 中学早在 1973 年就成为全哈萨克斯坦第一个深入开展英语教学的中学。努尔塔济娜本人长期从事俄语教学的研究和推广工作，1974 年她以《论如何激发哈萨克语中学学生的俄语学习兴趣》为题完成了博士论文答辩，随后多次在国际俄语教师协会举办的大会上发言。在 1979 年举办的第四届国际俄语教师大会上，努尔塔济娜做了题为《哈萨克语学校学生的俄语提高方法》《哈萨克语学校俄语教学的几个特点》的两篇报告。由努尔塔济娜主编、针对哈萨克语学校 6 年级学生的《俄语阅读教材》多次再版，在哈萨克斯坦中小学使用长达三十年之久。

努尔塔济娜尤其注重采用新式教学法,自 1964 年起,她围绕中小学生的学习特点出版了一系列推广俄语教学的书籍,其中有以大量字谜、画谜、填字游戏为特色的《俄语课堂听写游戏》系列教材,也有分别介绍俄语语音、词法、句法的《有趣的语法》系列教材。

在职业生涯的大部分时间中,努尔塔济娜加主要从事的是俄语教学工作。而随着独立后哈萨克语地位的提升,已进入退休年龄的她又将自己毕生积累的语言教学经验运用在了哈萨克语的教学和推广上。1989—1991 年,受哈萨克斯坦广播电视委员会的邀请,努尔塔济娜录制了针对大众的哈萨克语电视广播课程,名为《给塔尼亚和布拉特的广播课》,该课程每天早晚两次播出,内容贴合日常生活,很快成为哈萨克斯坦的明星广播课程。课程结束后,努尔塔济娜将 101 课内容整理在一起,以《我们讲哈萨克语》命名并出版,这套教材也成了哈萨克斯坦独立之后第一套带影音资料的哈萨克语教科书。为了帮助更多的人掌握哈萨克语,努尔塔济娜还于 1992 年出版了《哈萨克语服务用语手册》。1996 年,努尔塔济娜为了纪念阿拉木图 12 中建校 50 周年和她本人 75 周年诞辰,出版了《课程的延续》一书。这本书凝聚了努尔塔济娜一生对教学理念的思考及她在教学法上积累的经验。努尔塔济娜是哈萨克斯坦语言基础教学领域的代表人物,她在俄语和哈萨克语方面的教学成果反映了哈萨克斯坦语言教学的特色,同时也对当今哈萨克斯坦的三语教学工作有所启迪。努尔塔济娜一生发表各类学术作品共计 270 余部,其中有 120 部为哈萨克语或俄语教材,覆盖了从幼儿园到高中的学生群体。[1] 由于在教学方面的突出贡献,努尔塔济娜被评为哈萨克斯坦功勋教师、哈萨克斯坦人民教育标兵,她还是列宁奖章的获得者。

---

[1] КОРАЗОВА А. Б. Рафика Бекеновна Нуртазина: Биобиблиографический указатель[M]. Алматы: Қазақ университеті, 2004: 9.

五、库马什·努尔加利耶维奇·努尔加利耶夫

　　库马什·努尔加利耶维奇·努尔加利耶夫（1925—1988）出生于今东哈萨克斯坦州，是哈萨克斯坦苏联时期最著名的教育家之一。努尔加利耶夫少年时成绩优异，但由于家中变故，不得不在 8 年级时退学。1944 年努尔加利耶夫作为一名炮兵走上了卫国战争的前线，不久在一次战役中身负重伤，直到 1946 年 10 月伤愈他才回到故乡，从此开始他的乡村办学实践。

　　1947 年，他带领村民建起了自己职业生涯中的第一所乡村学校。1955年从阿拜师范学院历史系以函授的形式毕业后，努尔加利耶夫先后担任阿列克谢耶夫中学和布拉诺夫中学校长。1957—1969 年，他组织修建了 5 栋教学楼和一个可容纳 150 名学生的宿舍。[1] 努尔加利耶夫提倡在农村建立新型学校。1972 年，他亲自设计并参与建设的乡村学校落成，这是一所集教学楼、体育馆、劳动场馆和音乐馆于一体的花园式学校，为学生配备了剧院、音乐厅、画廊以及公园，反映了努尔加利耶夫的教育理想。他管理下的中学是哈萨克斯坦首个在专门教室中为学生提供初等职业技能培训的学校，同时也是苏联首批采用电视授课的学校之一。

　　努尔加利耶夫在教育领域的一系列实践开创了哈萨克斯坦职业技术教育的先河。他于 1974 年被评为哈萨克苏维埃社会主义共和国功勋教师，1981 年被评为苏维埃社会主义共和国人民教师。[2] 在他的家乡东哈萨克斯坦首府乌斯季卡面戈尔斯克，有一所以他名字命名的职业技术高中。

---

[1] 资料来源于库马什·努尔加利耶夫高等职业学校官网。

[2] 资料来源于库马什·努尔加利耶夫高等职业学校官网。

第四章 学前教育

第一节 学前教育的发展现状

学前教育是儿童教育的第一步，对儿童智力水平、身体素质乃至心理健康的发展有着至关重要的意义。优质的学前教育不仅能帮助儿童初步融入社会，更好地适应下一阶段的学习生活，同时也能极大地解放女性劳动力，让新生儿的母亲尽快返回工作岗位，因此哈萨克斯坦政府历来重视学前教育的发展。近年来，哈萨克斯坦的人口出生率不断攀升，2017—2021年平均每年新增人口40万以上，2021年当年的新增人口更是达到了45万人，为独立以来的历史最高位。[1] 人口激增伴随着城市化发展所带来的人员流动，给哈萨克斯坦的学前教育机构带来了巨大的压力，尤其是在人口密集的直辖市，儿童入园问题成了社会关注的重点问题。在2022年9月的国情咨文中，总统托卡耶夫援引哈萨克谚语"国家的未来发展要从摇篮抓起"，指出"学前教育应当成为教育优先发展方向。然而目前2—6岁儿童的学前教育覆盖率才刚超过半数，政府不允许这样的情况发生。必须从根本上解决儿童入园难的问题"。[2] 总统国情咨文一方面反映出哈萨克斯坦政府对学前教育

---

[1] Национальный сборник «Статистика системы образования Республики Казахстан»[R]. Нур-Султан: АО «Информационно-аналитический центр», 2022: 7.

[2] 资料来源于哈萨克斯坦共和国总统官网。

的发展重视程度不断提升，另一方面也是对新生儿数量快速上升、幼儿园学位紧缺的一种回应。要了解这一局面的成因，有必要对独立后三十多年来哈萨克斯坦学前教育的发展情况做一个简单的梳理。

哈萨克斯坦独立之初，受生育率降低、人口流失、经济低迷、国家财政削减等多方面因素的影响，哈萨克斯坦的学前教育领域遭受巨大冲击。仅在独立后的第一年，哈萨克斯坦全国范围内便关停了 303 所幼儿园，减少学位 15.4 万个。此后学前教育机构数量不断下降，从 1991 年的 8 881 所跌至 2000 年的 1 089 所，减少了近九成，学位数也从 102.3 万个降至 13.3 万个。[1] 为遏制幼儿园数量大幅下降的趋势，哈萨克斯坦政府于 1999 年通过修订《教育法》将学前教育纳入普通教育范围。2000 年哈萨克斯坦政府又相继出台《关于保障教育机构网络的国家标准》和《国家教育纲要》等支持学前教育发展的文件法规。总体来看，政府的措施取得了一定成效，2000—2005 年哈萨克斯坦学前教育机构的数量小幅回升，从 1 089 所升至 1 283 所，学位数量也从 13.3 万个增加到了 19.2 万个，结束了学前教育规模不断萎缩的趋势。2005 年以后，随着哈萨克斯坦经济复苏，人口出生率上升，学前教育机构也进入了高速发展阶段。2005—2010 年，哈萨克斯坦的学前教育机构数增长了 4 倍以上，学位数翻了一番。[2] 此后，学前机构以平均每年 200 所以上的速度持续增长。2021 年，哈萨克斯坦官方统计的数据显示，其全国范围内共有学前教育机构 10 871 所，比 1991 年刚独立时增加了 1 990 所（见图 4.1）。[3]

[1] МАЖИТОВ С. Ф., АБЫЛХОЖИН Ж. Б. и др. История Казахстана: с древейших времен до наших дней: Том 5[M]. Алматы: Атамұра, 2010: 534.

[2] Национальный сборник «Статистика системы образования Республики Казахстан»[R]. Нур-Султан: АО «Информационно-аналитический центр», 2022: 19-20.

[3] Национальный сборник «Статистика системы образования Республики Казахстан»[R]. Нур-Султан: АО «Информационно-аналитический центр», 2022: 19-20.

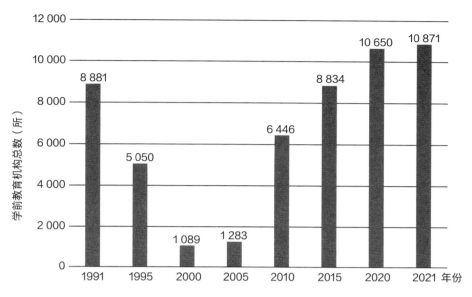

图 4.1 1991—2021 年哈萨克斯坦学前教育机构数量变化 [1]

一、学前教育机构的数量与招生情况

自 1999 年《教育法》实施以来，经过 20 多年的高速发展，哈萨克斯坦学前教育覆盖率大幅提升。哈萨克斯坦官方统计的数据显示，截至 2021 年，全国范围内共有普通学前教育机构 10 871 所，其中幼儿园 7 390 所，小型幼教中心 3 481 所。另有特殊学前教育机构 108 所，其中疗养托儿所 60 所，特殊幼儿园 48 所。[2] 从学生人数来看，2021 年哈萨克斯坦学前教育机构共有在读学生 922 400 人，其中幼儿园吸纳学生 827 945 人，小型幼教中心招收学生 94 455 人。此外还有 8 840 名儿童就读于特殊学前机构，如疗养托儿

[1] Национальный сборник «Статистика системы образования Республики Казахстан»[R]. Нур-Султан: АО «Информационно-аналитический центр», 2022: 19-20.

[2] Национальный сборник «Статистика системы образования Республики Казахстан»[R]. Нур-Султан: АО «Информационно-аналитический центр», 2022: 19.

所、特殊幼儿园等。就学生分布而言，幼儿园虽然在学前教育机构中占比不足 70%，但实际吸纳的学生数量占在读学龄前儿童总数的近 90%，而小型幼教中心则只容纳了约 10% 的学龄前儿童，特殊幼儿园和疗养托儿所在读的学生合起来占总人数的 1% 左右。[1]

　　扩大学前教育的覆盖率是近年来哈萨克斯坦学前教育的首要发展目标。经过哈萨克斯坦政府和社会各界的努力，1—6 岁的儿童入学率从 2018 年的 77% 增长至 2021 年的 84.69%。而根据《哈萨克斯坦共和国 2020—2025 年国家教育与科学发展规划》，2025 年哈萨克斯坦应当将 1—6 岁的儿童入学率提高至 85.3%。以 2021 年的数据来看，哈萨克斯坦东南部的大部分地区，如阿拉木图州、东哈萨克斯坦州、江布尔州、图尔克斯坦州以及奇姆肯特直辖市已经提前实现了这一目标，这些地区的 1—6 岁的儿童入学率均保持在 88% 以上。但在哈萨克斯坦的西部和北部地区，则有相当一部分州距离这一目标还存在一定距离，如卡拉干达州、曼吉斯套州和阿特劳州，在这些地区学龄前儿童的入学率仍维持在 80% 以下。哈萨克斯坦第一大城市阿拉木图由于人口过于稠密，幼儿园学位供不应求，因此也属于 1—6 岁儿童入学率相对较低的地区，学前教育覆盖率只有 64.55%。[2]

　　哈萨克斯坦 3—6 岁儿童的学前教育覆盖率高达 98.91%，[3]1—6 岁儿童的学前教育覆盖偏低的原因主要在于大量 3 岁或 3 岁以下儿童没有及时参与学前教育。2018 年哈萨克斯坦 1—3 岁学龄前儿童的入园率为 31.7%，远低于 3—6 岁儿童入学水平。在政府的一系列帮扶措施下，这一数字在 2021 年达到了 56.3%。在 1—3 岁的儿童入学问题上，各地表现出了较大的差异性，

[1] Национальный сборник «Статистика системы образования Республики Казахстан»[R]. Нур-Султан: АО «Информационно-аналитический центр», 2022: 20.

[2] Национальный сборник «Статистика системы образования Республики Казахстан»[R]. Нур-Султан: АО «Информационно-аналитический центр», 2022: 21.

[3] Национальный сборник «Статистика системы образования Республики Казахстан»[R]. Нур-Султан: АО «Информационно-аналитический центр», 2022: 22.

在南部的图尔克斯坦州，这一数字高达 92.6%，而在西部的曼吉斯套州则低至 25.49%。[1] 影响 1—3 岁儿童入园的因素众多，既受当地托儿所数量与质量的直接影响，同时也与家庭意愿高度相关。由于哈萨克斯坦法律规定妇女在生产以后可以连续 3 年为其保留工作岗位，因此也有很多家庭选择将 1—3 岁的儿童留在家由母亲看护。

二、学前教育的学制与教学理念

2022 年 8 月 31 日，哈萨克斯坦通过了关于各类型教学机构行为的示范条例，条例对于学前教育机构的类型和班级设置做出了明确规定。从类型来看，哈萨克斯坦目前共有七类学前教育机构，分别是：托儿所，招生对象为 1—6 岁的学龄前儿童；幼儿园，招生对象为 3—6 岁的儿童；家庭托儿所，通常在儿童家庭成员的直接参与下成立，可按年龄将招收的儿童分为 1—3 岁班和 3—5 岁班；疗养托儿所，面向 1 岁至小学一年级前的儿童开放，托儿所内配备有医护团队和理疗团队，可针对儿童的疾病实施包括体能训练、康复治疗、按摩等一系列诊疗措施；小型幼教中心，可招收幼儿班和学前班，教学时间视情况而定，可以为非全日制；特殊托儿所，招收 1—6 岁有特殊教育需求的儿童，为该类人群提供教学以及专门的护理和康复服务；特殊幼儿园，招收 3—6 岁有特殊教育需求的儿童，为该类人群提供教学以及专门的护理和康复服务。

从班级设置来看，学前教育机构将学生主要分为五个年龄段：早教班接收 1—2 岁的婴幼儿；小班接收 2—3 岁儿童；中班的学生为 3—4 岁；大班的学生为 4—5 岁；5 岁以上的儿童则属于学前班的招生范围。此外，

---

[1] Национальный сборник «Статистика системы образования Республики Казахстан»[R]. Нур-Султан: АО «Информационно-аналитический центр», 2022: 21.

示范条例还对不同班级的招生人数上限做了规定：早教班的人数不得超过10 人，小班人数不得超过 20 人，其余类型的班级则不得超过 25 人。当班级有不同年龄的儿童时，招生的人数要适当下调，如 1 岁和 2 岁幼儿的混合年龄班级招生人数不得超过 15 人，3 岁以上混合年龄的班级招生人数不得超过 20 人。[1]

学制方面，哈萨克斯坦的学前教育机构和其他教育机构一样，以每年的 9 月 1 日至来年的 5 月 31 日为一个学年。每日在校时间则由各教育机构根据自身的实际情况确定。根据 2020 年哈萨克斯坦政府修改后的最新规定，公立幼儿园教师的工作时间分为一周 5 天和一周 6 天两种形式。无论是哪种形式，教师的工作时长均不得低于每日 9 小时。在政府规定的范围内，每周工作 6 天的幼儿园可选择每天开放 9 小时、10 小时、12 小时或 24 小时，每周工作 5 天的幼儿园则可选择每日开放 9 小时、10.5 小时、12 小时或 24 小时。[2] 在实际操作中，大部分幼儿园选择的都是一周 5 天，每天 10.5 小时的运营模式。按照这一模式，家长通常在早上 8 点将孩子送入幼儿园，晚上 6 点 30 分将其接走。在阿斯塔纳、阿拉木图这样的大城市，考虑到家长的工作时间，幼儿园往往将关门时间延至晚上 7 点甚至更晚。

在教学理念上，哈萨克斯坦的学前教育博采众长，参考了世界上经典的学龄前儿童教学经验。根据哈萨克斯坦政府官方网站的信息，哈国的学前教育体系主要参考了意大利教育学家玛利亚·蒙特梭利的幼儿教育理念，强调发展儿童的个性。在儿童的读、写能力发展上则采用了俄罗斯教育学家尼古拉·扎伊采夫的训练体系。在发展儿童的认知能力方面，哈国的教育系统参考了著名的华尔道夫教育法，旨在帮助儿童通过感官体验自然而然地了解世界。此外，德国教育学家弗里德里希·福禄贝尔的立方体教学法和俄罗斯教育学家维切斯拉夫·瓦斯卡波维奇的游戏方法，也被广泛运

---

[1] 资料来源于哈萨克斯坦司法部法律法规信息系统官网。
[2] 资料来源于哈萨克斯坦司法部法律法规信息系统官网。

用于哈萨克斯坦的学前教育实践当中。[1]

三、学前教育的课程设置

为了规范学前教育，使其更好地与基础教育进行衔接，哈萨克斯坦于 2008 年制定了学前教育领域的国家标准，并进行了数次修订。2022 年 8 月审定的新版《学前培养与教育国家强制性标准》（以下简称《国标》）设定了健康、交际、认知、创造力和社会性这五个方面的培养目标。围绕这五个目标，哈萨克斯坦教育部门为学前教育设置了一系列课程。

健康方面，《国标》规定学前教育除了要增强儿童的身体素质、培养儿童基本的运动能力以外，还强调要培养儿童日常行为习惯，使他们学会在家庭、街道以及自然环境中保护自身安全。为了培养幼儿的健康体魄，《国标》规定学前教育机构可以根据实际情况让儿童从事雪橇、滑雪、自行车和游泳等体育锻炼，同时使儿童接触足球、篮球、羽毛球等运动项目的基础知识。与保障儿童健康相关的课程主要有两项：体育课与行为安全基本准则课。

交际方面，学前教育的目的在于提高儿童的语言表达能力，使儿童接触儿童文学，具备一定的朗诵和转述能力。除此之外，交际目标还包括培养儿童使用哈萨克语、俄语、英语以及其他语言的能力。与交际相关的学前教育课程有以下四项：言语发展、文学、基础语法以及戏剧。《国标》还规定，以俄语授课的班级需要学习哈萨克语及一门外语，反之，以哈萨克语授课的班级则须学习俄语及一门外语。

认知方面，《国标》规定学前教育机构应当使儿童具备基本的数学概念，对自然界的变化有基本的感知，同时培养儿童的价值观，使其对哈萨

---

[1] 资料来源于哈萨克斯坦共和国政府官网。

克斯坦各民族的价值观、传统和节日都有一定了解，而且要培养儿童的地球公民意识。与认知相关的课程主要有三门：一门是针对 1—3 岁幼儿开设的数学课，主要目的是帮助其形成基本的数学概念以及对数字的敏感；其余两门是手工课和自然课。

在培养儿童的创造力方面，学前教育机构的主要目标是使儿童对绘画、造型艺术和音乐具备一定的感知能力，与该目标相关的课程主要有四项，分别是绘画、泥塑、剪贴画和音乐课。

提升儿童的社会性、使儿童尽快地融入社会是学前教育的重要目标之一。为了实现这一目标，《国标》提出在培养儿童社会性的同时要引导儿童产生道德意识，使其具备与同龄人以及成年人沟通的能力。要让儿童学会为自己的行为承担责任。哈萨克斯坦教育部门在社会性的培养目标中还尤其强调对儿童爱国主义精神的培养，明确指出要让儿童意识到"哈萨克斯坦是他们共同的家园"[1]。与社会性相关的学前教育课程有探索自我、周边环境探索以及环境保护基础。

除了课程设置外，哈萨克斯坦教育科学部对学前教育使用的教材也有明确规定。2020 年最新出台的教材清单将学前教育按照哈萨克语教学、俄语教学、俄哈混合教学分为三种方案，在每种方案中都详细列举了包括教材、教辅材料、教师指导用书、电子影音材料在内的各类出版物。家长可以通过幼儿园代为购买教材，亦可按照幼儿园的要求自行购买教材。以哈萨克语教学班级为例，清单上一共列举了 319 本教材和教辅材料，主要来自阿拉木图书籍出版社、梦想出版社、曙光书籍出版社以及未来 2030 出版社这 4 家出版社，出版年份集中在 2017—2022 年。早教班的教材最少，只有 4 本，主要为教师指导用书。相比之下，小班使用的教材数量大幅上升，达到 32 本，中班达到 79 本，大班达到 80 本，学前班的教材数目达

---

[1] 资料来源于哈萨克斯坦共和国政府官网。

到 124 本。[1]从教材清单可以看出，主要的学前教育科目，如言语发展、感知、手工、绘画、泥塑、剪贴画、体育课、文学、音乐等，在小班时便已进入学生的课表，并有相应的教材和教辅支撑。中班的清单上增加了俄语、基础数学概念、数学基础、探索周边环境和逻辑共五门学科的教材和教辅用书。大班的教材与中班在科目上基本持平，学前班的教育则在前一阶段的基础上增加了哈萨克语启蒙和行为安全基本准则两门课的教材。

通过对比学前教育与小学教育的教材清单可以看出，小学阶段的大部分课程在学前教育时期便已经被纳入了学生的课程表之中。还是以哈萨克语教学班级为例，学前班的哈萨克语启蒙课程为一年级学生的哈语学习奠定了基础，而一年级的俄语、数学、自然、文学、音乐等课程早在中班时便已经被纳入教学大纲。相较学前教育而言，一年级的课程中保留了自我探索这门课程，同时将学前班的周边环境探索课升级为探索世界课，进行了课程上的衔接和拓展。进一步比较学前教育和基础教育的教材清单还可发现，部分出版社，如阿拉木图书籍出版社和梦想出版社不仅出版学前教育教材，同时也是小学教材的出版机构，这样一来，在一定程度上保障了学前教育和小学阶段教材风格体例的延续性。总体来看，哈萨克斯坦教育科学部通过统一规划的方式完成了学前教育与初等教育的衔接，进入小学以后，手工、泥塑、粘贴画等游戏性质的课程逐渐淡出培养方案，而探索世界等知识性的课程则不断增加。

四、学前教育的质量评估体系

为了更好地保障学前教育的发展质量，完善学龄前儿童的能力评估系统，哈萨克斯坦于 2017 年在学前教育领域实施"学龄前儿童技能发展指标

---

[1] 资料来源于哈萨克斯坦司法部法律法规信息系统官网。

评价体系"（以下简称评价体系）。按照评价体系的要求，学前教育机构每学年需要对学生进行三次技能发展评估，分别在 1 月、5 月和 9 月进行。评价体系将 1—5 岁的儿童按年龄划分为 5 个组别，对于 1—3 岁的儿童主要考察其健康、交际、认知和创造力这四个维度的技能发展表现，对于 4 岁和 5 岁的儿童增设社会性方面的评价。总体看来，评价体系与学前教育的课程体系保持一致，评价结果分为高、中、低三个等级，不以分数反映。

自 2017 年评价体系实施以来，学龄前儿童的技能发展指数在不断提高，获得中、高等评价的学生占比由 2018 年的 74.2% 上升至 2020 年的 88.5%。2020 年的数据显示，儿童技能发展指数最高的地方，主要集中在哈萨克斯坦的东南部地区和三个直辖市。其中，阿拉木图州以 97.6% 的比率居全哈萨克斯坦之首，紧随其后的是阿斯塔纳市（97%）和阿拉木图市（93.3%）。东哈萨克斯坦州、西哈萨克斯坦州、北哈萨克斯坦州以及克孜勒奥尔达州的学前儿童技能发展指数中、高评分结果的占比相对较低，均在 82% 以下。[1] 通过实行定期的技能发展评估，哈萨克斯坦的学前教育机构能够较好地掌握儿童的发展动态，及时调整教育模式。

第二节 学前教育的特点和经验

一、学前教育的特点

独立后的三十多年间，哈萨克斯坦先是经历了学前教育机构规模的大幅

[1] ТЫНЫБАЕВА М., САБЫРҰЛЫ Е. и др. Национальный доклад о состоянии и развитии системы образования республики Казахстан (по итогам 2020 года)[R]. Нур-Султан: Министерство образования и науки Республики Казахстан, АО «Информационно-аналитический центр», 2021: 219.

缩减，随后又进入学前教育机构数量高速增长阶段，整体的发展趋势呈现出一个巨大的 V 字形，并且目前还在快速增长中。在三十多年的起伏和探索中，哈萨克斯坦逐渐摸索出了一套适合其本国国情的学前教育发展模式。

（一）法律法规相对完善，制度保障较为健全

1999 年出台的《教育法》对于学前教育有明确规定，是除《宪法》以外哈萨克斯坦开展学前教育最重要的法律依据。《教育法》将学前教育划为哈萨克斯坦七个教育等级中的第一级，明确规定了地方教育机构和地方教育代表在学前教育方面的义务与权限，并以法律的形式规定国家公立教育机构确保免费为 5 岁以上的儿童提供学前教育。[1]

在《教育法》的框架之下，近年来哈萨克斯坦教育科学部又先后出台了《学前教育组织活动示范条例》《学前教育公共服务办法》《学前教育和培训国家强制性标准》《学前教育和培训示范大纲》《学前教育和培训示范课程》。通过上述法规，哈萨克斯坦政府对学前教育机构的办学宗旨、机构类别、招生范围、招生方式、培养目标、培养方案以及具体的课程和课时都做出了明确的规定，以保证学前教育的每一个环节都有法可依。同时，这些法规也促使哈萨克斯坦全国范围内的学前教育保持统一标准，尽可能地维护教育公平原则。除此之外，哈国政府还出台了《教师地位法》和《国家教育机构工作人员标准工作量表》，明确了学前教育机构教师的权利和责任。

（二）学前教育机构类型多样，办学方式灵活

哈萨克斯坦学前教育机构的多样性尤其体现在小型幼教中心的办学上。

---

[1] 资料来源于哈萨克斯坦司法部法律法规信息系统官网。

2021 年的数据显示，哈萨克斯坦全国范围内共有 3 691 所小型幼教中心，其中有 751 所位于城市，2 940 所位于农村。小型幼教中心很少独立存在，大多数情况下要依附于已有的教学机构。哈萨克斯坦教育科学部的统计数字显示，有 3 024 所小型幼教中心属于中小学的附设机构，占小型幼教中心总数的 80% 以上。现有的小型幼教中心中有 2 202 所为全日制小型幼教中心，占总数的约 60%，其中有 550 所设在城市，1 652 所设在农村。[1]

小型幼教中心最初出现于 2006 年，这一时期一方面哈萨克斯坦的学前教育机构数量还在谷底徘徊，另一方面 2000 年前后从负增长转向正增长的哈萨克斯坦出生率带来的大批新生儿则已经或急需入园。面对这一挑战，政府推出了小型幼教中心的建设计划，其首要目的是在合理利用和整合已有教育资源的基础上尽快满足日益增长的学前教育需求。从现有的数据来看，小型幼教中心有以下几个优势。首先，与大型幼儿园不同，小型幼教中心可以大量附设在中小学上，因此开设难度低、速度快。自 2006 年提出后，在短短 4 年时间内，小型幼教中心的数量迅速增至 2010 年的 2 969 所，解决了 75 872 名儿童的学前教育问题。[2] 与 2000 年相比，2021 年哈萨克斯坦全国范围内的学前教育机构增加了 9 782 所，其中有 3 481 所为小型幼教中心，占总数的 35.59%，由此可见，小型幼教中心对哈萨克斯坦学前教育的快速发展功不可没。[3] 其次，小型幼教中心以其招生人数少的特征在地广人稀的哈萨克斯坦农村地区受到普遍欢迎。目前，哈国幼儿园的平均招生人数为 112 人，而小型幼教中心则只有 27 人。[4] 按照哈教育部门对早教班不超过 10 人、中班以上不超过 25 人的规定可知，小型幼教中心的体量往往

[1] Национальный сборник «Статистика системы образования Республики Казахстан»[R]. Нур-Султан: АО «Информационно-аналитический центр», 2022: 31-32.

[2] 资料来源于哈萨克斯坦司法部法律法规信息系统官网。

[3] Национальный сборник «Статистика системы образования Республики Казахстан»[R]. Нур-Султан: АО «Информационно-аналитический центр», 2022: 19, 30.

[4] Национальный сборник «Статистика системы образования Республики Казахстан»[R]. Нур-Султан: АО «Информационно-аналитический центр», 2022: 19, 20.

是 1—2 个班。这对哈萨克斯坦的农村地区尤为重要，因为从事畜牧业的乡镇居民不仅人口稀少，而且彼此之间距离较远。在这些地区，由国家出资在中小学的基础上设立一个班级体量的小型幼教中心，无论对于对政府财政还是当地居民而言，都是更为经济、有效的学前教育方案。正因如此，哈萨克斯坦农村地区的小型幼教中心数量远高于城市，是后者的三倍左右。与此同时，近五年来哈萨克斯坦生育率最低的两个州——北哈萨克斯坦州和科斯塔奈州，[1] 也在哈萨克斯坦全国范围内设有农村小型幼教中心最多的州之列。[2] 最后，小型幼教中心的灵活性不仅体现在开办难度上，同时也表现为办学时间更为灵活。在设计小型幼教中心办学方案时，哈国政府吸收了德国和日本非全日制学前教育机构的教学经验。因此，小型幼教中心也是目前哈萨克斯坦各类学前教育机构中唯一可以接受非全日制教学的机构类型。尽管哈萨克斯坦教育部门在学前教育领域的改革方向之一是减少非全日制小型幼教中心的数量，促使其向全日制的学前教育机构转变，以期为儿童提供更加完整的学前教育服务。但不可否认的是，非全日制的小型幼教中心的存也有一定合理性，为家长提供了更多选择。2021 年在哈萨克斯坦西北部地区的阿克托别、阿特劳和西哈萨克斯坦 3 个州，非全日制的小型幼教中心占小型幼教中心总数的比率均达到 80% 以上，而在首都阿斯塔纳，这一比率更是高达 100%。[3] 如果说全日制的小型幼教中心以其对教育资源的灵活利用承担了微型幼儿园职能的话，那么非全日制的小型幼教中心则以其灵活的工作时间为儿童，尤其是 3 岁以下幼儿提供了更加个性化的学前教育服务。小型幼教中心的上述功能都体现了近年来哈国学前教育办学的多样性和灵活性。

[1] Национальный сборник «Статистика системы образования Республики Казахстан»[R]. Нур-Султан: АО «Информационно-аналитический центр», 2022: 7.

[2] Национальный сборник «Статистика системы образования Республики Казахстан»[R]. Нур-Султан: АО «Информационно-аналитический центр», 2022: 30.

[3] Национальный сборник «Статистика системы образования Республики Казахстан»[R]. Нур-Султан: АО «Информационно-аналитический центр», 2022: 32.

（三）多语教学，俄、哈双语并重

多语言教学是哈萨克斯坦学前教育的显著特点，从幼儿园开始，哈国儿童就可以自行选择在哈萨克语、俄语、俄哈双语乃至维吾尔语、乌兹别克语等不同语言授课的班级上课。多语教学的环境，一方面源于哈萨克斯坦人口的民族构成，另一方面也与其语言政策相关。

哈萨克语、俄语和英语等分属不同的语族，彼此之间差异极大，要想同时掌握多门语言并不容易。因此，除少数国际学校和精英幼儿园以外，由于师资水平和儿童的精力有限，目前哈萨克斯坦的学前教育主要以哈萨克语和俄语教学为主。2021 年哈萨克斯坦官方统计的数据显示，在全国 10 871 所学前教育机构中，有 7 122 所使用哈萨克语教学，1 585 所使用俄语教学，2 155 所为俄哈双语教学机构，另有 9 所使用其他语言教学（乌兹别克语、维吾尔语和英语各 3 所）。[1] 从学生数量来看，2021 年哈萨克斯坦学前教育机构共有在读学生 922 400 人，其中在哈萨克语学校就读的有 516 034 人，占学生总数的 55.9%；71 517 人就读于俄语学校，占总人数的 7.7%；俄哈双语幼儿园的学生数为 334 436 人，占比为 36.2%。[2] 可以看出，目前哈萨克斯坦学前教育最主要使用的语言是哈萨克语，且近三年来选择哈萨克语学前教育机构的人数在不断增加，从 2019 年的 53.8% 升至 2020 年的 55.2%，[3] 再到 2021 年的 55.9%。[4] 这一发展趋势与近年来哈萨克斯坦主

---

[1] Национальный сборник «Статистика системы образования Республики Казахстан»[R]. Нур-Султан: АО «Информационно-аналитический центр», 2022: 26.

[2] Национальный сборник «Статистика системы образования Республики Казахстан»[R]. Нур-Султан: АО «Информационно-аналитический центр», 2022: 27.

[3] ТЫНЫБАЕВА М., САБЫРҰЛЫ Е. и др. Национальный доклад о состоянии и развитии системы образования республики Казахстан (по итогам 2020 года)[R]. Нур-Султан: Министерство образования и науки Республики Казахстан, АО «Информационно-аналитический центр», 2021: 52.

[4] Национальный сборник «Статистика системы образования Республики Казахстан»[R]. Нур-Султан: АО «Информационно-аналитический центр», 2022: 27.

体民族的生育率攀升，以及独立后政府不断提升哈萨克语的国语地位有关。然而，不同语言学前教育机构的发展情况在哈国各地又有所不同。具体到每个州而言，西部和南部各州哈萨克语学前教育机构的数目要远高于俄语，尤其是南部的克孜勒奥尔达州和图尔克斯坦州，前者的哈语学前教育机构数目是俄语同类机构的 105 倍之多，后者也达到了 79 倍。可见，在哈萨克斯坦南部地区，哈萨克语在学前教育中占绝对统治地位。反之，在哈萨克斯坦北部科斯塔奈州和北哈萨克斯坦州，哈语的学前教育机构数量只达到俄语同类机构数量的 50% 左右，俄语仍是这些地区最主要的交际语言。此外，哈萨克斯坦主要城市的学前教育机构仍然重视俄语教育，首都阿斯塔纳 377 所学前教育机构中有 201 所为俄语或者俄哈双语教学模式，占总数的 53.3%；人口第一大城市阿拉木图的 860 所学前教育机构中，有 476 所以俄语或俄哈双语教学，占总数的 55.3%。[1]

二、学前教育的经验

（一）农村学前教育机构发展迅速，覆盖率广

独立后，哈萨克斯坦的学前教育机构规模经历了大幅萎缩的阵痛，而农村学前教育机构数目下降尤为迅速，导致城乡教育差距迅速扩大。1991 年高峰时期农村学前教育机构的学生数尚且能达到城市同类教育机构人数的 56.9%，而 2000 年低谷时期这一数值则只有区区 7.5%（见图 4.2），这样一来，农村地区的学前教育成为苏联解体后哈萨克斯坦教育事业受冲击最为严重的部分之一。

---

[1] 资料来源于哈萨克斯坦司法部法律法规信息系统官网。

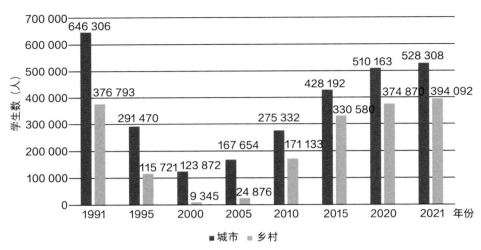

图 4.2 1991—2021 年哈萨克斯坦学前教育机构学生数城乡对比 [1]

　　意识到这一问题的哈国政府出台了一系列措施，力求恢复农村地区的学前教育规模，以政府办学的方式，缩小城乡地区的学前教育差距。其中，耗时最长、成效最为显著的便是巴拉潘计划。"巴拉潘"在哈萨克语中有"雏鸟"之意，因此常被用来称呼幼儿。巴拉潘计划始于 2010 年，历时十年。在 2010—2013 年，哈萨克斯坦通过该计划新增 271 268 个学位，将总体学前教育的覆盖率提升至 71.5%，同时实现了 5—6 岁儿童 97% 的学前教育覆盖率。在 2014—2020 年，巴拉潘计划继续为哈国增加了 480 408 个学前教育名额，实现了学前教育全覆盖。[2] 巴拉潘计划一方面加大了国家预算在农村学前教育机构建设上的投入，另一方面灵活地利用地方财政、政府和社会资本合作模式以及私人投资兴办学前教育机构。在校舍的建设上，巴拉潘计划鼓励将有条件的建筑物改造成幼儿园或小型幼教中心，必要时可以

[1] Национальный сборник «Статистика системы образования Республики Казахстан»[R]. Нур-Султан: АО «Информационно-аналитический центр», 2022: 4.

[2] 资料来源于哈萨克斯坦共和国司法部官网。

利用住宅小区的一层作为学前教育机构的办学场所。尽管巴拉潘计划并非专门针对农村地区的学前教育机构而提出，但其方案有效地缓解了困扰农村地区学前教育发展的资金和场地问题。得益于该计划，哈萨克斯坦农村地区学前教育覆盖人口急速跃升，仅在 2010—2015 年就新增了 159 447 个学位。在巴拉潘计划实施的十年间，哈萨克斯坦的学前教育机构总数增长了 12 倍，从 2010 年的 347 所，增长至 2020 年的 4 556 所。[1] 哈萨克斯坦政府通过巴拉潘计划缩小了城乡教育的差距，尽可能地保障了学前教育的公平开展。到 2021 年哈萨克斯坦农村地区学前教育的覆盖人数已经达到学前教育机构在读学生总数的 42.72%，而同一时期的人口统计数据显示，哈萨克斯坦的农村人口占总人口的比例为 40.8%。[2] 从这个角度看，乡村学前教育的覆盖比率已经超过了城市。

（二）积极发展私立学前教育机构，扩大学前教育覆盖率

近年来，哈萨克斯坦学前教育机构的规模发展迅速，2021 年 3—6 岁学龄前儿童的入学率达到 98.91%，这一成果得益于哈萨克斯坦教育部门在学前教育领域大力引入社会资本，灵活运用政府与社会资本合作模式。2018 年哈萨克斯坦新增学前教育机构 788 所，其中国家财政投资开办 13 所，政府和社会资本合作开办 20 所，私人资本开办 718 所，其他方式开办 36 所。新开办的私立以及公私合营的学前教育机构共提供了 50 000 个学前教育名额，占当年新增学前教育名额总量的 80.12%，有效地扩大了学前教育的覆盖率。[3] 2018—2021 年，哈萨克斯坦的私立学前教育机构保

---

[1] 资料来源于哈萨克斯坦司法部法律法规信息系统官网。

[2] 资料来源于哈萨克斯坦新闻网站 tengrinews.kz。

[3] АТАНАЕВА М., АМАНГАЗЫ М. и др. Национальный доклад о состоянии и развитии системы образования Республики Казахстан (по итогам 2018 года)[R]. Нур-Султан: Министерство образования и науки Республики Казахстан, АО «Информационно-аналитический центр», 2019: 72.

持快速增长的态势。2021 年哈萨克斯坦全国 10 871 所学前教育机构中有 4 973 所为私立学校，私立学前教育机构的占比由 2018 年的 36.3% 增长至 45.74%。[1]

在各类学前教育机构中，私立幼儿园的增长尤其引人注目。哈萨克斯坦国家教育信息库的数据显示，2014 年，哈萨克斯坦共有私立幼儿园 1 260 所，占幼儿园总数的 32.88%，在读学生 121 901 人，占幼儿园学生总数的 22.51%。2018 年，私立幼儿园上升至 3 289 所，占当年幼儿园总数的 53.4%，标志着私立幼儿园数目首次超过公立幼儿园，成为哈萨克斯坦学前教育机构的主流。2021 年，哈萨克斯坦私立幼儿园的数目上升至 4 973 所，占幼儿园总数的三分之二以上（67.29%），私立幼儿园在园学生 424 302 人，占幼儿园学生总数的 51.25%。[2] 至此，私立幼儿园无论在机构数量还是学生数目上都超过了公立幼儿园，成为哈萨克斯坦学前教育最主要的培养形式。除了私立学前教育机构以外，公私合营的学前教育机构也为解决哈萨克斯坦儿童入园难的问题做出了重要贡献。截至 2022 年，在哈萨克斯坦公私伙伴关系中心登记在册的有 279 所幼儿园。除此之外，政府和社会资本合作以合资共建、出资翻新、委托管理等多种方式在 24 所小型幼教中心、37 所托儿所、136 所幼儿园以及其他学前教育机构共增设了 47 000 多个学位名额。[3]

然而，私立学前教育机构也在一定程度上增加了哈萨克斯坦家庭在学前教育方面的支出。2017 年哈萨克斯坦的人均教育支出为 555 831 坚戈，其中 25.6% 为学前教育支出，位居 12 项教育支出之首。相较之下，基础教育支出仅占教育总支出的 1.8%。2018 年哈萨克斯坦的人均教育支出上升为

---

[1] Национальный сборник «Статистика системы образования Республики Казахстан»[R]. Нур-Султан: АО «Информационно-аналитический центр», 2022: 28.

[2] Национальный сборник «Статистика системы образования Республики Казахстан»[R]. Нур-Султан: АО «Информационно-аналитический центр», 2022: 29.

[3] 资料来源于哈萨克斯坦公私伙伴关系中心官网。

614 373 坚戈，其中学前教育支出占比进一步上升，达到 27.5%。而同期基础教育支出仅占 1.7%。[1] 支出上的差异与学前教育领域主要为私立学校有很大关系。尽管政府通过人均资助的方式免除了部分私立幼儿园就读儿童的学费，但家长仍需支付儿童在幼儿园内的饮食和其他费用，给家庭经济造成一定负担。以目前的趋势来看，私立幼儿园在哈萨克斯坦学前教育领域的比重还将进一步加大。鉴于通过私立学校扩大学前教育覆盖率的目标已经基本实现，下一步还需政府采取更多的措施，在推进私立学前教育机构发展的同时兼顾学前教育公平。

（三）灵活利用学前教育网络，为家长提供教育咨询

在哈萨克斯坦，并非所有的家长都愿意将儿童送入学前教育机构。2016年的数据显示，有 827 000 名哈萨克斯坦学龄前儿童既没有进入学前教育机构，也不在政府排队入园的等待名单之上。[2] 换言之，这部分儿童的家长并没有意识到学前教育对儿童的重要性。近年来，得益于政府和社会各界的努力，哈萨克斯坦学龄前儿童入学率大幅上升，尽管如此，截至 2021 年，仍有 43.7% 的 1—3 岁学龄前儿童在家庭内部接受学前教育，考虑到排队等待入园的儿童，实际数字还要更高。[3]

为了使未上幼儿园的儿童也能得到学前教育机构的帮助，同时也为了加强幼儿园与家长之间的沟通与合作，哈萨克斯坦政府提出了"启蒙家长"的概念。政府通过在学前教育机构设置咨询点的方式，为未入园儿童

[1] АТАНАЕВА М., АМАНГАЗЫ М. и др. Национальный доклад о состоянии и развитии системы образования Республики Казахстан (по итогам 2018 года)[R]. Нур-Султан: Министерство образования и науки Республики Казахстан, АО «Информационно-аналитический центр», 2019: 42-43.

[2] 资料来源于哈萨克斯坦新闻网站 sputnik.kz。

[3] Национальный сборник «Статистика системы образования Республики Казахстан»[R]. Нур-Султан: АО «Информационно-аналитический центр», 2022: 21.

的家长提供咨询服务。按规定，咨询点的义务包括：（1）向未入园的学龄前儿童家长提供儿童教育以及心理辅导方面的帮助；（2）帮助未进入学前教育机构的学龄前儿童融入社会，组织其参加各类社会活动；（3）在社会组织、医疗组织和家长之间搭建沟通的桥梁；（4）通过大众传媒向家长宣传先进的家庭教育理念和教育方法。[1] 为此，咨询点除了要回答家长以书面、电话、网络留言提出的各种问题，为家长提供单独或集体的咨询服务以外，还要面向家长开办各类与幼儿教育相关的讲座和研讨会。2018 年哈萨克斯坦共有 2 095 个学前教育机构咨询点，2019 年这一数字上升为 2 468 个，较前一年增长 373 个，增长率为 17.8%。[2] 阿拉木图市、巴甫洛达尔州和阿拉木图州分别以 310 个、277 个和 205 个咨询点保有量位居哈萨克斯坦前列。[3] 同年，哈萨克斯坦教育科学部下属的学前儿童中心颁布了《学前教育机构教师与父母合作为儿童早期身心健康培养创造条件实施规划》，进一步明确了学前教育机构咨询点责任和工作内容。通过"启蒙家长"的方式，咨询点一方面扩大了学前教育的辐射面，另一方面也建立起父母对学前教育的信赖。

第三节 学前教育的挑战和对策

尽管经历了近二十年的高速发展，目前哈萨克斯坦学前教育的规模仍然不足以应对哈国近年来快速增长的人口。不仅如此，一味地追求发展速

---

[1] 资料来源于哈萨克斯坦科斯塔奈州第八托儿所官网。

[2] АТАНАЕВА М., АМАНҒАЗЫ М. и др. Национальный доклад о состоянии и развитии системы образования Республики Казахстан (по итогам 2018 года)[R]. Нур-Султан: Министерство образования и науки Республики Казахстан, АО «Информационно-аналитический центр», 2019: 139.

[3] АМАНҒАЗЫ М., НОГАЙБАЕВА Г. и др. Национальный доклад о состоянии и развитии системы образования Республики Казахстан (по итогам 2019 года)[R]. Нур-Султан: Министерство образования и науки Республики Казахстан, АО «Информационно-аналитический центр», 2020: 212.

度也导致学前教育质量受到一定损害，出现师资、基础设施等方面的问题，给哈萨克斯坦学前教育的发展蒙上了一层阴影。

一、学前教育的挑战

（一）学前教育机构学位不足，学龄前儿童入学困难

截至 2022 年，哈萨克斯坦仍有近一半 2—6 岁的学龄前儿童无法接受学前教育，这一问题引起了哈萨克斯坦政府的高度重视。幼儿入学难的问题主要集中于 1—3 岁年龄段的儿童。2021 年哈萨克斯坦 1—3 岁儿童的学前教育覆盖率为 56.3%，然而这个数字中包含了已经在政府信息平台上申请入学但尚未进入公立幼儿园就读的人群。2021 年的数据显示，有 200 853 名 1—6 岁儿童正在排队等待入学，其中仅 9 596 名处于 3—6 岁年龄段，这意味等候名单中绝大部分为 1—3 岁儿童。如果将仍在等待入学的儿童排除在外，则 1—3 岁尚未入学的儿童甚至超过了 50%。难以入园的情况在城市地区尤为严重，等待公立幼儿园学位的儿童中有 80% 来自城市地区，仅阿拉木图和阿斯塔纳两个直辖市就分别有 50 267 和 26 332 名等待入园的学龄前儿童，合起来占排队人数的四分之一以上。[1] 等待入学的队伍之长，迫使很多儿童家长不得不在孩子刚出生时就为其在政府网站上注册排队。

（二）学前教师薪资低，学前教育专业缺乏吸引力

近年来的高出生率导致哈萨克斯坦学龄前儿童数量大幅上升，对学前

---

[1] Национальный сборник «Статистика системы образования Республики Казахстан»[R]. Нур-Султан: АО «Информационно-аналитический центр», 2022: 42.

教师的需求随之水涨船高。然而，官方统计数据显示，学前教育的从业人数却在减少。2020 年哈萨克斯坦从事学前教育的教职人员较上一年下降了1.4%。[1] 不仅如此，学前教育这一职业对青年人的吸引力也在下降。2018—2020 年，年龄在 30 岁以下的青年学前教师数量从 2018 年的 26 499 人下降至 2020 年的 22 950 人，占比从 27.9% 降至 23.9%。[2] 尽管政府从 2018 年开始有意识地增加了大学本、硕、博阶段的学前教育专业奖学金名额，但效果并不显著，大部分学前教育专业的学生在毕业后通常会选择其他酬劳更高的工作，或者在硕、博士阶段报考其他专业。

造成这一结果的根本原因在于学前教师的工作时间长、责任重、薪资低。按照政府规定，学前教育机构儿童每周的学习时间应当在 24 小时左右，然而由于学位紧缺、家长托管意愿等多方面原因，学前教师的每周工作时间要远高于 24 小时。按照每天早上 8 点至晚上 6 点半的工作时间表计算，学前机构的教职人员工作时间达到了每周 50 小时以上。此外，工作量大也是导致青年人对学前教育职业望而却步的原因之一。据统计，在经济合作与发展组织（OECD，以下简称经合组织）成员国家中，平均每个学前教师面对的是 14 个学生，而哈萨克斯坦平均每个学前教师面对的是 14.8 个学生，每个助教面对的是 34.68 个学生。[3] 与此同时，哈国学前教师的工资却远低于经合组织国家的平均水平。2021 年哈萨克斯坦教师的月人均工资为 87 113—136 024 坚戈，折合人民币约为 1 500—2 300 元，这一薪酬水平甚至

[1] ТЫНЫБАЕВА М., САБЫРҰЛЫ Е. и др. Национальный доклад о состоянии и развитии системы образования республики Казахстан (по итогам 2020 года)[R]. Нур-Султан: Министерство образования и науки Республики Казахстан, АО «Информационно-аналитический центр», 2021: 118.

[2] ТЫНЫБАЕВА М., САБЫРҰЛЫ Е. и др. Национальный доклад о состоянии и развитии системы образования республики Казахстан (по итогам 2020 года)[R]. Нур-Султан: Министерство образования и науки Республики Казахстан, АО «Информационно-аналитический центр», 2021: 116.

[3] АТАНАЕВА М., АМАНҒАЗЫ М. и др. Национальный доклад о состоянии и развитии системы образования Республики Казахстан (по итогам 2018 года)[R]. Нур-Султан: Министерство образования и науки Республики Казахстан, АО «Информационно-аналитический центр», 2019: 228-229.

没有达到 2021 年哈萨克斯坦人的月平均工资 249 349 坚戈。[1]

此外，私立幼儿园学前教师收入偏低也值得关注。由于国家承诺的教师工资保障目前仅限于公立学校教师，对私立幼儿园的教师而言，国家拨付的人均资助不仅名额不足，且数额也低于平均标准。[2] 考虑到哈萨克斯坦有超过半数的儿童在私立幼儿园接受学前教育，私立幼儿园教师的工资过低势必会造成一系列负面的连锁反应。

（三）学前教师的专业水平有待提高

教师队伍的建设直接关系到学前教育质量的高低。哈萨克斯坦国家教育信息库 2020 年的数据显示，仅有 9% 的学前教师具有高等职称，15.5% 的教师具有一等职称，24.6% 的教师具有二等职称，而没有职称的教师则达到 50.9%，占总人数的一半以上。[3] 2021 年，由于教师总体队伍的扩大，无职称的教师上升了 922 人，占比升至 51.3%。在哈萨克斯坦南部的图尔克斯坦州和阿拉木图州，无职称的学前教师比例相对较高，分别为 68.8% 和60.1%。[4] 从统计数据来看，哈萨克斯坦的学前教师总体存在经验不足的问题。2021 年在哈萨克斯坦全国 96 723 名学前教师中有 49 264 名教师的工龄在五年或五年以下，占总数的一半以上。[5] 此外，随着近年来越来越多的家长选择私立幼儿园，非公立机构学前教师的专业水平也备受关注。2021 年

---

[1] 资料来源于哈萨克斯坦新闻网站 nur.kz。

[2] 资料来源于哈萨克斯坦新闻网站 informburo.kz。

[3] ТЫНЫБАЕВА М., САБЫРҰЛЫ Е. и др. Национальный доклад о состоянии и развитии системы образования республики Казахстан (по итогам 2020 года)[R]. Нур-Султан: Министерство образования и науки Республики Казахстан, АО «Информационно-аналитический центр», 2021: 113.

[4] Национальный сборник «Статистика системы образования Республики Казахстан»[R]. Нур-Султан: АО «Информационно-аналитический центр», 2022: 44.

[5] Национальный сборник «Статистика системы образования Республики Казахстан»[R]. Нур-Султан: АО «Информационно-аналитический центр», 2022: 45.

的数据显示，在 36 326 名私立幼儿园学前教师中，有 10 573 名具备学前教育专业的高等教育背景，8 073 名具备学前教育专业职业技术教育背景，这意味着具备专业教育背景的教师仅占总数的一半左右，与大众的期待还有一定距离。[1]

（四）基础设施不完善，办学不规范

为了满足快速增长的入园需求，近年来哈萨克斯坦采取了一系列措施鼓励幼儿园办学，但与此同时也埋下了一些隐患。不少学前教育机构存在基础设施落后的问题。根据哈萨克斯坦政府的规定，学前教育机构应当配备供水和集中采暖系统。然而，截至 2020 年，仍有 26.2% 的学前教育机构没有热水供应管道，17.3% 无法实现集中供水。此外，自采暖的学前教育机构达到 58.4%，另有 1.7% 的学前教育机构没有下水管道。与此同时，哈萨克斯坦还有相当一部分幼儿园无法为儿童提供室内卫生间。2020 年的数据显示，有 1 172 所学前教育机构没有室内卫生间，占学前教育机构总数的 11.58%。[2]

为了降低办学难度，哈萨克斯坦从 2012 年开始停止了幼儿园办学的许可证制度，转而采取国家抽样考核的方式。然而，2021 年的结果显示，有 78% 的学前教育机构没有通过国家考核。[3] 考核结果显示，大多数学前教育机构并未遵守国家颁布的学前教育标准。相当一部分幼儿园存在教学场地低于最低标准，在教学过程中不按儿童年龄分班，教学设施不齐全等问题。

---

[1] Национальный сборник «Статистика системы образования Республики Казахстан»[R]. Нур-Султан: АО «Информационно-аналитический центр», 2022: 47.

[2] Национальный сборник «Статистика системы образования Республики Казахстан»[R]. Нур-Султан: АО «Информационно-аналитический центр», 2022: 157.

[3] 资料来源于哈萨克斯坦新闻网站 informburo.kz。

（五）无法满足残障儿童的需求

截至 2020 年，哈萨克斯坦在全国范围内建立了 166 所全纳幼儿园，吸纳残障儿童 2 375 人。此外，还有 39 所特殊幼儿园和 315 个普通幼儿园的残障儿童班，前者有在读学生 4 945 人，后者有在读学生 5 879 人。对于没有机会进入特殊学前教育机构的残疾儿童，政府通过康复中心、心理教育矫正室提供支持。在哈萨克斯坦全国范围内共有 129 所为学前儿童提供服务的心理教育矫正室。[1] 尽管政府为吸纳残障儿童进入学前教育体系付出了大量努力，但是大多数残疾儿童仍然无法享受到学前教育。《哈萨克斯坦共和国 2020—2025 年国家教育与科学发展规划》指出，哈萨克斯坦的学前教育机构中只有 20% 具备接纳残疾儿童的能力，在残疾儿童中只有 28.2% 能享受到学前教育。[2] 除此之外，缺乏具有专业护理知识的学前教育教师以及学前教育机构设施不齐也成为残障儿童入园学习的障碍。

二、学前教育的对策

（一）多项措施改善儿童入园难问题

针对幼儿园学位不足，尤其是托儿所入园难的情况，哈萨克斯坦政府通过立法、吸引社会资本和简化排队程序三方面的举措增加学位，扩大学前教育在 1—3 岁儿童中的覆盖率。2018 年 12 月 5 日颁布的《针对处于社会能力和自学能力发展阶段幼儿的学前教育大纲》，明确了 1—3 岁儿童接受学前教育的重要性；2020 年 7 月 9 日哈萨克斯坦政府通过了《对学前教育机

---

[1] 资料来源于哈萨克斯坦司法部法律法规信息系统官网。

[2] 资料来源于哈萨克斯坦司法部法律法规信息系统官网。

构的卫生防疫要求》，进一步简化私立幼儿园的办学审批程序。在增加学位方面，政府计划进一步吸引私人资本进入学前教育领域，同时扩大对私立学前教育机构的人均资助名额和额度，以此鼓励学生进入私立幼儿园就读。与此同时，哈萨克斯坦政府近几年来致力于建立网上排队入园系统，确保审批工作高效、透明。自 2017 年开始，政府在电子政务门户网站（egov.kz）中增加了申请公立幼儿园的网页，家长可以通过该网页自助申请居住地周围或孩子祖父母居住地周围的幼儿园。入园申请的信息平台采取的是区块链技术，允许每个人参与数据库的编辑并在第一时间查看信息更新。得益于这项技术，家长排队登记的透明度大大提高。不仅如此，阿斯塔纳还利用区块链技术实现了幼儿园学位的自动分配，促进了排队制度的公平。奇姆肯特则采取"中小学—幼儿园"信息平台，对当地所有的学前教育机构进行数字化编排，确保系统对申请的学龄前儿童进行自动派位。由于简化了审批程序，首都阿斯塔纳入园的申请的审批时间从原来的 5 天下降至10 分钟，提高了儿童入园的效率。

（二）改善学前教师工资待遇

在哈萨克斯坦，学前教师与其他领域的教师享有同等权利。为了改善教师待遇，解决学前教育领域人才外流的问题，2020 年哈萨克斯坦政府将教师的工资提升了 25%，与此同时，将所有教职员工的全年假期延长至 56天。[1] 此外，政府对教师的子女给予入学优先录取的待遇，以此鼓励青年人才留在学前教育领域。为提高教师的职业技术水平，自 2015 起年哈萨克斯坦政府实施了一系列专项措施。首先，政府在教师考核方面引入了新的教师资格认证体系，为通过考试获得职称的教师提供 30%—50% 的涨薪。其

---

[1] 资料来源于哈萨克斯坦共和国政府官网。

次，增加大学和职业技术学院学前教育专业的奖学金名额。最后，政府还通过沃尔列乌国家职业技能发展中心为学前教师提供一系列职业技能培训课程。2020年的数据显示，其为6 767名学前教师提供了短期培训。《哈萨克斯坦共和国2020—2025年国家教育与科学发展规划》为学前教育教师的待遇和职业技能发展提出了清晰的目标。该计划通过财政扶持、人均资助、专业培训等一系列手段，确保2025年教师的平均工资达到哈萨克斯坦人月平均工资的102.9%，使具备学前教育专业职业教育或高等教育背景的教师人数达到总人数的72%。[1]

（三）提高幼儿园的审核标准，确保其拥有完善的基础设施

针对幼儿园所存在的基础设施不完善、办学不规范的问题，哈萨克斯坦政府正在考虑重新引入办学许可证制度，目前关于许可证的实施方案还在讨论中。新的许可证制度将提高幼儿园的审核标准，确保其环境符合国家规定的卫生标准。[2]与此同时，哈萨克斯坦教育科学部承诺将加强对学前教育机构的监督，在幼儿园协会成员的参与下对学前教育进行定期检查。此外，哈国还规定，新成立幼儿园的申请信息必须以音频和视频的形式上传至教育部网站，从而以大众共同监督的方式，确保幼儿园的基础设施符合国家标准。

（四）推动学前教育机构达到全纳教育标准

鉴于2018年只有20.1%的学前教育机构达到招收残障学生的条件，《哈萨克斯坦2015—2020年国家教育与科学发展规划》决定逐年提高达到全纳

---

[1] 资料来源于哈萨克斯坦司法部法律法规信息系统官网。

[2] 资料来源于哈萨克斯坦新闻网站 bizmedia.kz。

教育 [1] 标准的学前教育机构比例。根据该规划，2023 年满足该条件的学前教育机构应达到总数的 80%，2025 年应当实现所有学前教育机构具备吸纳残障儿童的能力。[2] 此外，为了进一步提升残障儿童的学前教育质量，哈萨克斯坦政府计划在 2020—2025 年对残障儿童的教师制定新的从业标准和从业要求。与此同时，还将通过人均资助的方式，促使国家财政支出为残障儿童的学前教育提供进一步支持。

---

[1] 全纳教育是 1994 年 6 月 10 日在西班牙萨拉曼卡召开的"世界特殊需要教育大会"上通过的宣言中提出的一种新的教育理念和教育过程。全纳教育作为一种教育思潮，它容纳所有学生，反对歧视排斥，促进积极参与，注重集体合作，满足不同需求，是一种没有排斥、没有歧视、没有分类的教育。

[2] 资料来源于哈萨克斯坦司法部法律法规信息系统官网。

第五章 基础教育

第一节 基础教育的发展现状

基础教育在哈萨克斯坦的教育体系中被归为中等教育 [1] 的一部分，是儿童完成学前教育后的学习阶段。基础教育以其覆盖范围广，教学时间长而成为哈国教育体系中最重要的环节之一。哈萨克斯坦《教育法》第 1 章第 49 条指出："宪法保障哈萨克斯坦公民接受中等教育的权利。公民根据国家义务教育标准，接受小学、初中、高中课程教育。" [2]

哈萨克斯坦独立的前二十年，受生育率下降、大量人口移民国外等因素的影响，中小学在校学生人数大幅下降，由 1991 年的 322.64 万人降至 2010 年的 255.21 万人，减少了近 67 万。学生人数的减少使本就受国家预算减少、大量教师离职而受到冲击的中小学教育机构数量进一步下降，从 1991 年的 8 841 所降至 2018 年的 7 393 所，连续 27 年呈下降趋势。 [3]

为了扭转基础教育发展的不利局面，哈萨克斯坦政府出台了一系列政

---

[1] 此处的"中等教育"（среднее образование）为哈萨克斯坦教育体系的术语，所指包括两部分：一部分为中小学教育，另一部分为初等和中等职业教育。该术语的内涵与我国的"中等教育""基础教育""职业教育"均有所区别，特此说明。

[2] 资料来源于哈萨克斯坦司法部法律法规信息系统官网。

[3] Национальный сборник «Статистика системы образования Республики Казахстан»[R]. Нур-Султан: АО «Информационно-аналитический центр», 2022: 62.

策和法规。其中，2000 年出台的《全国教育规划》对哈萨克斯坦基础教育的发展有重要意义。这份规划要求政府制定基础教育国家标准，提出"制定并分阶段推行有效的农村中小学和小型学校的办学模式"，同时计划 2001—2005 年在教育方面投入 3 800 亿坚戈的预算。[1] 为实现《全国教育规划》中提出的任务，哈萨克斯政府在 2002 年颁布了《2003—2005 年"乡村学校"国家发展规划》和《基础教育国家标准》，随后又通过《哈萨克斯坦 2005—2010 年国家教育发展规划》以及《哈萨克斯坦 2010—2020 年国家教育发展规划》，明确了基础教育发展的方向。

得益于国家经济的整体增长和政府部门的努力，自 2018 年以来，基础教育机构的数量和在校生人数均有所增加，尤其是城市地区。截至 2021 年，哈萨克斯坦共有各类中小学 7 550 所，比 2018 年低谷时期增加 157 所（上升 2.1%），在学生数量上，2021 年比 2018 年增加了近 41 万人，达到近年来的最高值。[2]

一、基础教育机构的数量与招生情况

截至 2021 年，哈萨克斯坦各类中小学共计 7 550 所，在校生人数 3 572 213 人。位于南部的图尔克斯坦州在各州中拥有最多的基础教育机构，达到 963 所，在校生人数 51.16 万；在直辖市当中，阿拉木图以 317 所中小学、31.47 万在校生人数位列第一。[3] 哈萨克斯坦的基础教育机构按属性可分为教育部部属学校、卫生部部属学校、国防部部属学校、文体部部属学校，

---

[1] 资料来源于哈萨克斯坦司法部法律法规信息系统官网。

[2] Национальный сборник «Статистика системы образования Республики Казахстан»[R]. Нур-Султан: АО «Информационно-аналитический центр», 2022: 62.

[3] Национальный сборник «Статистика системы образования Республики Казахстан»[R]. Нур-Султан: АО «Информационно-аналитический центр», 2022: 56-57.

按教学性质可分为全日制学校、夜校、特殊学校、矫正学校，按出资性质可以分为公立学校和私立学校。2021 年哈萨克斯坦共有公立全日制普通中小学 6 942 所，约占中小学总数的 92%。根据 2013 年颁布的《哈萨克斯坦各类型普通教育机构活动示范条例》，哈国的公立全日制普通中小学可分为三类：小学、基础中学和普通教育学校。[1] 其中小学招收一至四年级学生，基础中学招收一至九年级学生，普通教育学校招收一至十一乃至十二年级的学生。[2]按照这一标准，2021 年哈萨克斯坦 6 942 所公立全日制普通中小学中有小学 597 所，基础中学 962 所，普通教育学校 5 383 所，其中城市学校 1 783 所，农村学校 5 159 所。[3] 尽管农村地区的中小学在总数上要远高于城市，但就发展趋势而言，近十年来哈萨克斯坦农村地区的基础教育机构数量在不断下降，由 2010 年的 5 996 所降至 2020 年的 5 265 所，减少了 12%，而城市地区的同类型机构则由 2010 年的 1 843 所上升至 2020 年的 2 178 所，增加了 18%。从在校生人数来看，2020 年的城市基础教育机构学生数为 196.5 万人，较 2010 年增长约 71.7 万人；农村地区同类教育机构学生人数 151.6 万人，较 2010 年增长约 21 万人。[4] 这一数据一方面反映了哈萨克斯坦近 10 年来的城市化进程，另一方面也体现出城乡基础教育的差距在不断扩大。

二、基础教育的学制和教学形式

2002 年，哈萨克斯坦颁布《基础教育国家标准》，确立基础教育的学

[1] 普通教育学校，俄语写作 общеобразовательная школа，在哈萨克斯坦教育体系中有两重意思。广义概念的普通教育学校指普通中小学，通常以复数形式出现；狭义概念的普通教育学校专指哈萨克斯坦中小学的一种学校类型，与小学、基础中学并列。本章所提及的普通教育学校均为狭义概念。

[2] 资料来源于哈萨克斯坦司法部法律法规信息系统官网。

[3] Национальный сборник «Статистика системы образования Республики Казахстан»[R]. Нур-Султан: АО «Информационно-аналитический центр», 2022: 60.

[4] 资料来源于哈萨克斯坦共和国国家统计局官网。

制为十一年。[1] 这一学制实际上受到了苏联基础教育体系的影响。按照该学制，哈萨克斯坦的基础教育被划分为小学阶段（一至四年级）、初中阶段（五至九年级）以及高中阶段（十至十一年级）。在初中结束以后，学生按照学习成绩和个人发展规划可以选择继续升入高中或进入职业技术学校就读。2021 年，哈萨克斯坦共有 27.77 万应届初中毕业生，其中有 10.25 万人毕业后进入技术学校就读，占毕业生总数的 36.7%，约 17 万毕业生升入高中，占学生总数的 61%，此外还有 2 501 名毕业生出国求学，1 263 名学生参加工作。[2] 进入十年级后，学生可以自主选择文、理科作为学习方向。

哈萨克斯坦政府 2018 年颁布的针对各类型教育机构的强制性国家标准规定，除小学一年级为 35 周以外，其他年级均为一年 36 周，学生每年有春、夏、秋三个假期，一年总休假时间不得少于 115 天，其中学年内假期不少于 25 天。[3]

哈萨克斯坦的全日制中学长期以来实行两班制，甚至有部分地区达到三班制。两班制即将同一个班的学生分为两批，分别在上午、下午时段上课；三班制将学生分为三批，分别在上午、下午和晚上上课。每批学生每日学习的内容一致，时长相当。哈萨克斯坦官方统计数字显示，2020—2021学年两班制学校为 5 053 所，占学校总数的 72.6%，比上年同期增长 3%。在所有学校中只有 1 744 所，即 25%，能实现一班制。哈萨克斯坦全国实行两班制比率最高的是直辖市及其南部人口稠密地区，如阿拉木图（92.2%）、阿斯塔纳（90%）、奇姆肯特（81.9%）以及图尔克斯坦（83.2%）。然而，即使是在人口较少、学位供应相对充足的北哈萨克斯坦州和科斯塔奈州，两班

[1] 阿依提拉·阿布都热依木，朋腾. 哈萨克斯坦教育制度与政策研究 [M]. 北京：人民出版社，2020：51.

[2] Национальный сборник «Статистика системы образования Республики Казахстан»[R]. Нур-Султан: АО «Информационно-аналитический центр», 2022: 82.

[3] 资料来源于哈萨克斯坦司法部法律法规信息系统官网。

制普通中小学的比例也占学校总数的近五成。[1]

近年来，将基础教育学制从十一年制向十二年制转变一直是哈萨克斯坦政府教育改革的重要目标。2010 年发布的《哈萨克斯坦 2010—2020 年国家教育发展规划》（以下简称《规划》）中提出，要将"改革教育内容，转向十二年制"[2] 作为基础教育发展的首要任务。该《规划》计划从 2015 年开始逐步在一、五、十一这三个年级中推行试点，随后再逐步推广至其他年级。按照计划，改革后的学制将转为小学四年、初中六年、高中两年。与此同时，政府确保初中阶段的所有教科书都有相应的电子版本。改革后，高中阶段的必修课数量将会缩减，而与学生未来职业相关的选修课则会增加。

三、基础教育的课程与教材

哈萨克斯坦小学和初中阶段的课程主要分为语言与文学、数学与信息技术、自然、人与社会、技术与艺术、体育六大板块，其中语言与文学又可分为俄语、哈萨克语、母语（乌兹别克语、维吾尔语、塔吉克语教学班级）和文学阅读。高中分科以后，理科生的主修科目为生物、化学、物理和地理，辅修世界历史、法律基础、创业与商业基础、图形与设计；而文科生的主修科目则包含外语、世界历史、地理、法律基础，辅修物理、化学、生物、创业与商业基础。在哈萨克斯坦教育部 2022 年 8 月最新确认的教材清单中，按照语言将中小学教材分为哈萨克语、俄语、乌兹别克语、塔吉克语和维吾尔语五大类别，平均每种类别包含近 300 本教材。大部分教

---

[1] ТЫНЫБАЕВА М., САБЫРҰЛЫ Е. и др. Национальный доклад о состоянии и развитии системы образования республики Казахстан (по итогам 2020 года)[R]. Нур-Султан: Министерство образования и науки Республики Казахстан, АО «Информационно-аналитический центр», 2021: 161.

[2] 资料来源于哈萨克斯坦司法部法律法规信息系统官网。

材来自阿拉木图书籍出版社、梦想出版社、中学出版社以及阿塔穆拉出版社，出版年份集中在 2018—2022 年。

四、基础教育的评价体系

（一）学习成果外部评估测试与学生学业成绩监测测试

学习成果外部评估测试（以下简称评估测试）是哈萨克斯坦教育部门为检测中小学教学水平而组织的测试。该测试始于 2012 年，主要考察对象为基础教育各阶段升学年级的学生。初期，该评估测试只面向九年级学生，在 2016 年推广至四年级学生，2017 年又将十一年级学生也包含在评估对象中。

评估测试的内容根据哈萨克斯坦普通中小学教学大纲制定，因此参加测试的考生必须学习教育部指定的教材。对于四年级的学生而言，测试由两门科目共 30 道选择题组成，考试时长为 75 分钟，满分为 30 分。按照规定，九年级的测试范围可以扩展至四门科目，每门科目设 15 道选择题，其中哈萨克语为必考科目，学生需要在 150 分钟内完成答卷，满分为 75 分。但在实际操作过程中，教育部门可以根据学生情况调整考试内容，如 2019 年九年级的评估测试实际考试科目为两门——哈萨克语和数学，考试时长缩短为 130 分钟。评估测试规定，十一年级的考试内容为三门科目，其中第一门科目包含 20 道单选题，第二、三门考试各 30 道选择题，前 20 道为单选题，后 10 道为多选题，总测试时长为 140 分钟，满分为 100 分。[1] 2019 年，十一年级的评估测试考察了哈萨克语、哈萨克斯坦历史、数学和物理，其中语言和历史为必考项目，数学和物理则根据学校本身的特点选考其中一门即可。

---

[1] 资料来源于哈萨克斯坦国家测试中心官网。

评估测试采取抽查方式，由教育部随机选择考核对象，2019 年哈萨克斯坦全国共有 785 所中小学参加了评估测试，占当年中小学总数的 10.6%。[1]四年级学生可以选择用俄语或哈萨克进行测试，九年级和十一年级的学生除了俄、哈两种语言外还可以选择以塔吉克语、乌兹别克语或维吾尔语进行考试。从最终成绩来看，各年龄段的哈萨克语考生和俄语考生的平均成绩都较为接近，分别为四年级——19.56/20.17（满分 30 分），九年级——39.16/42.15（满分 75 分），十一年级——58.10/56.34（满分 100 分）。相较之下，其他语种的平均成绩则产生了较大的差异，如十一年级的塔吉克语考生平均成绩为 41.94 分，而维吾尔语考生的平均成绩则达到了 81.35 分。[2]这一差异可能与少数民族的考生人数少，成绩相对集中有关。

近年来，哈萨克斯坦社会关于十一年级学生是否应该参加评估测试存在不同的声音。反对人士指出，十一年级的学生除了评估测试以外还要参加相当于高考的全国统一测试和中学结业考试，而且成果评估测试成绩本身只用于教育部门对学校的考核，并不能作为学生个人报考高校的成绩依据，因此对学生自身意义不大。在综合各方意见后，哈萨克斯坦教育部门于 2022 年停止了在基础教育领域实行了近十年之久的评估测试，转而启用新的考核方式——学生学业成绩监测测试（下文简称监测测试）。与原来的评估测试相比，新的监测测试主要有三点变化。首先，新测试只针对四年级和九年级的学生，减轻了十一年级学生的应试负担。其次，监测测试在考试上有所调整，考试的范围相较原来更广了。四年级的测试在保持题目总量不变的基础上，考察语文、数学和自然科学三门科目，其中语文为 10 道选择题、数学 12 道选择题、自然科学 8 道选择题。针对九年级的测试题目数量增加至 75 道选择题，其中哈萨克语、俄语、英语选择题各 10 道，物理、化学、生

---

[1] АМАНГАЗЫ М., НОГАЙБАЕВА Г. и др. Национальный доклад о состоянии и развитии системы образования Республики Казахстан (по итогам 2019 года) [R]. Нур-Султан: Министерство образования и науки Республики Казахстан, АО «Информационно-аналитический центр», 2020: 125.

[2] 资料来源于哈萨克斯坦国家测试中心官网。

物、地理题目各 8 道，外加 13 道数学题。[1] 从考题的设置变化可以看出，新的测试移除了哈萨克斯坦历史这一科目，哈萨克语也从唯一的必考语言项目变成三语考试中的一项。可见，与评估测试相比，监测测试更注重学生的理科素养和各学科均衡发展的能力。最后，新的测试将全部在电脑上进行。与评估测试不向学生个人反馈成绩不同，监测测试的正确答案将在作答后立刻出现在屏幕上，供学生检验自己的学习成果。[2]

（二）哈萨克斯坦中学生在国际学生评估项目中的表现

国际学生评估项目（以下简称 PISA 测试）是经合组织考察世界各国 15 岁学生阅读、数学以及自然科学知识水平的研究项目。PISA 测试每三年举办一届，哈萨克斯坦自 2009 年起已连续参加 5 届评估（见表 5.1）。从整体成绩来看，哈萨克斯坦学生的表现在所有参与国家中处于中等偏下的水平。2009 年，哈萨克斯坦全国各州、直辖市 200 所教育机构共计 5 590 名学生参加了 PISA 测试。测试结果显示，哈萨克斯坦以数学 405 分、自然科学 400 分、阅读 390 分的成绩在参加测评的 65 个国家中居第 59 位。[3] 在随后的几次 PISA 测试中，哈萨克斯坦中学生的能力表现有一定起伏。其中，2015 年的成绩最好，分别为数学 460 分、自然科学 456 分、阅读 427 分，前两者在 72 个参评国家中排名均为 42 位，阅读能力则排到了第 52 位。[4] 而在测试成绩偏低的 2018 年，哈萨克斯坦中学生在数学、自然科学和阅读三科的成绩分别为 423 分、397 分和 387 分，其中后两者甚至低于 2009 年同科目分值。

---

[1] 资料来源于哈萨克斯坦国家测试中心官网。

[2] 资料来源于哈萨克斯坦新闻网站 yk-news.kz。

[3] АМРЕЕВА Т. М., АБДИГАПБАРОВА У. М. и др. Национальный отчет по итогам международного исследования PISA-2009 в Казахстане[R]. Астана: Национальный центр оценки качества образования, 2010: 14, 20.

[4] ЫРСАЛИЕВ С., ҚҰЛТУМАНОВА А. және т.б. «PISA-2015 халықаралық зерттеуінің негізгі нәтижелері» Ұлттық есебі[R]. Астана: Ақпараттық-талдау орталығы, 2017: 25, 34, 41.

2021 年哈萨克斯坦中学生的 PISA 考试成绩较 2018 年有所回升，其中数学上升 24 分，达到 447 分；自然科学成绩上升 11 分，达到 408 分；阅读成绩上升 30 分，达到 417 分。然而这与 2015 年的数值相比仍有一定差距。[1]

表 5.1 2009—2021 年哈萨克斯坦中学生 PISA 测试成绩

年份	2009	2012	2015	2018	2021
数学	405	432	460	423	447
自然科学	400	425	456	397	408
阅读	390	393	427	387	417

　　尽管成绩有一定起伏，但总体而言，哈萨克斯坦中学生的 PISA 成绩大部分时间呈现出数学最优，自然科学知识次之，阅读能力最差的情况。PISA 测试按照考生的答题情况将其阅读能力划分为六个等级，六级为最高等级，而得分低于二级的学生则被视为功能性文盲，即不具备阅读实用文章能力的人。2015 年的 PISA 测试显示，哈萨克斯坦的受试者有 41.3% 的阅读能力在二级以下，而 2012 年这一数字为 57%，[2]2018 年为 64%[3]。由于阅读能力直接影响学生未来整体学习能力，2018 年的 PISA 测试结果引发了哈萨克斯坦社会各界的广泛忧虑。对此，时任哈萨克斯坦教育科学部部长阿斯哈特·阿伊马汗别托夫做出了回应，哈萨克斯坦中学生 PISA 测试成绩下滑的原因在于：首先，哈国中学生未适应新的电脑测试形式；其次，2016 年哈萨克斯坦教育科学部推行的中小学教学大纲改革要在 2024 年前后才能取得初步成效，故不能以 2018 年的测试成绩笼统地否定基础教育改革；最

[1] 资料来源于哈萨克斯坦教育网站 edu.mcfr.kz。

[2] ЫРСАЛИЕВ С., ҚҰЛТУМАНОВА А. және т.б. «PISA-2015 халықаралық зерттеуінің негізгі нәтижелері» Ұлттық есебі[R]. Астана: Ақпараттық-талдау орталығы, 2017: 32.

[3] 资料来源于哈萨克斯坦新闻网站 forbes.kz。

后，由于参加测试的学生普遍都是 7 岁入学，相比于其他国家 6 岁入学的同龄人实际上少学习了一年，因此在考核中处于劣势。[1] 2021 年，哈萨克斯坦中学生 PISA 测试的阅读成绩首次超过自然科学，不再是垫底科目，可见教育部门采取的措施取得了一定效果。对比上文提到的学习成果外部评估与学生学业成绩监测测试可知，后者以语言、数学和自然科学为主要考核项目，更接近 PISA 测试的考察范围，因此也是哈萨克斯坦基础教育的改革方向。可以预见，PISA 测试在未来还会为哈萨克斯坦基础教育的发展和改革提供更多的参考依据。

（三）履行高考职能的全国统一测试

对于基础教育阶段的学生而言，高考成绩是评价其学习效果的依据，同时也是国家选拔人才的参照标准，因此具有尤为重要的意义。哈萨克斯坦的高考被称为全国统一测试，最初产生于 2004 年。

根据哈萨克斯坦政府的规定，全国统一测试主要面向中等教育机构的应届毕业生，即十一或十二年级的学生开展。除此以外，往届中专、职业技术学校的毕业生，在海外上学的中学生，乃至非哈萨克斯坦公民的哈萨克人都有资格参加这一测试。对于应届高中毕业生而言，每年有三个时段可以参加全国统一测试，分别为 1 月 10 日至 2 月 10 日，3 月 1 日至 3 月 31 日，以及 5 月 16 至 6 月 5 日。然而，值得注意的是，1 月和 3 月举行的考试可以供学生进行模拟，如果学生希望获得国家或地方政府的奖学金，则只能参加 5 月 16 日至 6 月 5 日期间举行的统一测试，此外，如果考生落榜，在 8 月还将获得一次补考机会。

根据规定，参加哈萨克斯坦全国统一测试需缴纳 4 230 坚戈（约合人民

---

[1] 资料来源于哈萨克斯坦新闻网站 informburo.kz。

币70元）的报名费用，考试时间为4小时，考试内容为120道选择题。考试的科目为三门必修科目加两门选修科目。其中，必修科目为基础数学、基础阅读和哈萨克斯坦历史，选修科目有12组方案，考生可根据大学专业方向进行选择，如准备报读生化专业的学生须选择"生物 + 化学"，而有志报读文学系的学生则应该选择"俄语 + 俄罗斯文学"或"哈萨克语 + 哈萨克文学"。不同的大学视专业情况对学生的统一测试成绩有不同的要求，相较而言，要求最高的是法律专业和教育学专业，二者要求学生的国家统一测试成绩超过75分方可录取。[1]

2020年6—7月共有105 625名哈萨克斯坦高中毕业生参加了国家统一测试，其中有三分之一的人没有通过测试。测试的总分为140分，2020年考生的平均得分为64.6分，为2018年以来的最低值。从2020年的结果来看，以英语接受教育的学生在统一测试上的表现要明显优于以俄语和哈萨克语接受教育的学生，前者的平均分高达94.88分，而后两者则分别为67.21分和67.73分。城市和乡村考生的平均成绩也有较大的差异，前者平均分为69.45分，后者为64.98分。[2]

尽管考生的成绩并不尽如人意，但哈萨克斯坦国家统一测试自实施以来实现了其首要目的——实现教育公平，为优秀的学生顺利进入高等学府创造条件。在哈萨克斯坦高等教育的文凭是毕业生顺利就业的重要保障。经合组织的一份调查显示，2018年哈萨克斯坦学士应届毕业生的平均工资是高中毕业生的两倍以上，而失业率则只有后者的一半。不仅如此，哈萨克斯坦的教育回报率要明显高于经合组织国家的平均值，2017年的数据显示，哈萨克斯坦公民每多接受三年教育薪酬便可增加22%，而经合组织国家

---

[1] 资料来源于哈萨克斯坦国家测试中心官网。

[2] ТЫНЫБАЕВА М., САБЫРҰЛЫ Е. и др. Национальный доклад о состоянии и развитии системы образования республики Казахстан (по итогам 2020 года)[R]. Нур-Султан: Министерство образования и науки Республики Казахстан, АО «Информационно-аналитический центр», 2021: 99.

这一数据的平均值为 18%。[1] 作为高等教育机构入学的参考依据，哈萨克斯坦国家统一测试不仅保障了教育公平，同时还是奖学金发放的依据，对国家的人才培养和学生自身发展都具有重要意义。

第二节 基础教育的特点和经验

一、基础教育的特点

基础教育是哈萨克斯坦教育发展的重要环节，它的发展特点既反映了哈国的国情，同时也体现了哈国的教育理念。

（一）大力发展小型学校与乡村基础教育

小型学校是哈萨克斯坦较有代表性的一种基础教育模式。小型学校的最大特点是在校人数少，没有平行班。这类学校大多分布在哈萨克斯坦乡村地区，通过将几个班的学生集合到一个班级来实现教育资源利用最大化。小型学校和哈萨克斯坦普通中小学一样包含小学、基础学校和普通教育学校三类。其中，属于小型学校的小学通常有 5—40 名学生，基础学校有41—80 名学生，普通教育学校有 81—180 名学生。[2]

哈萨克斯坦独立后，小型学校的数量变化经历了三个阶段。第一个阶段为 1995—2005 年，这一时期，小型学校的数量从 1995 年的 3 893 所上升至 2005 年的 4 432 所，增长了 13%。第二阶段为 2005—2010 年，这一时期

---

[1] 资料来源于经济合作与发展组织官网。

[2] 资料来源于哈萨克斯坦司法部法律法规信息系统官网。

为小型学校发展的稳定期。学校的总体数目并未发生明显的变化，2010 年仍有 4 225 所小型学校，其中小型普通教育学校的数量比 2005 年有小幅增加。第三阶段为 2010 年至今，这一时期为小型学校数量的下降期。自 2010 年开始，小型学校的数目开始急剧减少，2015 年为 3 161 所，2020 年降至 2 833 所。[1]2021 年的最新数据显示，哈萨克斯坦有小型学校 2 753 所，其中农村小型学校 2 725 所，占总数的 99%；在校人数 192 679 人，其中 98.7% 为农村学生。[2]

小型学校数量的升降与哈萨克斯坦独立之后基础教育的发展趋势正好呈现出相反的走向。在独立之初，中小学数量急剧减少，小型学校的数量快速增长，而当哈萨克斯坦基础教育进入恢复周期时，小型学校的数量却在减少。这一方面说明小型学校对哈萨克斯坦的基础教育起到的是补充功能，另一方面也体现出选择小型学校是政府"不得已而为之"的无奈之举，一旦条件允许，政府就会采取措施关停或对小型学校进行整改、合并。

的确，单从功能来看，小型学校无法为学生提供良好的学习环境。一方面，由于缺乏师资，学校通常要将不同年级的学生安排在同一个班上课，这样教师在为一批学生上课时，另一批学生不得不等待，难以获得完整、系统的教育。另一方面，小型学校的教学工作对教师而言是巨大的挑战。由于没有平行班，教师往往需要同时教授多门科目，这无疑加大了教师的工作量。因此，从理论上来看，哈萨克斯坦未来基础教育的发展目标应该是从根本上减少，甚至完全关停小型学校。然而，从目前的情况来看，小型学校不仅难以消除，甚至连关闭小型学校这一举动都引起了巨大争议。

[1] НУРБАЕВ Ж. Неравенство в системе среднего образования: анализ политики реформирования малокомплектных школ республики Казахстан [R]. Алматы: Фонд Сорос-Казахстан, 2021: 8.

[2] Национальный сборник «Статистика системы образования Республики Казахстан»[R]. Нур-Султан: АО «Информационно-аналитический центр», 2022: 99-100.

小型学校过去和现在都在乡村教育中发挥着至关重要的作用。哈萨克斯坦独立之初，教育领域受到极大打击，首当其冲的便是乡村地区的基础教育。由于中小学数量断崖式下跌，农村的学龄儿童曾一度面临失学的困境，文盲率也有上升的趋势。这一时期，正是小型学校的出现维护了哈萨克斯坦全国的识字率，保障了农村地区儿童最基本的受教育权利。除此以外，在哈萨克斯坦城市化的浪潮之下，小型学校还被赋予了新的意义。从数据来看，促使小型学校产生的根本原因并不是单纯的教学条件落后，而是人口稀少且分散。因此政府整编小型学校时，往往需要把儿童集中至更远的寄宿制学校，造成儿童与家庭环境的脱离。与此同时，对很多村庄而言，村民的下一代被送往更远的市镇上学习也就意味着未来将有更少的人留在村庄，因此，也有专家提出"关闭一家小型学校就是关闭一座村庄"[1]的观点。2021 年，小型学校仍然占乡村学校的一半以上（52.8%），[2] 是哈萨克斯坦基础教育的重要组成部分。小型学校的变化折射出哈萨克斯坦基础教育的发展轨迹，是哈国在面对教育问题时采取对策的生动模板，反映出哈国基础教育的特色。

（二）三语为主、多语并重的教学模式

以哈、俄、英三语为主要教学语言，同时兼顾其他少数民族语言的教学模式是近年来哈萨克斯坦基础教育发展的主要趋势，这一局面的形成首先源于哈萨克斯坦政府三语政策的实施和推广。

2004 年，哈萨克斯坦首次提出三语政策这一构想。2012 年，《哈萨克斯坦（2050 年）》战略阐述了三语政策。鉴于《哈萨克斯坦（2050 年）》是

---

[1] 资料来源于哈萨克斯坦新闻网站 vlast.kz。

[2] Национальный сборник «Статистика системы образования Республики Казахстан»[R]. Нур-Султан: АО «Информационно-аналитический центр», 2022: 60, 97.

哈萨克斯坦最为重要的中长期战略，落实三语政策实际上成为其未来教育的主要目标。为实现这一目标，2015年哈萨克斯坦教育科学部颁布了《哈萨克斯坦共和国2015—2020年三语教育发展路线图》（以下简称《三语教育发展路线图》）。《三语教育发展路线图》规定于2020—2021年在中小学中实施三语教学计划，即在非哈语授课的教育机构中用哈萨克语教授哈萨克斯坦历史，在非俄语授课的教育机构中用俄语教授世界历史，同时高年级学生的信息技术、物理、化学、生物等自然科学课程采取英语授课模式。[1] 2016年哈教育科学部继续颁布了《哈萨克斯坦共和国2016—2019年国家教育和科学发展规划》，并指出，为实现向三语教学的过渡，"2017—2018学年开始后已有153所中小学机构以试点的形式用英语教授部分自然科学科目，379所学校开始在授课时引入英语元素。同一时间共有2 206所哈萨克斯坦中小学开展三语教学"。[2] 为了配合三语教学政策，哈萨克斯坦教育部门对中小学的教材也进行了更新，于2017—2022年陆续出版了七至十一年级数学、信息技术、物理、化学、生物的英文版教科书。

尽管国家为推行三语教学做了大量的准备工作，但实际上要在教学活动中实现三门语言齐头并进仍有相当的难度。目前，英语授课的结果还未能在教育部门的统计数据上得到体现，这一方面是由于英语授课只局限于部分年级的部分科目，难以在统计数据上显示出来，另一方面也是因为英语授课存在实际困难，在推行期间并未如政府预期的那样顺利。以上文提到的《三语教育发展路线图》为例，在《三语教育发展路线图》发布之初，曾规定应当于2018—2019年在全国推行三语授课，[3] 但最新版的《三语教育发展路线图》已将这一时间改成了2020—2021年，甚至超过了《三语教育发展路线图》自身的年限范围。

---

[1] 资料来源于哈萨克斯坦教育网站vku.edu.kz。
[2] 资料来源于哈萨克斯坦司法部法律法规信息系统官网。
[3] 施越. "全球视野"中的哈萨克斯坦：经贸、医疗与人文新观察[M]. 北京：新华出版社，2020：187.

从 2021 年统计的数据来看，哈萨克语和俄语依然是哈萨克斯坦基础教育中最主要的教学语言。2021 年，哈萨克斯坦共有全日制公立普通教育学校 6 942 所，其中有 3 738 所（53.8%）以哈萨克语授课，1 121 所（16.1%）以俄语授课，2 075 所（29.9%）以俄哈双语授课，8 所以维吾尔语授课。[1] 与 2020 年相比，哈萨克语授课的学校数增加了 5 所，俄语授课的学校下降了 31 所，双语授课的学校增加了 28 所。[2] 这一变化在很大程度上源于哈萨克族人口在全哈人口中比例不断上升，以及国家对哈萨克语国语地位的推崇。

长远来看，三语教学政策既符合哈萨克斯坦以哈萨克语为国语、俄语为族际交流语的国情，同时有助于提高学生的竞争力，帮助他们更好地融入国际社会。然而，目前该政策在推广过程中仍面临不少困难，其中最大的阻力来自英语授课。原因在于，一方面，自然科学类学科的教师毕竟不是英语教师，无法在短时间内实现英语授课；另一方面，学生的英语水平离听懂自然科学类学科的英语课还有一段距离。2017 年哈萨克斯坦教育科学部考察了阿拉木图州 10 所学校的十年级学生的英语水平，结果显示，其中 9 所学校学生的英语水平都在 B2 等级以下。[3] 这一结果表明，现阶段在中学实行英语授课的条件还尚未成熟。

（三）因材施教，兼顾残障儿童和天才儿童

为了给每一位儿童和青少年创造适合他们自身的教育条件，哈萨克斯坦的基础教育分别为残障儿童和天才儿童设立了相应的教育机构并提供相

---

[1] Национальный сборник «Статистика системы образования Республики Казахстан»[R]. Нур-Султан: АО «Информационно-аналитический центр», 2022: 63.

[2] ТЫНЫБАЕВА М., САБЫРҰЛЫ Е. и др. Национальный доклад о состоянии и развитии системы образования республики Казахстан (по итогам 2020 года)[R]. Нур-Султан: Министерство образования и науки Республики Казахстан, АО «Информационно-аналитический центр», 2021: 65.

[3] БИЖКЕНОВА А. Е., БУЛАТБАЕВА К. Н., САБИТОВА Л. С. Английский язык в Казахстане: методологические основы[M]. Астана: Мастер По, 2017: 31-32.

关法律法规的保障，体现了哈国基础教育的人文关怀。

在保护残障儿童及青少年权益方面，哈萨克斯坦基础教育体系通过开设特殊学校、出版专门教材以及在普通中小学推广全纳教育的方式尽可能地为有特殊教育需求的儿童和青少年提供教育保障。哈萨克斯坦于 2002 年出台了《残障儿童医疗矫治与社会援助法》，该法律明确了残障儿童是指"年龄在 18 周岁以下，因先天或后天疾病、受伤导致身体或心理缺陷，具有限制行为能力的人群"，同时，该法律还规定"无论残疾程度、年龄和社会地位如何，儿童都有获得早教支持和平等教育机会的权利"。[1]《残障儿童医疗矫治与社会援助法》的颁布明确了哈萨克斯坦基础教育在保障残疾儿童教育权利方面的责任与义务，为教育部门在中小学中开展残障儿童教育工作提供了法律依据。除此之外，同年颁布的《哈萨克斯坦共和国儿童权利法》以及《哈萨克斯坦共和国残疾人社会保护法》进一步强调了地方政府在保障残疾儿童教育权上的义务，为向残疾儿童提供高质量的教育和健康服务创造了条件。

为了吸纳残障儿童入学，哈萨克斯坦一方面设置了一批专为满足儿童特殊教育需求存在的学校，另一方面在普通中小学中大力推广全纳教育。

根据哈萨克斯坦教育科学部的规定，基础教育阶段的特殊教育机构可以分为四类：特殊学校、心理医疗教育咨询处、心理教育矫正室和康复中心。2021 年，哈萨克斯坦全国范围内共有特殊学校 100 所。与 2018 年相比，特殊学校的总数没有改变，但学生人数却在逐年上升，由 2018 年的 14 869 人升至 2021 年的 15 238 人，上升幅度为 2.4%。拥有最多特殊学校的州为东哈萨克斯坦州，共有特殊学校 11 所。在直辖市中，阿拉木图设有最多特殊学校，达 18 所。[2]《残障儿童医疗矫治与社会援助法》规定："心理医疗教

[1] 资料来源于哈萨克斯坦司法部法律法规信息系统官网。

[2] Национальный сборник «Статистика системы образования Республики Казахстан»[R]. Нур-Султан: АО «Информационно-аналитический центр», 2022: 215.

育咨询处是通过对儿童进行检查，评估其接受特殊教育的必要程度和所需条件，确定教育方案，并提供心理教育帮助的教育机构。"[1] 儿童进入特殊学校就读需要由其父母提交申请，同时附上心理医疗教育咨询处的证明。2021年，哈萨克斯坦共有心理医疗教育咨询处 81 所，比上年增加 15 所，增长率为 22.7%，共为 151 303 人提供了咨询服务，比上年增长 13 901 人，增长率为 10.1%。此外，2021 年哈萨克斯坦心理教育矫正室的数目相较上一年也有一定幅度的上升，数量为 194 所，较 2020 年增长 10.2%，服务人数 17 569人，较上年增长 19.9%。与之相反，2021 年哈萨克斯坦全国的康复中心数量较上年下降了 1 所，降至 18 所，中心人数大幅减少，由 2020 年的 8 168 名降至 2 196 名。[2] 康复中心人数的下降与病人的康复情况、人员流动以及转而选择则其他特殊教育机构都有一定关系。

近年来随着出生率的增长以及婴儿存活率的提升，哈萨克斯坦残障儿童的数量也在不断增加，仅 2018—2020 年，哈国的残障儿童就增加了 8 697人，增长率达到 8.8%。[3] 为了满足残障儿童的教育需求，哈萨克斯坦正在推广全纳教育，即鼓励普通中小学接纳残障儿童，并满足他们的特殊教育需求。2021 年，在哈萨克斯坦全国 6 942 所全日制公立中小学中共有 5 674 所为有特殊教育需求的儿童创造了条件，占学校总数的 81.7%。其中全纳学校比例最高的为首都阿斯塔纳市，达到学校总数的 96.8%。截至 2021 年，哈萨克斯坦 7—18 岁人群中的残障人士数量为 106 284 人，其中有 46 369 人通

[1] Национальный сборник «Статистика системы образования Республики Казахстан»[R]. Нур-Султан: АО «Информационно-аналитический центр», 2022: 216.

[2] Национальный сборник «Статистика системы образования Республики Казахстан»[R]. Нур-Султан: АО «Информационно-аналитический центр», 2022: 216.

[3] ТЫНЫБАЕВА М., САБЫРҰЛЫ Е. и др. Национальный доклад о состоянии и развитии системы образования республики Казахстан (по итогам 2020 года)[R]. Нур-Султан: Министерство образования и науки Республики Казахстан, АО «Информационно-аналитический центр», 2021: 79.

过全纳教育的形式接受基础教育，占残障儿童总数的 43.6%。[1] 为了使残障儿童更好地学习，哈萨克斯坦教育部门专门组织编写了供视力障碍和智力障碍儿童使用的教材。

哈萨克斯坦基础教育的包容性不仅体现在对残障儿童的关怀上，同时反映在其对高智商儿童的培养上。1996 年 5 月，哈萨克斯坦发布了关于"国家支持发展天才儿童学校"的总统令。作为这一文件的成果，哈萨克斯坦达伦国家科学与实践中心应运而生。"达伦"在哈萨克语里有"天赋"之意。达伦国家科学与实践中心是哈萨克斯坦教育科学部直属机构，其目的是创建一个统一的现代系统，用于识别、开发和实现哈萨克斯坦天才儿童的潜力和创造能力。自 1998 年成立以来，达伦国家科学与实践中心共承办了六届国际奥林匹克竞赛。截至 2020 年，中心筛选和培养出的哈萨克斯坦参赛选手在国际奥林匹克竞赛上共获得金牌 2 241 枚、银牌 3 266 枚、铜牌 4 763 枚。哈萨克斯坦在参赛国家中的排名也从 1998 年的第 50 位上升至 2017 年的第 10 位。[2]

二、基础教育的经验

（一）以人均资助的方式促进基础教育发展

所谓的人均资助是指将国家财政拨款换算成单个学生每月的学费开支，按人头数拨付给学校，这一形式的国家财政支出又被称为"国家教育订单"。人均资助的财政拨款模式最早于 2013 年 9 月 1 日开始在哈萨克斯坦的中小

---

[1] Национальный сборник «Статистика системы образования Республики Казахстан»[R]. Нур-Султан: АО «Информационно-аналитический центр», 2022: 70-71.

[2] 资料来源于达伦国家科学与实践中心官网。

学中试行。最初的 63 所试点学校分布于阿克莫拉、阿克托别、东哈萨克斯坦和南哈萨克斯坦这 4 个州以及直辖市阿拉木图。[1] 在试行的前几年，人均资助模式只限于公立学校，2019 年起私立中小学也获得了通过人均资助享受政府财政补贴的机会。当年，446 所公立学校和 108 所私立学校接受了政府的国家教育订单。以卡拉干达州为例，2019 年该州共有 9 所私立学校以一至四年级每人每月 15 510 坚戈、五至九年级每人每月 20 055 坚戈、十至十一年级每人每月 23 359 坚戈的标准接受了共计 1 283 个名额的人均资助。[2] 2020 年，哈萨克斯坦共有 1 584 所公立中小学和 203 所私立中小学通过国家教育订单获得人均资助，其中阿拉木图市以 200 所公立学校和 52 所私立学校位于资助名单的榜首。[3] 人均资助的形式对于实现精准财政补贴，促进公立学校和私立学校的良性竞争均有一定作用。对于公立学校而言，人均资助的财政拨款可以用于校舍维修、更新教学设备等多种活动。与政府一次性财政拨款不同，人均资助需要学校根据实际需要资助的项目再乘以在校人数相应的参数提前申报，经审批后方可使用。因此，与常规拨款相比，人均资助的形式更加贴合学校的实际需求。对于私立学校而言，人均资助起到了奖学金的作用，便于其吸引优秀的学生前来就读，从而与公立学校形成良性竞争。

（二）规范中小学心理辅导机制，保障少年儿童的心理健康

哈萨克斯坦基础教育重视对学生心理健康的保障。2022 年最新颁布的《基础教育机构心理咨询行为规定》指出，"基础教育机构的心理辅导团队

---

[1] НУРБАЕВ Ж. Неравенство в системе среднего образования: анализ политики реформирования малокомплектных школ республики Казахстан[R]. Алматы: Фонд Сорос-Казахстан, 2021: 15.

[2] 资料来源于哈萨克斯坦司法部法律法规信息系统官网。

[3] ТЫНЫБАЕВА М., САБЫРҰЛЫ Е. и др. Национальный доклад о состоянии и развитии системы образования республики Казахстан (по итогам 2020 года)[R]. Нур-Султан: Министерство образования и науки Республики Казахстан, АО «Информационно-аналитический центр», 2021: 70.

必须由一名副职领导（校长级别），一名具有心理学背景的教师（视人员配置表而定）以及一名校外心理学专家组成"，[1] 规定以法律的形式确保了中小学的心理辅导团队配置。2020 年，共计有 7 724 名心理学专家在公立中小学工作，超过 11 000 名儿童维权人士为中小学进行了 1 876 场心理咨询服务。此外，哈萨克斯坦全国范围内还有 2 539 所心理咨询室，其中有 858 所位于城市，1 681 所位于农村地区。[2] 农村地区的心理咨询室数量占比达到 66%，其中一个主要的原因是乡村中小学的数目更多，也更分散，需要大量的心理咨询师来保障少年儿童的心理健康。考虑到现有的心理咨询队伍在专业素养上仍然难以满足中小学的需求，2021 年政府通过人均资助计划为 1 000 名校内心理咨询教师提供了职业技能培训，另有 500 名校内心理咨询教师参加了短期培训课程。[3]

（三）积极组织课外活动，丰富学生课余生活

哈萨克斯坦基础教育体系重视对学生课外活动的组织和安排，将其视为培养学生兴趣爱好、发展学生能力的重要环节。根据哈萨克斯坦教育部门的定义，课外活动又被称为"补充教育"。2015 年哈萨克斯坦教育科学部教学法研究中心的报告指出："儿童补充教育是普通中等教育的一部分，旨在通过满足个人或团体的教育需求，为其有意识地开展职业活动和社会活动做准备，同时培养青年一代参与国家生产、文化生活的能力。"[4] 报告还提

---

[1] 资料来源于哈萨克斯坦司法部法律法规信息系统官网。

[2] ТЫНЫБАЕВА М., САБЫРҰЛЫ Е. и др. Национальный доклад о состоянии и развитии системы образования республики Казахстан (по итогам 2020 года)[R]. Нур-Султан: Министерство образования и науки Республики Казахстан, АО «Информационно-аналитический центр», 2021: 174.

[3] Национальный сборник «Статистика системы образования Республики Казахстан»[R]. Нур-Султан: АО «Информационно-аналитический центр», 2022: 295, 300.

[4] Дополнительное образование детей в Республике Казахстан: состояние и перспективы развития[R]. Астана: Республиканский учебно-методический центр дополнительного образования, 2015: 116.

出要对普通教育机构和课外教育机构实施国家财政资助，以确保学生拥有平等参与课外活动的权利。

　　哈萨克斯坦在课外教育活动开展上有丰富的经验，其最早的课外教育组织可追溯到 1919 年。苏联时期，哈萨克斯坦建立了完整的课外活动教育网，凭借免费和高覆盖率的优势为提高青少年的文化素养发挥了重要作用。独立后，哈萨克斯坦积极建设课外活动教育网络，发展出类型多样的课外教育组织，如少年宫、少年旅行者俱乐部、小发明家俱乐部、少年博物学家俱乐部、音乐学校、艺术学校、大院俱乐部、健康夏令营等。课外教育活动的网络以国家资助的教育机构为主，2014 年哈萨克斯坦共有 833 所课外教育组织，其中私人组织 106 所，覆盖人数 6 979 人，仅占当时中小学生人数的 2.1%，是公立课外活动组织覆盖人数的十分之一左右。[1] 研究机构的调查结果显示，参加课外活动对提高学生成绩有直接影响，如果说学生的平均成绩为 3.93（满分 5 分）的话，那么参加一个课外活动班的学生的平均成绩为 4.07，两个则为 4.14。[2] 近几年来，公、私两种类型的课外活动组织都得到了快速发展。2021 年，哈萨克斯坦共有 1 523 个公立课外活动组织，覆盖人数达 105.87 万人。[3] 在哈萨克斯坦西北部地区，由于人口密度相对较低，公立课外活动组织的覆盖率相对较高，通常在 50% 以上，在南部图尔克斯坦州以及阿拉木图等人口稠密地区，私立课外活动组织蓬勃发展，为学生和家长提供更多选择。

　　[1] Дополнительное образование детей в Республике Казахстан: состояние и перспективы развития[R]. Астана: Республиканский учебно-методический центр дополнительного образования, 2015: 137.

　　[2] АТАНАЕВА М., АМАНҒАЗЫ М. и др. Национальный доклад о состоянии и развитии системы образования Республики Казахстан (по итогам 2018 года)[R]. Нур-Султан: Министерство образования и науки Республики Казахстан, АО «Информационно-аналитический центр», 2019: 84.

　　[3] Национальный сборник «Статистика системы образования Республики Казахстан»[R]. Нур-Султан: АО «Информационно-аналитический центр», 2022: 236.

第三节 基础教育的挑战和对策

尽管哈萨克斯坦的基础教育体系正在逐步得到完善，也积累了基本适合其国情的办学经验，但目前在基础教育方面哈萨克斯坦仍然面临不少挑战。

一、基础教育的挑战

（一）中小学入学名额短缺

在哈萨克斯坦，名额短缺仍然是教育系统亟待解决的首要问题。根据哈萨克斯坦政府部门预测，由于人员流动和近几年高出生率造就的婴儿潮，到 2025 年哈萨克斯坦中小学的入学名额缺口将达到 67 万个。[1] 哈萨克斯坦南部地区的中小学名额短缺情况最为严重，2020 年的数据显示，图尔克斯坦州的中小学学位缺口为 47 881 个，阿拉木图为 32 892 个，分别占当年哈萨克斯坦全国学位缺口总数的 18% 和 12.4%。[2] 学位短缺导致中小学不得不招收超出原定计划两倍乃至三倍的学生，于是两班制、三班制的授课方式应运而生。近年来，哈萨克斯坦教育部门一直将减少三班制的学校视为基础教育发展的首要目标之一，投入了大量的经费兴修中小学。然而，学校的落成速度依然赶不上学生的增长速度。2015—2021 年，三班制中小学的数量和在校生人数连续多年呈上升趋势，从 2015 年的 87 所学校，110 500 名在校学生，上升至 2021 年的 169 所学校，301 400 名在校学

---

[1] 资料来源于哈萨克斯坦总理办公室官网。

[2] ТЫНЫБАЕВА М., САБЫРҰЛЫ Е. и др. Национальный доклад о состоянии и развитии системы образования республики Казахстан (по итогам 2020 года)[R]. Нур-Султан: Министерство образования и науки Республики Казахстан, АО «Информационно-аналитический центр», 2021: 163.

生。7 年时间内该类学校数目增长了近一倍，学生数目增长了近三倍。[1]

入学名额短缺所造成的多班制现象给家长、学生以及教师都带来了困扰。根据多班制的时间安排，学生会在一天中的不同时段（上午、下午甚至晚上）上课。这样的时间设置带来了一系列负面的连锁反应。首先，两班制和三班制的上课时间极大增加了家长接送学生的难度，为此不少家长不得不专门向工作单位请假。其次，密集的排班给学校的基础设施带来了一定压力。无论是两班制还是三班制都会导致学校在中午换班时间内涌入大量的学生，不仅会造成学校的食堂、教室、图书馆等公共场所的拥堵，也不利于学生的安全。最后，多班制极大地增加了教师的工作量，分散了教师的注意力，从而导致教育质量下降。

（二）农村地区师资水平相对较低，城乡教育差异较大

哈萨克斯坦的农村中小学以 44.2% 的学生数量占有 57.5% 的全国教职人员。[2] 如果仅从师资数量来看，农村地区中小学要优于城市地区。然而，大量的研究数据表明，教师的职业水平高低而非数量多少决定了学生的成绩。在这方面，哈萨克斯坦城乡地区的差异较为明显。2021 年，哈萨克斯坦城市地区公立中小学共有教职人员 154 602 人，其中有 92.5% 的教职人员具有高等或高等以上学历，7.5% 的教职员工具有职业技术学校学历。与此同时，农村地区公立学校共有中小学教职员工 209 575 人，其中 90.2% 具备高等或高等以上学历，较城市地区低 2.3%，9.7% 具备职业技术学校学历，较城市地区

---

[1] Национальный сборник «Статистика системы образования Республики Казахстан»[R]. Нур-Султан: АО «Информационно-аналитический центр», 2022: 86.

[2] Национальный сборник «Статистика системы образования Республики Казахстан»[R]. Нур-Султан: АО «Информационно-аналитический центр», 2022: 61, 128, 129.

高 2.2%。[1] 也就是说，农村地区的高学历教师要低于城市，而中等学历的教师要高于城市。在农村中小学中，小型学校的师资状况最不容人乐观。正如上文所提到的，绝大多数小型学校都分布在哈萨克斯坦的偏远乡村地区，是哈国欠发达地区基础教育工作的主要承担者。2021 年的数据显示，小型学校具有高等或高等以上学历教师的比例为 82.9%，[2] 远低于城市和农村的平均值。2019—2020 学年，具有高等或高等以上学历的教职工比例在城市、农村和小型学校中分别为 91%、88.6% 和 81.5%。[3] 比较可知，虽然中小学教师的专业水平总体在提升，然而城乡之间的差距却几乎没有发生改变。

除了师资以外，城乡两地学生在各类考试成绩上也存在较大差距。2019年全国统一测试成绩显示，高分段，即得分为 100—140 之间的考生比例，在城市地区为 28.56%，而在农村地区则为 20.6%，[4] 相差近 8%。此外，近年来九年级学生的评估测试结果显示，2012—2018 年城市地区和农村地区学生的成绩差距在不断加大，从 2012 年的 1.82 分上升至 2018 年的 7.08 分。[5]

（三）向十二年制学制转变面临一定困难

将学制从十一年制转向十二年制是近年来哈萨克斯坦基础教育改革的一项重要内容，改革的初衷在于通过延长学习时间来减轻学生的负担，为教师提供更多的工作岗位。同时，十二年学制也意味着哈萨克斯坦的基础教育将更好地与国际通行的标准接轨。

---

[1] Национальный сборник «Статистика системы образования Республики Казахстан»[R]. Нур-Султан: АО «Информационно-аналитический центр», 2022: 128-129.

[2] Национальный сборник «Статистика системы образования Республики Казахстан»[R]. Нур-Султан: АО «Информационно-аналитический центр», 2022: 103.

[3] НУРБАЕВ Ж. Неравенство в системе среднего образования: анализ политики реформирования малокомплектных школ республики Казахстан[R]. Алматы: Фонд Сорос-Казахстан, 2021: 18.

[4] 资料来源于哈萨克斯坦国家测试中心官网。

[5] 资料来源于哈萨克斯坦国家测试中心官网。

然而，在向十二年学制过渡的过程中政府也不可避免地遇到一些困难。首先，从十一年制向十二年制过渡的阶段势必会导致哈萨克斯坦全国大学入学人数大幅下降。尽管政府试图采取分批次转化的方式避免大学生源在某一年出现断崖式下跌，可一旦开始施行转换，哈萨克斯坦全国的大学的入学人数将在相当一段时间内低于当前数值。其次，正如前文所提到的，目前哈萨克斯坦中小学面临的主要挑战是入学名额不够、教师人手不足的问题。在这种情况下，将原本十一年的学制延长至十二年，对于师资和场地都已过载的学校而言，非但不是解决失业的良方，反而会进一步加重学校的负担。再次，转变教学体制意味着要对教学大纲和教科书进行重新编排审定，这对整个基础教育系统都将是一个不小的考验。2022 年 8 月教育部最新审定的教材清单中仍未出现十二年级的课本，然而按计划 2023 年哈萨克斯坦就将全面推行基础教育十二年学制，如此一来新的学制必将面临教材和教学大纲方面的问题。最后，哈萨克斯坦的基础教育以公费为主，延长一年学制将对政府财政造成不小的负担。对于家庭而言，十二年的学制也在一定程度上增加了家庭支出。

二、基础教育的对策

（一）加快中小学建设，鼓励私立学校发展

为了应对不断增长的学龄儿童数量，政府采取了多种措施加快中小学的建设。2016—2019 年，哈萨克斯坦政府投入超过一万亿坚戈，新建 342 所中小学。2023—2025 年，政府预计将在教育领域投放 7.37 万亿坚戈的财政

预算。[1] 按计划，到 2025 年，政府将在现有的基础上再增加 800 所中小学。[2]除了兴修学校以外，哈萨克斯坦政府还对符合条件的建筑物加以改造，使其成为中小学校舍，以便在短时间内增加学校的数量。这一方法在小型学校的建设中得到广泛运用。2021 年，哈萨克斯坦 2 753 所小型学校中有 929 所为其他建筑改建而成，占小型学校总数的 33.74%。[3] 发展私立中小学也能在一定程度上缓解入学名额的短缺问题。虽然私立学校在哈萨克斯坦基础教育中的占比不高，却在近年来发展迅速。2018 年哈萨克斯坦全国范围内共有私立中小学 138 所，在校学生 28 074 人，[4] 到了 2021 年私立中小学已经增至 377 所，在校学生也上升至 107 021 人。在短短的三年时间里，私立学校的数量增长了 1.7 倍，人数增长了 2.8 倍，显示出其巨大的发展潜力。未来，哈萨克斯坦政府承诺将通过人均资助的形式进一步促进私立中小学的发展。

（二）提高农村中小学教师职业技能，加强农村学校信息化建设

为了提高教师的专业水平，哈萨克斯坦成立了沃尔列乌国家职业技能发展中心。"沃尔列乌"在哈萨克语中有"提升、攀登"的意思，该中心专门面向教师群体设立，在哈萨克斯坦全国设有 17 个分支机构，拥有 250 名专家学者组成的导师团队，为 681 304 名教师提供了职业技能方面的培训。[5]对于农村地区的教师而言，沃尔列乌职业技能发展中心的优点在于提供线

---

[1] 资料来源于哈萨克斯坦新闻网站 newtimes.kz。

[2] 资料来源于哈萨克斯坦共和国总理办公室官网。

[3] Национальный сборник «Статистика системы образования Республики Казахстан»[R]. Нур-Султан: АО «Информационно-аналитический центр», 2022: 104.

[4] ТЫНЫБАЕВА М., САБЫРҰЛЫ Е. и др. Национальный доклад о состоянии и развитии системы образования республики Казахстан (по итогам 2020 года)[R]. Нур-Султан: Министерство образования и науки Республики Казахстан, АО «Информационно-аналитический центр», 2021: 69.

[5] 资料来源于哈萨克斯坦沃尔列乌职业技能发展中心官网。

上课程、教学法的电子信息库以及线上图书馆。2021 年，一份对农村地区中小学教师的调查显示，有 31% 的受访者参加过沃尔列乌国家职业技能发展中心组织的培训活动。[1] 此外，哈萨克斯坦政府于 2021 年 11 月 12 日颁布的第 561 号总统令规定实行教师资格认证制度。按照规定，教师每五年必须参加一次职业资质考试，以确保其专业能力符合国家的需求。

　　线上培训不仅有助于偏远农村地区教师提高教学能力，同时也可服务于农村中小学的学生，为其提供精品课程，缩小城乡教育的差距。然而，要实现这一目的，首先需要完成农村学校的信息化建设。为此，哈萨克斯坦教育部门近年来加快了农村中小学基础网络设施的建设，通过网络提速使农村地区学生的网速从低速逐渐提升至中速。数据显示，农村和城市地区使用低速网络学生比例的差距，由 2019—2020 学年的农村 20.7% 比城市 10.1%，缩小至 2020—2021 学年的农村 17.2% 比城市 8.2%，差值缩小了 1.6%。2019—2020 年的数据显示，城市地区使用中速网络的中小学生占比为 53.6%，农村地区为 52.8%，城市地区高 0.8%；到 2020—2021 学年，这一差距得以逆转，农村地区的数值增加到 53%，反超城市地区 0.9%。[2] 此外，哈萨克斯坦政府还加大了对小型学校数字化改造的支持力度。数据显示，2021 年在全哈 2 753 所小型学校中，有 2 752 所设置了互联网端口，小型学校共有电脑等其他数字化设备 91 614 台，平均每台电脑的使用人数为 2.1 人。相较哈萨克斯坦全国中小学平均每台电脑 4 人的使用量，小型学校在电脑的配置上要高于全国平均水平。[3]

[1] НУРБАЕВ Ж. Неравенство в системе среднего образования: анализ политики реформирования малокомплектных школ республики Казахстан[R]. Алматы: Фонд Сорос-Казахстан, 2021: 20.

[2] ТЫНЫБАЕВА М., САБЫРҰЛЫ Е. и др. Национальный доклад о состоянии и развитии системы образования республики Казахстан (по итогам 2020 года)[R]. Нур-Султан: Министерство образования и науки Республики Казахстан, АО «Информационно-аналитический центр», 2021: 204.

[3] Национальный сборник «Статистика системы образования Республики Казахстан»[R]. Нур-Султан: АО «Информационно-аналитический центр», 2022: 90, 94, 97.

（三）统一课程标准，为学制转换做准备

《哈萨克斯坦共和国十二年制基础教育构想》中将学制转换工作分为以下八个方面：（1）制定十二年制基础教育国家标准；（2）制定教学和学科标准；（3）修改《教育法》相关条款，制定新的监管法案；（4）建立新的教学成果评估体系；（5）为转换学制提供技术和设备支持；（6）提供相应的心理辅导支持；（7）为教师提供职业技术培训，使之适应新的学制；（8）国家财政为学制转换提供资金支持。[1] 然而，截至2022年，相关的国家标准和教学大纲仍未面世。

在教科书的改革方面，哈萨克斯坦于2016年启动了基础教育教学内容更新计划，该计划旨在全面更新中小学的教材，改变评估体系，目前该计划仍在执行中，预计新的教学大纲将于2024—2025年投入使用。[2]

总体来看，十二年制教育目前还主要停留在哈萨克斯坦教育部门的计划中。根据2021年时任教科部部长阿斯哈特·阿依玛加姆别托夫的发言，制定统一的课程标准、统一教科书的内容和结构仍然是转换学制的首要工作，为此教育部门将组织专门的技能培训，设立专家基地。此外，按计划哈萨克斯坦将于2023开始全面实行十二年制基础教育，但考虑到教材的问题还没有得到彻底解决，学制转换的实际时间有可能进一步推迟。[3]

---

[1] 资料来源于哈萨克斯首都教育门户网站 astana-bilim.kz。

[2] 资料来源于哈萨克斯坦新闻网站 informburo.kz。

[3] 资料来源于哈萨克斯坦新闻网站 kapital.kz。

第六章 高等教育

第一节 高等教育的发展现状

当哈萨克斯坦共和国刚刚独立的时候，经济萧条迫使国家减少了教育支出，从 1991 年占 GDP 的 6% 下降到 1994 年的约 3%。教师们的收入很低，他们纷纷离开教学领域，其中许多人换了工资更高的工作。[1] 在 1994 年，约有 27.2 万名学生在哈萨克斯坦的 61 所高校学习，其中约 54% 是哈萨克族人，31% 是俄罗斯族人。[2] 那时大学生的数量极少，高等教育资源匮乏，高等教育体系不完备，哈萨克斯坦的教育质量逐步下降。直到 20 世纪 90 年代末，国家经济开始发展，哈萨克斯坦政府开始逐渐关注国内高等教育的发展。

为了改善上述情况，提高哈萨克斯坦高等教育的质量，使其符合国家发展的需求并达到国际标准，哈萨克斯坦政府进行了大刀阔斧的改革。

从 1995 年开始，根据《哈萨克斯坦国家宪法》，高等教育机构开始以哈萨克斯坦国家统一考试的成绩为标准来接受中学毕业生。自 1999 年以来，根据《教育法》，哈萨克斯坦已经过渡到了符合联合国教科文组织建议的国际标准的新教育体系。现如今，哈萨克斯坦已经基本建立起一套既考虑到国家特点，又参考了国际标准的教育体系。在这套教育体系之下，哈萨克

---

[1] 资料来源于维基百科网站。

[2] 资料来源于维基百科网站。

斯坦的高等教育正在积蓄力量，蓬勃发展。

一、高等教育机构的数量与招生情况

经过三十多年的发展，哈萨克斯坦高等教育院校的数量有了一定的增加，大学生数量也越来越多。在独立后不久的 1994 年，哈萨克斯坦高等学校的数量为 61 所，约有 27.2 万名学生。而到 2021 年，根据哈萨克斯坦共和国公开教育平台的统计数据，全国共有 129 所高等学校及其分校，其中首都阿斯塔纳市拥有 14 所高校，前首都阿拉木图市则坐拥 39 所高校，成为该国高等教育资源最集中的地区，仅阿斯塔纳和阿拉木图这两个城市的高等学校数量就占到全国的 41%。[1]

截至 2020—2021 学年第一学期初，哈萨克斯坦在校大学生人数达到 576 557 人，其中男性 269 758 人，占比 46.8%，女性 306 799 人，占比 53.2%。[2] 83% 的大学生通过全日制的方式就读，7.6% 接受的是远程教育，7.3% 接受的是函授教育。公费就读的有 196 084 人，占比 34%，自费就读的有 380 473 人，占比 66%。[3]

在哈萨克斯坦，计划接受高等教育者必须从中学或中高等职业学校毕业且须通过统一的标准化考试——哈萨克斯坦国家统一考试。从 2021 年开始，哈萨克斯坦的国家统一考试开始采取电脑作答的方式，取消了纸笔答题的传统考试方式。考生有两次考试机会，最终结果取两次考试结果中的最好成绩。与传统纸笔答题的方式不同，在线电脑考试结束后，考生可以立即在电脑上看到自己的得分、错题情况，如果考生对自己的成绩有疑

---

[1] 资料来源于哈萨克斯坦教育网站 edu.mail.kz。

[2] 资料来源于哈萨克斯坦新闻网站 inform.kz。

[3] 资料来源于哈萨克斯坦网站 nomad.su。

问，可以在 30 分钟之内提出核查请求。哈萨克斯坦教育科学部的数据显示，2021 年有 14.5 万中学生在全国 150 个考点参加国家统一考试，其中 8.8 万中学生通过了考试，可以进入高等学校继续学习，占比约 60%。[1]

另外，由于有民族中学的存在（如塔吉克民族学校、乌兹别克民族学校、维吾尔民族学校），民族中学的毕业生可以自主选择使用何种语言进行国家统一考试。从全国层面来看，选择哈萨克语或俄语参加国家统一考试的考生数量更多。

自 2017 年以来，哈萨克斯坦的中学毕业生大量流向外国大学，并且近年来这种趋势越来越突出。哈国的中学毕业生进入很多外国大学就读是不需要入学考试的，如俄罗斯联邦。为了留住本国的中学毕业生，扩大高等教育的覆盖率，哈国对国内大学的最低录取成绩做出了调整，哈萨克斯坦公立大学的入学门槛已从 70 分降低到 65 分，其余大学的最低入学成绩降到了 50 分。对于中高等职业学校毕业生来说，如果想进入大学学习与之前相关的专业，那么最低入学门槛为 35 分，2018 年这一数据被降低到 25 分。[2]除此之外，哈国还实行了国家统一考试的重考制度，在大学第一学期结束前，考生可以重考并重新选择学校，只是重新考试需要付费。此外，针对那些在中学毕业后选择出国读书的学生，2017 年哈萨克斯坦教育科学部规定，第一学年结束后从国外大学转学回国就读时不必进行综合考试，一年后这项规定的时间节点从"第一学年"改为"第一学年的第一学期"。因此，学生们在哈萨克斯坦国内接受高等教育的机会正在扩大。

在哈萨克斯坦，越来越多的大学生选取哈萨克语进行学习，同时俄语、英语也占有一席之地。2021 年的数据显示，64.9% 的大学生用哈萨克语进行学习，29.6% 用俄语学习，另有 5.5% 的大学生用英语接受高等教育。[3] 目前

---

[1] 资料来源于哈萨克斯坦新闻网站。

[2] 资料来源于哈萨克斯坦共和国政府官网。

[3] 资料来源于哈萨克斯坦网站 nomad.su。

的情况显示，哈萨克语在该国高等教育体系中的普及程度已经很高，俄语的受欢迎程度则逐渐下降。同时，近年来，英语在哈国高等教育中的地位和受重视程度越来越高。

二、高等教育的学制和教学形式

2010 年 3 月，哈萨克斯坦正式加入博洛尼亚进程，成为欧洲高等教育区第 47 个正式成员。根据博洛尼亚进程的原则，哈萨克斯坦重新确定了其高等教育的阶段划分，改革后的高等教育共分三个阶段：高等基础教育（学士阶段），学制为四年，毕业时学生被授予学士学位；高等专业教育（硕士研究生阶段），必须基于高等基础教育，学制为两年，学生将获得硕士学位；博士研究生教育，学制为三年，学生毕业时将获得博士学位。

高等基础教育（学士阶段）的课程旨在让学生深入掌握未来职业的专业技能，高等专业教育（硕士研究生阶段）的学习内容更具专业性，学习方向较窄，使学生专攻某个方面，只有在成功读完某一个年级后，才能升到下一年级继续学习。同时，还允许学生在硕士研究生阶段选择不同于本科阶段的专业。这样，学生有机会学习两个专业，降低了获得第二个高等教育学位的经济成本和时间成本。

在哈萨克斯坦存在以下形式的大学教育。首先是全日制教育，这是最为传统的学习方式，83% 的大学生通过全日制的方式就读，[1] 这也是应用范围最普遍的高等教育形式。学生每周至少有五天在校上课，每天的课程时长为几小时不等，学生在校期间需要参加各类讲座、研讨会、考试以及其他的教育活动。

---

[1] 资料来源于哈萨克斯坦网站 nomad.su。

其次是远程教育，即通过网络授课的方式进行人才培养。目前 7.6% 的大学生接受的是远程教育，[1] 所有必要的教学材料、自学任务、课后作业等都发布在网络上，也会开展在线咨询。这种非全日制的学习形式有着相当灵活的时间表，部分讲座和研讨会在周末和晚上举行，不过参加远程教育的学生需要到校进行论文答辩和阶段性考试。远程教育一般是自费的，有强制性的技术和设备要求，包括电脑、网络、扬声器等，许多学生轻易就能达到这些要求。

虽然哈萨克斯坦的远程教育仍处于起步阶段，然而可喜的是，现在哈萨克斯坦的许多大学都开始提供这种形式的教学，让学生远程学习新专业或提高技能。例如，在首都阿斯塔纳，哈萨克斯坦古米廖夫欧亚国立大学提供以下领域的远程学习课程：金融、法律、教育学和心理学、语言学、历史。在阿拉木图，哈萨克斯坦萨特巴耶夫国立技术研究大学对技术专家（工程师、技术人员、设计专家）和经济学专家进行远程培训。哈萨克斯坦阿里·法拉比国立大学也提供远程培训，涉及的专业包括会计、金融和经济学、法律。在当代哈萨克斯坦，利用远程教学来提高技能的学生人数在逐年增加，高校也努力在这一领域提供更加优质的教育服务。远程是一个提升技能或学习所需专业的机会，可以让学生在任何方便的时间完成作业，也有助于学生锻炼自学的能力。另外，远程教育也为不方便到校学习的群体提供了便利条件，比如残疾人也可以接受远程教育。

最后，在哈国也有函授教学形式。哈国的函授教学允许学生利用非工作时间到校上课。学生每年参加两次强化课，结束时进行集中考试。但从 2019 年 1 月 1 日起，函授教育被暂停，因为学生在函授教学中所接受的知识水平远低于全日制学生。新规定允许所有在 2018 年或更早之前报名参加函授教育的学生，可以继续完成学业并获得大学毕业文凭。

---

[1] 资料来源于哈萨克斯坦网站 nomad.su。

三、高等教育费用与国家资助

哈萨克斯坦的高等教育分为公费教育和自费教育。高中毕业生通过国家统一考试后，少部分学生通过竞争和选拔可以获得奖学金，用以支付学费。目前的数据显示，仅有三分之一被录取的高中毕业生可以申请公费接受高等教育，其他学生则要自费就读。从 2020 年起，为了扩大高等教育机构的自主权，哈高校的学费不再由国家规定，提供教育服务的合同形式与具体学费均由高校自主决定。

所有哈萨克斯坦高等教育机构的自费学生可以申请政府提供的教育贷款。这种政府提供的贷款需要通过竞争来获取，中学毕业生通过国家统一考试后会获得相应的证书，相关部门会参考学生证书上的成绩来发放教育贷款。此外，哈萨克斯坦所有公民都有权以孩子或本人的名义申请教育储蓄存款，用来支付高等教育的费用。

为了鼓励青年学生，并为他们提供在国内高校接受高等教育的机会，政府还向学生提供国家奖学金。奖学金由大学校长下令颁发，每一学期由校级学术委员会来决定评奖条件。在整个大学学习期间，学生可以基于学习成绩多次获得奖学金，奖学金按月发放。

哈萨克斯坦高等教育机构的国家奖学金分为普通奖学金（最低奖学金）、高等奖学金和总统奖学金。如果学生的各门成绩中有"良好"也有"优秀"，那么就有机会获得普通奖学金。高等奖学金（在普通奖学金额度基础上增加 15%）奖励给成绩全部为"优秀"的学生；残疾学生和失去双亲的学生的奖学金额度更高：听力和视力残疾学生比普通奖学金高 75%，残疾程度等同于战争伤残的学生的高 50%，孤儿和失去双亲的学生的高 30%。总统奖学金（在普通奖学金的基础上增加 100%）奖励给有特殊成绩的学生，如创新比赛、奥林匹克竞赛的获胜者，在国际和国家期刊上发表科研成果的学生，拥有科研工作证明、证书者，高校体育、文化和社会生活的积极参与者等。

哈萨克斯坦教育科学部部长阿斯哈特·艾玛甘别托夫表示，预计到2025年国家将逐步增加对本科生、硕士生和博士生的奖学金数额，同时改变奖学金的发放流程。2021年，哈教育科学部制定了新的奖学金发放制度，即奖学金将直接转到学生个人的银行卡账户，而此前，奖学金会先打款至各所大学，再由各所大学发给学生。可见，新的奖学金发放制度将有助于消除腐败并确保资金分配的透明度。

在哈萨克斯坦常住的外国人可以接受与哈国公民同等的教育。哈萨克斯坦的教育在不断发展，其高等教育体系也在根据时代的要求不断完善。但是，免费接受高等教育的权利和获得国家奖学金的机会仍然是该国公民以及外国人首先要考虑的基本因素。此外，哈萨克斯坦公民也有机会去国外接受高等教育，许多欧洲大学都愿意接收哈萨克斯坦的学生。基本上，国外的大学仅免除学费，学生要自己支付生活费和住宿费，但是也有一些国外的大学不免除学费，需要学生支付数额不高的学费。在欧洲，哈萨克斯坦学生可以在法国、捷克、德国、希腊、波兰、挪威的大学获得免费教育。

1993年11月，哈萨克斯坦设立博拉沙克国际奖学金，目标是为国家经济的优先部门培训人员和专家。该奖学金面向在国外攻读博士学位或硕士学位的哈萨克斯坦公民，以及在世界领先的科学和工业公司、大学的哈萨克斯坦实习生。哈萨克斯坦教育科学部与多个国家的教育部合作，合作参与国的政府为哈萨克斯坦公民提供在国外接受高等教育的奖学金，不仅免除学费，还涵盖了生活费、医疗保险、学习期间的住房费用，每月还会发放奖学金。例如，中国和匈牙利从2020年开始向哈萨克斯坦申请人提供这种形式的免费教育。哈萨克斯坦公民可以在博拉沙克国际奖学金的官网上或哈萨克斯坦政府的国家门户网站上找到提供国外免费教育的所有大学的详细信息。在该项目的框架内，可以申请出国攻读硕士学位的人员包括国家公务员，教育、科学、工程技术工作者，媒体、文化、创意工作者，自主攻读硕士学位者，已通过硕士研究生入学普考的公民。要成为博拉沙克国际奖学金的获得者，需要经过六轮竞争，必须具有较高的平均成绩，并表现出很高的外语水平和哈萨克语水平。截至 2022 年 4 月初，博拉沙克国际奖学金已为 11 474 名专业人士提供了支持。[1]

四、名校目录及世界排名

高等教育的国际化和高等教育机构的世界排名，是衡量高等教育质量的重要指标之一。根据国际高等教育研究机构 QS（Quacquarelli Symonds）发布的世界大学学科排名 [2] 数据，2022 年有 12 所哈萨克斯坦大学获得了世界前 1 000 的排名。这 12 所大学在哈萨克斯坦国内都有很好的声誉和较高的教学水平，其毕业生在本国就业市场上备受青睐（见表 6.1）。

表 6.1 哈萨克斯坦知名高校 QS 世界大学排名情况 [3]

学校名称	2022 年排名	2021 年排名	2020 年排名	2019 年排名	2018 年排名
哈萨克斯坦阿里·法拉比国立大学	175	165	207	220	236
哈萨克斯坦古米廖夫欧亚国立大学	328	357	418	394	336

---

[1] 资料来源于哈萨克斯坦共和国政府官网。

[2] 全称为夸夸雷利·西蒙兹世界大学排名（Quacquarelli Symonds World University Rankings，简称为 QS 世界大学排名），每年根据学术声誉、雇主声誉、师生比例、师均文献引用数、国际教职工比例、国际生比例对全球各大高校进行评分，被认为是全球最具影响力的大学排行榜之一。

[3] 数据来自 QS 官网世界大学排名（Quacquarelli Symonds Limited 1994—2022）。

续表

学校名称	2022 年排名	2021 年排名	2020 年排名	2019 年排名	2018 年排名
阿乌埃佐夫南哈萨克斯坦大学	482	490	491	480	501—550
哈萨克斯坦萨特巴耶夫国立技术研究大学	501—510	541—550	561—570	464	411—420
哈萨克斯坦国立农业大学	551—560	591—600	651—700	651—700	—
哈萨克斯坦阿拜国立师范大学	511—560	601—650	561—570	481	491—500
哈萨克斯坦国立医科大学	601—650	—	—	—	—
哈萨克斯坦一英国理工大学	801—1 000	751—800	751—800	651—700	651—700
哈萨克斯坦管理、经济与战略研究院	801—1 000	751—800	—	—	—
卡拉干达国立技术大学	751—800	801—1 000	801—1 000	751—800	—
哈萨克斯坦阿布莱汗国际关系与世界语言大学	801—1 000	801—1 000	801—1 000	801—1 000	801—1 000
卡拉干达布克托夫大学	801—1 000	—	801—1 000	651—700	651—700

哈萨克斯坦阿里·法拉比国立大学，又名哈萨克斯坦国立大学，位于阿拉木图市，2022 年位列 QS 世界大学排名第 175 名，是哈国最著名的大学。

哈萨克斯坦阿里·法拉比国立大学成立于 1934 年，[1] 是该国历史最悠久的大学之一，1934—1990 年一直名为哈萨克基洛夫国立大学，1991 年更名为哈萨克斯坦阿里·法拉比国立大学，以著名哲学家和科学家法拉比的名字命名。该校是哈萨克斯坦最大的综合性大学，与我国的兰州大学、中国科学技术大学、北京科技大学、对外经济贸易大学、北京外国语大学、天津大学等建立了校际合作关系。

哈萨克斯坦古米廖夫欧亚国立大学，简称欧亚大学，是一所公立的综合研究型大学，2022 年位列 QS 世界大学排名的第 328 名。据欧亚大学官方网站介绍，该大学包括 12 个学院（机械与数学学院、信息技术学院、建筑与土木工程学院、自然科学学院、社会科学学院、法学院、语言学院、经济学院、国际关系学院、物理与技术学院、新闻与政治学院、交通与能源学院）。[2] 先后有二十多个国家的元首曾访问该校并做演讲，所以该校也被称为"总统大学"。欧亚大学在上海合作组织大学框架内实施双文凭教育，专业包括国际法、语言学、地理学、生态学、经济学、管理学、法学、纳米材料等。

阿乌埃佐夫南哈萨克斯坦大学，现已进入 QS 世界大学排名的前 500 名，2022 年位列第 482 名。该校成立于 1943 年，是哈萨克斯坦国内排名第三的大学，其毕业生在哈萨克斯坦人才市场上备受好评。近年来该校排名稳步上升，国际声誉越来越好，是上海合作组织大学、独联体网络大学、欧洲大学协会等国际教育组织的成员。学校有语文系、历史与教育学系、文化与体育系、法学系、机械与石油天然气系、农学系等。

哈萨克斯坦萨特巴耶夫国立技术研究大学，2022 年位于 QS 世界大学排名第 501—510 名，这是哈萨克斯坦历史最悠久、最负盛名的技术大学之一，以高质量的采矿专业和石油专业而闻名。

哈萨克斯坦国立农业大学 2022 年位于 QS 世界大学排名第 551—560

---

[1] 资料来源于哈萨克斯坦阿里·法拉比国立大学官网。

[2] 资料来源于哈萨克斯坦古米廖夫国立欧亚大学官网。

名。该校是哈萨克斯坦国内农业科学教育领域的领军高校，设有 6 个学院和 28 个系，在农业科学与技术、工程与信息技术、生命科学与生物医学、自然科学和社会科学等领域提供高等教育。该大学为哈萨克斯坦共和国的经济发展做出了重要贡献。

哈萨克斯坦阿拜国立师范大学 2022 年位于 QS 世界大学排名第 511—560 名。该校成立于 1928 年，初创之时仅有 1 个系，下设 3 个专业方向——物理和数学、自然科学、语言和教育学。历经将近百年的峥嵘岁月，该校在师范类高校中一直处于领先地位，是哈萨克斯坦最好的师范类大学。

哈萨克斯坦国立医科大学成立于 1930 年，是哈萨克斯坦最好的医学院校之一，2022 年位于 QS 世界大学排名第 601—650 名。该校设有多个医学专业，包括临床医学、口腔医学、药学、护理学等。

哈萨克斯坦—英国理工大学简称哈英理工大学，2022 年位于 QS 世界大学排名第 801—1 000 名。2000 年，哈萨克斯坦与英国达成了教育和科学领域的合作协议，根据哈萨克斯坦共和国教育科学部与英国文化协会之间的谅解备忘录，2001 年在哈萨克斯坦成立了哈英理工大学。[1] 在哈方，该校创办者是哈萨克斯坦共和国教育科学部；在英方，该校的合作伙伴是英国驻哈萨克斯坦大使馆和英国文化协会。哈英理工大学在理科、工科等领域表现突出，发展势头良好。

哈萨克斯坦管理、经济与战略研究院成立于 1992 年，在 2021 年首次进入 QS 世界大学排名的前 800 名之列，2022 年排名在第 801—1 000 名。该校在人文学科方面表现出众，是一所私立大学。

卡拉干达国立技术大学 2022 年位于 QS 世界大学排名第 751—800 名，成立于 1953 年，前身是卡拉干达矿业学院，现如今也是哈萨克斯坦国内的领军大学。

---

[1] 资料来源于哈英理工大学官网。

哈萨克斯坦阿布莱汗国际关系与世界语言大学多年来一直位于 QS 世界大学排名的 801—1 000 名，成立于 1941 年，在国际关系、外语教学、区域研究、文化研究、外国语言学、亚洲研究、翻译、新闻学等学科上有着突出的表现。

卡拉干达布克托夫大学 2022 年位于 QS 世界大学排名第 801—1 000 名。该校以哈萨克苏维埃社会主义共和国科学院院士叶·阿·布克托夫命名，位于卡拉干达市，在哈萨克斯坦国内有着很好的声誉。

五、国际交流与合作办学

哈萨克斯坦共和国的高等教育在国际社会的监督和鼓励下发展，不乏哈萨克斯坦高校与国际高等教育界积极合作的案例。哈萨克斯坦在教育领域的主要合作伙伴是俄罗斯、土耳其、美国、英国、波兰、德国，与中国、印度、日本、匈牙利也有一定的合作，主要合作领域是国际关系、经济、外语、军事等。哈萨克斯坦大学的国际合作类型有教师与学生的国际交换与培训、国际技术援助、教学法经验交流、外国高等教育改革经验的共享等，这些都在哈萨克斯坦高等教育改革中发挥了重要作用。

哈萨克斯坦高等教育国际交流办学的一个有利条件是哈萨克斯坦的地理位置。哈萨克斯坦位于俄罗斯联邦的东南部，对俄罗斯具有重要的战略意义。因此，从俄罗斯的战略利益来看，与哈萨克斯坦进行国际教育合作是必然选择，尤其是从安全角度而言，哈萨克斯坦更是俄罗斯地缘政治领域的重要关注对象。俄罗斯和哈萨克斯坦的地理位置接近，这是创建俄罗斯大学分支机构、发展学生和教师交流的先决条件。与此同时，哈萨克斯坦在中亚地区的地理位置决定了与中亚各国的学生交流计划的发展。但是，共同的社会和经济问题导致中亚各国之间缺乏免费的合作资源，也无法达到更高的合作水平。

另外，哈萨克斯坦的地理位置使它成为美国在中亚地区进行渗透和影响的重点。美国是哈萨克斯坦最大的捐助国之一，为哈萨克斯坦高等教育的国际化进程提供了人员、技术、信息、组织和财务支持。美国国际教育委员会、国际研究与交流局等机构在哈萨克斯坦开展了一系列的活动。

哈萨克斯坦与亚洲其他邻国之间也有国际教育合作与交流，如中国、印度、巴基斯坦、蒙古、土耳其、伊朗等，与这些国家的经济联系激发了培训对象国语言人才的需求。哈萨克斯坦开展高等教育国际合作的另一个重要前提是，在哈萨克斯坦境内居住着不少外国人，包括匈牙利人、波兰人、德国人、韩国人和大批俄罗斯人，与此同时，哈国侨民在土耳其、蒙古、中国、乌兹别克斯坦和土库曼斯坦的存在也促进了国际教育联系的加强。

现如今，许多哈萨克斯坦的高校与外国高校进行了积极的合作。例如，哈萨克斯坦阿里·法拉比国立大学与北京外国语大学哈萨克斯坦中心、上海外国语大学哈萨克斯坦中心、罗斯托克大学（德国）联合化学实验室、卡拉奇国际中心（巴基斯坦）植物化学实验室建立了积极的学术联络。又如，哈萨克斯坦古米廖夫欧亚国立大学的合作伙伴有剑桥大学、苏塞克斯大学、莫斯科罗蒙诺索夫国立大学、柏林工业大学、釜山大学等。它还是欧亚大学协会、独联体网络大学、上海合作组织大学、欧洲大学协会等国际学术协会的正式成员。

总体来说，哈萨克斯坦在高等教育领域的国际合作蓬勃发展。得益于这种国际合作，哈萨克斯坦获得了许多高水平的科研与技术人员，并能够吸引大量的资源来发展国内的高等教育。

六、校企合作与学生创业

大学是新知识的来源，特别是在科学和技术发展领域，而企业则承担着执行和实践功能。大学与企业之间的关系不仅限于双方之间的知识交流，还有助于科学家提出新的研究挑战，并将研究结果应用于实践。

为增加大学的创新潜力，哈萨克斯坦正在开发一种将科学技术活动成果商业化的系统，如技术、实验室、技术园区商业化办公室。目前，哈萨克斯坦国内大学与经济制造部门之间的合作正在发展。东哈萨克斯坦州谢里克巴耶夫国立技术大学与该州领先的工业企业展开了合作，大学负责研究用于生产的新产品，而这些工业企业则负责具体的生产环节。研发结果的商业化将促成更多的新技术，企业的生产也会更高效。

哈萨克斯坦还在国际层面上积极推动各类校企合作，尤其是近些年来，中哈的跨国校企合作正在积极寻找新的路径。2016年9月，据常州外事网报道，中国常州企业互美创意产业（江苏）有限公司与哈萨克斯坦国家公共发展基金会、哈萨克斯坦国家教育科学部签署合作备忘录，就中哈国际校企合作达成多项共识，这一项目受到哈萨克斯坦25所大学的热烈响应。[1]另据报道，2018年，新疆丝路华硕股权投资有限公司与新疆农业大学、新疆畜牧科学院签订了全面战略合作框架协议，将在哈萨克斯坦建设"一带一路"农业产业园示范项目。[2]

哈萨克斯坦的大学正在采取积极措施，培养学生在商务管理活动各个方面的创业思维和实践技能，建设创业型大学。纳扎尔巴耶夫大学、阿乌埃佐夫南哈萨克斯坦大学、卡拉甘达国立技术大学等高校正在该领域积极探索。哈教育科学部计划扩大商学院的数量和规模，让学生形成创业头脑，具备创业的基础知识，并引入诸如企业与企业文化基础、创新创业、经济学基础、管理基础等学科。针对MBA商学院的学生，开设了"初创企业：计划与实施"学科，让学生掌握初创企业运作的方法。在与外国大学合作

[1] 常州外事网. 哈中外交部签署2017—2019年合作备忘录 [EB/OL]. （2017-04-25）[2022-08-20]. http://wsb.changzhou.gov.cn/html/wsb/2017/IFDQOFKJ_0425/2397.html.

[2] 环球网. 新疆校企合作在哈国建立农业产业园 [EB/OL]. （2017-08-04）[2022-08-20]. https://china.huanqiu.com/article/9CaKrnK4ujR.

的框架下，这些商学院派教师和学生出国进修，并与韩国、西班牙、法国、美国等国家实施了双学位教育计划。

第二节 高等教育的特点和经验

一、高等教育的特点

发展教育是利在当代、功在千秋的伟大事业，提高本国的高等教育水平是掌握 21 世纪先进技术的前提，是保障国家繁荣的重要途径。现在，哈萨克斯坦正在竭力汲取西方发达国家的教育经验，努力融入欧洲国家的高等教育体系。值得肯定的是，哈萨克斯坦的高等教育在其上下求索的路程上也形成了自己独特的特点和经验，这些特点和经验与其国情相适应，与其国家发展阶段相呼应。

（一）高等教育体制已实现公转私化

刚独立时，哈萨克斯坦有 55 所高等学校，全部是国有教育机构。[1]1991年《哈萨克斯坦共和国宪法》修订后，允许开设私立教育机构，其中就包括私立高校，从那以来，哈萨克斯坦高等教育领域中，私立的高等院校越来越多，这填补了高等教育资源的缺口，使那些无法考入公立学校的高中毕业生有了更多选择，为更多的高中毕业生提供了进入高等学府继续深造的机会。现如今，哈萨克斯坦境内共有 129 所高等学校及其分校，[2] 其中

---

[1] 资料来源于哈美自由大学学报官网。

[2] 资料来源于哈萨克通讯社官方网站 inform.kz。

公立高校 33 所，约占 25.4%，私立高校 92 所，约占 71%，外国大学分校 4 所。[1] 同时，公费学生人数正在逐年下降，自费学生人数正在逐年增长，而全国大学生总人数的逐年增长正是得益于自费生数量的增长。截至 2020—2021 学年第一学期初，哈全国范围内在校大学生公费就读的有 196 084 人，占比 34%，380 473 人自费就读，占比 66%。[2]

可以看到，哈萨克斯坦共和国的私立高校数量已经多于公立高校，自费生的数量也占据了大多数。与公立高校相比，私立高校的课程设置更加灵活，更能灵敏地应对市场需求的变化。高校的私有化程度加深，自费就读的趋势增强，这两个趋势使得创造一条平价、有效的大众高等教育途径成为可能。

（二）《三语教育发展路线图》正稳步发展与完善

在哈萨克斯坦，越来越多的大学生选取哈萨克语进行学习，同时俄语、英语也占有一席之地。64.9% 的大学生用哈萨克语进行学习，29.6% 用俄语学习，另有 5.5% 的大学生用英语接受高等教育。[3] 哈国大学生选择用哈萨克语进行学习的动机是，用哈萨克语学习更容易拿到各类教育补助金，且学习哈萨克语更能促进他们职业的发展，尤其对于想进入政府机关和法律部门工作的大学生来说更是如此。哈萨克语在该国高等教育体系中的普及程度已经很高。

近年来，英语在哈国高等教育中的地位和受重视程度也越来越高，哈教育科学部在致力于落实《三语教育发展路线图》。哈萨克斯坦教育科学部制定并批准了数十项用英语教学的本科课程，如数学、计算机科学、物理、

---

[1] 资料来源于哈萨克斯坦教育网站 edu.mail.kz。

[2] 资料来源于哈萨克斯坦网站 nomad.su。

[3] 资料来源于哈萨克斯坦网站 nomad.su。

化学、生物学、冶金学、机械工程、电力工程、无线电工程、计算机工程和软件、石油和天然气等。哈教科部高等教育与国际合作司副司长古丽扎特·科别诺娃几年前便曾表示，哈高等学校要求从大一开始要有不少于 20% 的科目应用第二语言进行教授，也就是说，对于选用哈萨克语进行学习的大学生来说，要有不少于 20% 的科目用俄语进行学习，而对于选用俄语进行学习的大学生，则要有不少于 20% 的科目应用哈萨克语进行学习。[1] 从大三开始，不少于 30% 的基础学科应该使用英语进行学习。可见，符合哈萨克斯坦国情的《三语教育发展路线图》正稳步发展与完善。

（三）高等教育措施颇具人文关怀

哈政府和教育主管部门要求任何高等教育机构不得侵犯有特殊需要的学生的人权。如今在哈萨克斯坦，身体条件特殊、身体机能不健全的学生也有机会上大学，学习专业知识。他们可以自由选择全日制、远程教育等方式进行就读。哈萨克斯坦政府还在奖学金方面对残疾学生和特殊家庭的学生予以优待。这些人文关怀措施不仅有利于这些特殊学生实现自己的"大学梦"，顺利融入社会、顺利就业，而且符合文明社会"以人为本"的内涵。

二、高等教育的经验

（一）积极参与博洛尼亚进程

哈萨克斯坦积极参与博洛尼亚进程，在这一过程中充分利用欧洲高等

---

[1] 资料来源于哈萨克斯坦网站 BNews.kz。

教育资源和先进经验促进本国高等教育的发展，将国内的高等教育体制与高等教育资源加以整合，推动与其他博洛尼亚进程成员国之间的人员流动。[1]

2010 年 3 月 11 日，哈萨克斯坦正式成为博洛尼亚进程的成员国，以博洛尼亚进程为平台，对其国内高等教育系统进行了有针对性的改革，建立学士—硕士—博士三级教育体系，实现与国外高校的学历与学分互认，鼓励高校及学生进行跨境交流，研究、学习欧洲先进的高等教育理念、经验，提升国内高等教育质量。参与博洛尼亚进程对哈萨克斯坦共和国来说意味着提高教育服务的竞争力，有助于国际社会承认本国科学家和教师的教学水平。哈萨克斯坦高等教育进入博洛尼亚进程被视为提高国民经济、增强高等教育质量的一种手段，也是加强哈萨克斯坦在国际教育领域地位的必要条件。哈萨克斯坦教育科学部根据博洛尼亚进程和《里斯本公约》开展的密集活动，增加了学生的学术流动性，为他们提供了在国外一流大学接受教育的机会。哈萨克斯坦创立了博拉沙克国际奖学金，在该奖学金项目的支持下，目前哈萨克斯坦有 50 多所大学与英国、爱尔兰、西班牙、捷克、德国、美国等国家的一流大学实施双学位教育。

哈萨克斯坦教育科学部下属的博洛尼亚进程与学术交流中心分别于 2012 年、2015 年、2018 年对哈国的博洛尼亚进程进行了评估。评估结果表明，哈萨克斯坦在该进程的较多方面取得了成功。[2] 在攻读研究生学位制度方面，此前只有 90% 的大学生有资格获得硕博文凭，而现在所有的大学生毕业后均可通过深造获得，所有的学生都有机会攻读下一个学位，博士数量不断增加。在学分制度方面，此前有超过 75% 的项目采用哈国内的学分制，现在该制度转变为可以与欧洲学分互相转换的学分制。而且，现在评价教育项目和哈国内大学时也都采用欧洲学分标准。在教育监察方

[1] 盛宁."一带一路"倡议下中哈两国高等教育合作探析 [J]. 文学教育（下），2020（10）：121-123.

[2] 资料来源于哈萨克斯坦博洛尼亚进程与学术交流中心官网。

面，此前哈国内存在相关机构，但是不符合欧洲标准，而现在则有国家教育质量监察的机制，所有大学都必须接受定期质量检查，确保其标准与欧洲标准相对应。目前，哈国内已有两个教育监察组织加入了欧洲高等教育质量保障协会（EQAR）。在国际化与学术流动方面，此前哈萨克斯坦出台了高等教育国际化的国家战略，有76%—99%的学校加入其中，而现在所有的大学都接受并采取了这一战略。博洛尼亚进程中的一个重要环节是文凭补充文件，该文件可以尽可能地消除两国之间文凭的差异，进而让对象国更好地理解学生的水平。在这方面，哈萨克斯坦也有进步，目前在哈国能够发放该文件的学校数量正在不断增加。在教育评价方面，哈国引入了欧洲的国家教育评价体系，据此对教育项目的实施进行评价，并确定了大学、评价机构以及其他部门的职责。此外，哈国采取有效措施保障了少数群体的大学学习机会，例如，制定政治目标、提供经济援助等。

2020年10月，哈萨克斯坦举办了主题为"从区域看全球：博洛尼亚进程和欧盟项目中的哈萨克斯坦"的线上国际论坛。时任哈萨克斯坦教育科学部副部长米拉斯·道莱诺夫在论坛上介绍了哈萨克斯坦在博洛尼亚进程中十年来达成的主要成果和成就。他说，过去十年，哈萨克斯坦的高等教育发生了巨大变化：哈萨克斯坦已经逐步建立了全球化的高等教育标准，按照欧洲教育空间一体化的要求，制定了对标国际教育的国内高等教育标准，建立了学士—硕士—博士三级学位制度体系，这使得哈萨克斯坦的高等教育成功走向国际化，更容易与欧洲高校，甚至是世界范围内的高校进行学位学分互相认定，消除了哈萨克斯坦大学生留学和学习交换的障碍和壁垒。[1]

虽然哈萨克斯坦在博洛尼亚进程中的表现并不是尽善尽美的，存在一系列的问题，例如，对"学分流动"仍然存在一定限制，采取的措施也不够充分；无法认可学生之前的教育经历，国家或相关组织没有发布任何针

---

[1] 资料来源于哈萨克斯坦博洛尼亚进程与学术交流中心官网。

对解决这一问题的方案；过分重视与欧洲的合作，在一定程度上忽视了与自己文化民族联系更为密切的亚洲等。但是，从决定加入博洛尼亚进程到一系列大刀阔斧的改革，都体现出哈萨克斯坦政府对国内高等教育的重视，这是哈萨克斯坦高等教育不断完善的必经之路，说明哈萨克斯坦的教育系统在不断革新。

（二）合理利用大数据等先进技术促进高校发展

哈萨克斯坦政府正致力于合理利用大数据、人工智能、云计算、数字化系统等先进技术，全面助力其国内大学成为世界一流研究型大学。

在技术进步浪潮汹涌的 21 世纪，数字技术的蓬勃发展给各国高等教育及学校带来前所未有的机遇。在这方面，哈萨克斯坦自然也不甘落后。以哈国内一流的哈萨克斯坦阿里·法拉比国立大学为例，其校长卡雷姆·穆塔诺夫院士在接受《世界教育信息》的采访时表示，全面利用数字技术是该校发展世界一流研究型大学的重要组成部分。[1] 据他介绍，在办公自动化中引入云技术、校园基础设施管理中引入智能技术、创立分析系统引入大数据技术和信息技术服务，使学校在数字化方面达到了一个新的高度。哈萨克斯坦阿里·法拉比国立大学已经完成了向全面在线教育的过渡，正努力使用区块链技术引入数字密码保护和信息验证服务。各大知名科技公司纷纷在该校开设了培训中心和实验室，该校还与中国领先的电子计算机制造商签署了合作备忘录。哈萨克斯坦阿里·法拉比国立大学顺应新技术潮流，勇立潮头，敢为人先，寻找先进技术与其高等教育教学的有机结合点，其先进经验必能为哈萨克斯坦国内其他高校所借鉴，从而促进哈萨克斯坦共和国国内高等教育水平的整体提高。

---

[1] 杜永军，郭伟，安东. 缔造中亚地区旗舰高校 共建"一带一路"互联互通——访哈萨克斯坦阿里·法拉比国立大学校长卡雷姆·穆塔诺夫院士 [J]. 世界教育信息，2020（9）：3-8.

（三）结合本国国情，及时解决问题

哈萨克斯坦政府结合本国国情，及时发现其高等教育体系中出现的问题，并采取针对性的方法予以解决。这样的例子有很多，例如，采取统一的职业指导方针、撤销大学中的冷门专业、监控高校毕业生的就业率、取缔不符合教育质量认证标准的高校的学历证书授予资格等。

哈萨克斯坦采取了统一的职业指导方针，让雇主参与专业人员的培训和国际化职业教育进程，吸引雇主参与人才培养的过程，参加教育项目，参与大学课程的设计。并且，政府对大学毕业生就业情况进行数据监测，及时向学校以及毕业生提供反馈，力求最大限度促进毕业生的精准就业，提高雇主对毕业生的满意度。

另外，在哈萨克斯坦的高等教育机构中，存在一些不受年轻人欢迎的专业，这些专业生源短缺现象很常见。哈萨克斯坦教育科学部决定对冷门专业的招生数量进行科学而严格的评估，撤销大学中非常不受欢迎的冷门专业，以提高高等教育资源的利用效率。

哈萨克斯坦教育科学部还会对全国高校毕业生的就业情况进行整体监控，如果发现某个高校毕业生的就业率过低（低于50%），则该大学的许可证将被撤销。这些做法将有利于实现哈高等教育机构的现代化，形成竞争性的专业领域。这也将同时提高高等教育机构的教学质量和教学效率，拒绝浪费宝贵的高等教育资源。

2021年7月，哈萨克斯坦教育科学部发布通知，取消三所大学的学历证书授予资格，它们是中亚大学、阿斯塔纳大学、阿克套人文技术大学。[1]教育科学部称，这些学校存在办学环境差、师资力量不足、不及时颁发文凭等问题，且当哈萨克斯坦独立认证中心的专家进行实证调查的时候，这

---

[1] 资料来源于哈萨克斯坦共和国教育科学部官网。

些大学禁止专家们进入校内建筑物。现在这三所大学既不能颁发高等教育文凭，也不能招收学生，这些大学的学生可以转学到其他高校继续求学。哈教科部的做法体现了负责任的管理态度，更是为所有哈萨克斯坦国内高校敲响了警钟。这种严格的措施会促进哈萨克斯坦高等教育质量的提升，促进各个高校的自省、自检、自查。

（四）构建学术查验体系，严防学术不端

哈萨克斯坦教育科学部在防止学术不端行为、培养学生科研能力上也有所创新。近年来，哈萨克斯坦高等教育领域还出现了一些亟待解决的新问题。例如，一些高校学生在完成毕业设计、学期论文、学位论文、硕士研究成果上的独立性急剧下降。很多学生不愿意或没有能力进行独立研究，在进行学术写作时抄袭现象比较突出。因此，教育科学部研发了一个新型系统，可以检查学生的所有科学研究成果，并且可以仔细地分析学生学位论文的援引材料，以严格控制高等教育中的学术不端行为，督促高校学生养成自主科研的良好习惯，对学术剽窃的行为说"不"。

哈萨克斯坦的不少高校还在积极引导学生参与科研活动。为了激励更多学生参与科研项目，哈许多高校设立科研专项经费，用以支持学生的科研工作，旨在激发学生的科研兴趣，保持学生的科研热情。很多学校建立了大学生创业中心，让学生有机会创立自己的小型企业。

（五）赋予高校学术、管理和财政独立性

学术独立和自由是大学自主决定课程内容以提高教育质量的权力，这在经济转型的背景下至关重要。当代社会对高质量毕业生和新职业从业人员的需求越来越大，而如今的高等教育并不能够迅速应对劳动力市场带来

的挑战。管理独立性将使高校有机会独立解决招聘问题，借鉴并采用上市公司的管理标准，且将大学所得的收入仅用于大学自身的发展。扩大学术和管理的独立性，需要财政的灵活性和独立性。哈萨克斯坦大学有权设立捐赠基金会，为科学和教育活动创建法人实体，开办创业公司，创建外国分校等。

2016年底公布的《2017—2021年哈萨克斯坦教育科学部战略计划》（以下简称《计划》）指出，要扩大高等教育机构的学术独立性和管理独立性，使高校能够更加灵活地制定培养计划，以应对就业市场的新要求。该《计划》授予大学一系列权力，包括独立确定教育内容、独立安排教育活动、独立制定广泛的教育计划、在国外建立分校、独立确定入学程序、独立进行学术研究等。[1]2018年4月，在哈萨克斯坦共和国议会全体会议上，《哈萨克斯坦共和国关于扩大学术和教育的某些立法的修改和补充》得以通过。[2]

所有这些促进高等教育机构学术自由的举措，都与全球高等教育的发展趋势相符，势必会促进哈萨克斯坦高等教育进一步融入欧洲高等教育体系，甚至是全球高等教育体系的进程。

（六）教育部门积极利用新媒体与民众沟通交流

哈萨克斯坦教育科学部及下属各级教育主管部门开展了关于教育创新和科学创新的公众意识运动，在社交网站中积极开设账号，利用这些账号发布有关教育成果和科学成就的视频、图片、文字材料，通过官方账号进行宣传，举办新闻发布会等。许多流行的网络社交平台、视频平台上都有高等教育领域的相关内容。民众还可以在哈萨克斯坦教育科学部的官方网

---

[1] 资料来源于哈萨克斯坦阿拜国立师范大学官网。

[2] 资料来源于哈萨克斯坦新闻网站 zakon.kz。

站上获得有关哈萨克斯坦教育和科学现状、前景的翔实、实时的信息。

哈萨克斯坦逐渐意识到自己在高等教育领域的全球使命，进行合理改革，勇敢抛弃历史的糟粕，汲取世界高等教育，尤其是欧洲先进高等教育体系的精髓为己所用，形成了一套基本符合本国国情的发展体系。这一过程常有坎坷而长路漫漫，但是我们有理由相信，哈萨克斯坦的高等教育会取长补短，日臻完善。

第三节　高等教育的挑战和对策

尽管哈萨克斯坦的高等教育体系正在逐步得到完善，也形成了基本适合本国国情的办学特点和经验，但目前在高等教育方面哈萨克斯坦也面临着不少挑战。

一、高等教育的挑战

（一）规划不完善，目标不明确

哈萨克斯坦共和国刚刚独立时，没有全面、详实地分析自身高等教育的发展阶段和发展特点，因此没有确立高等教育国家发展纲要，高等教育所要达到的目标和任务也不明确。

独立之后，国家对高等教育体制进行了改革，旨在彰显国家主权和民族特色，重视在教育过程中对于民族语言的使用。然而，民族语言教材的缺乏与授课师资的短缺使得这场教育民族化的进程受到影响，[1] 包括哈萨克斯坦在内的整个中亚的高等教育急需融入国际社会，积极寻找与国际社会进行高等教育合作与交流的路径，同时也要充分考虑本国的发展特点。

（二）经费不足

在独立初期，哈萨克斯坦高等教育面临的最重要的问题之一是经费不足，这个问题严重阻碍了高等教育的良性发展，迫使部分学校降低教学标准，降低教学大纲的难度，缩短学时和实验课时。国家对高等教育的投入占国内生产总值的比重逐年下降，当时哈萨克斯坦用于科研和试验设计工作的人均经费开支仅为 7 美元，总体科研经费开支水平占比较低，仅占GDP 的 0.26%。[2] 这导致高等教育质量急剧下降，而作为弥补则需要更多的资金和精力。

（三）人才流失问题严重

独立初期，一些高级知识分子、教师、工程师选择离开哈萨克斯坦，使得教学科研队伍的水平急速下降。2006 年，哈萨克斯坦从事科研和试验设计工作的科技工作者共 18 900 人（其中，除高等院校教授以外的高级科研人员共 4 124 人），比 1991 年减少 57.6%；从事社会学研究的人数为11 000 人，比 1991 年减少 60.2%。[3]

事实上，不仅本国科研专家正在不断外流，哈萨克斯坦的年轻人才结

[1] 梁炎，萨比克孜娜·莎莲. 21 世纪以来中亚地区高等教育发展特征管窥 [J]. 世界教育信息，2019（21）：51-60.

[2] 谷维. 哈萨克斯坦出台 2007—2012 年科学发展规划 [J]. 中亚信息，2007（9）：25-30.

[3] 马新英，孟凡丽. 哈萨克斯坦高等教育的历史演变及现状分析 [J]. 俄罗斯中亚东欧市场，2011（3）：36-41.

束国外留学后也不愿意回国工作和生活。一方面是因为哈萨克斯坦缺乏良好的科研环境，国内科学界只关注能快速出成果的研究，而不关注见效较慢的基础研究。另一方面，哈萨克斯坦的科研环境很难充分将年轻人才的想法或创新投入市场，专利保护法律也不健全。在为年轻人才创造良好的创新条件上，哈萨克斯坦还有很长的路要走。

哈萨克斯坦人才外流的原因还在于高等院校人才培养与现实脱节，科研成果与现实应用脱节。与欧美等发达国家相比，哈萨克斯坦本国学者的科研成果质量不高，论文发表途径狭窄，高质量的学术刊物数量比较有限，科研氛围和学术氛围不够浓厚，学术不端乱象仍然存在。

导致哈萨克斯坦人才流失现象严重的又一个重要原因是国际校际合作不足，合作培养人才与学术交流的效果仍然有提升的空间。哈萨克斯坦作为一个中亚国家，在博洛尼亚进程中重视欧洲高等教育区国家的发展经验，然而相比较而言，不够重视亚洲国家的高等教育发展特点。哈萨克斯坦的部分人才在西方接受高等教育后，回国后没有相应的高级实验室或配套设备供应，导致科研无法继续，他们的科研方向同国内落后的生产部门的需求不匹配，科研成果无法应用到实践中。

（四）其他挑战

哈萨克斯坦的高等教育系统还面临着其他挑战，例如，地区间高等教育资源分配不均衡、不合理，诸多高校在 QS 世界大学排名上的表现平平，高校的学术自由度、管理独立性、财政独立性还有提升空间，人才总体老龄化，高等教育信息系统不完善，高等教育机构的基础设施严重陈旧，科学研究部门没有统一的机构来协调，科学、教育和生产之间的联系薄弱，高等教育系统科学工作者的积极性低，外国语言熟练程度低，博士学生人数达不到高等教育机构和国家科学研究所对于人才的需要，哈国高等教育对外国学生吸引力不足等。

二、高等教育的对策

哈萨克斯坦高等教育在摸索前进的道路上遇到了不少严重的挑战，所幸，近年来哈萨克斯坦政府和相关部门对于高等教育体系给予了越来越多的关注，针对发展和改革过程中的问题，相关部门能够具体情况具体分析，及时调整，迎难而上。

（一）政府出台相应法律法规促进高等教育发展

哈萨克斯坦致力于建立起一套适合本国国情的高等教育体系，全面详实地分析本国的教育发展状况，出台相应的法律法规。目前，已经有比较完备的《教育法》《高等教育法》《哈萨克斯坦共和国 2011—2020 年国家教育发展规划》等法律法令。

在面对苏联高等教育制度的遗留影响时，哈萨克斯坦高度重视民族主权和民族语言在教育领域中的应用。然而同时，哈萨克斯坦也意识到，在21 世纪没有任何一个国家可以关起门来独自发展，必须与国际社会进行高等教育的合作与交流，秉持开放包容的心态。

1995 年，俄罗斯提出了建设"共同教育空间"的提议。在该提议框架下，俄罗斯试图继续对中亚的高等教育发展施加影响，[1] 而中亚各国旨在获取、利用地区教育资源，促进区域内各国高校的合作与交流。俄罗斯的莫斯科罗蒙诺索夫国立大学、俄罗斯古布金国立石油天然气大学、莫斯科能

---

[1] 梁炎，萨比克孜娜·莎莲. 21 世纪以来中亚地区高等教育发展特征管窥 [J]. 世界教育信息，2019（21）：51-60.

源学院等在中亚设有代表处。俄罗斯大学在中亚国家的分支机构培养了数万名年轻的专家。俄语中学的教育使中亚国家的公民能够在平等的基础上进入俄罗斯大学深造。

从独立初期的"去苏联化""去一体化"趋势，到现如今的"重新一体化"，包括哈萨克斯坦在内的中亚各国在高等教育合作路径上越来越成熟，对待合作的态度越来越审慎、理智，步伐也越来越稳健。

（二）增加教育经费支出

针对教育经费不足的问题，哈萨克斯坦政府正在努力增加教育上的经费支出，改善经费不足的顽疾。2019 年国家对教育的投入占到了 GDP 的 2.9%。[1]

2020 年 5 月 27 日，哈萨克斯坦总统托卡耶夫在全国公共信托委员会第三次会议上表示，平均而言，哈萨克斯坦每年对每名学生的花费不到 1 000 美元，而 PISA 测试排名前十的国家每年为每名学生花费 1 万—1.4 万美元，这是一个巨大的差距。[2] 为了缩小差距，托卡耶夫表示，哈萨克斯坦将在 2025 年之前将教育支出增加到原来的六倍，计划将教师的工资翻一番。

（三）解决人才流失问题

为应对人才流失问题，哈萨克斯坦政府也采取了一系列措施。例如，哈萨克斯坦政府在逐步提高大学生和研究生的奖学金数额；降低国家统一考试分数线；实行国家统一考试的重考制度，考生在大学第一学期结束前可以重考并重新被录取；针对中学毕业后选择出国读书的学生，从 2018 年

---

[1] 资料来源于哈萨克斯坦网站 knoema.com。

[2] 资料来源于哈萨克斯坦共和国总统官网。

开始,在第一学年第一学期结束后从国外大学转学回国就读时不必进行综合考试;国家统一考试给予考生两次机会,取最高分数作为最终结果。得益于以上种种措施,学生在哈萨克斯坦国内接受高等教育的机会正在扩大。

与此同时,哈国在高等教育领域不断加强国际交流与合作,借鉴先进国家经验,提升本国高校的竞争力和吸引力。哈萨克斯坦积极参与博洛尼亚进程,提高教育服务的竞争力,提高哈萨克斯坦在国际教育领域中的地位。

总而言之,哈萨克斯坦的高等教育受到历史遗留因素的影响,高等教育经费不足,各种原因导致了严重的人才外流,科研成果的数量与质量都有待提高,高等教育质量与当代发达国家之间的差距比较明显,其他林林总总的挑战也日益突出。必须指出的是,哈萨克斯坦高等教育体系还有很大的发展空间。所幸哈萨克斯坦政府能够及时发现问题,并采取针对性的解决方法,整体表现较为高效。哈萨克斯坦对高等教育的重视正在逐渐增强,高等教育进一步发展的势头比较明显,高等教育面临的各种问题正在被逐步解决。

第七章 职业教育

职业教育在人类生活中扮演着越来越重要的角色。"职业技术教育是以培养符合职业或劳动环境所需要的技能型人才为目标的一种教育类型。"[1] "哈萨克斯坦职业教育的发展基本与其经济发展同步，经历了苏联时期的快速发展期、独立初期的低迷期和经济复苏后的蓬勃发展期。"[2] 本章将重点介绍哈萨克斯坦职业教育的发展现状、特点和经验、挑战和对策。

第一节 职业教育的发展现状

一、职业教育概况

（一）职业教育的现代化改革

当今高新科技的发展要求人才懂技术、会操作，哈萨克斯坦经济发展势头强劲，需要大量专业人才，国家经济转型发展迫切要求发展职业教育。

---

[1] 杨汉清. 比较教育学 [M]. 3 版. 人民教育出版社，2015：209.

[2] 宋晶. 哈萨克斯坦职业教育现状与发展趋势 [J]. 深圳职业技术学院学报，2017（6）：13-18.

因此，职业教育被视作哈萨克斯坦国内教育发展的优先领域之一，其目标是确保毕业生所掌握的技能符合经济发展的要求，培养劳动力市场需要的专业技术人员。哈萨克斯坦职业教育发展得益于该国职业教育体系的现代化改革。2012 年，哈萨克斯坦开始了职业教育的现代化改革进程，成为独立后最早进行职业教育领域改革的独联体国家之一。时至今日，该国仍在对其职业教育体系进行现代化改革，力求为国家培养高质量、高水平和具有竞争力的技术型人才。

哈萨克斯坦政府于 2017 年推出了全民免费职业技术教育制度，其主要目的是为各类人群提供学习机会，让国民在就业前掌握必要的专业知识，提升职业竞争力。自 2018 年 11 月起，该制度的实施由哈萨克斯坦教育科学部以及哈萨克斯坦劳动与社会保障部联合负责，并制定出台了相关法令。[1]该制度覆盖人群包括九年级和十一年级的毕业生、无业公民、年龄小于29 岁且没有职业能力的年轻人、生活困难的公民以及弱势群体。

该制度旨在让所有申请者都能获得灵活的、终身的免费教育；只要九年级毕业生有意向学习，就可以百分之百地接受教育，使其具有初等专业水平，教育时长从一个月至三年不等；十至十一年级的学生则可以学习实用的专业技术。该制度的实施一方面提高了中学毕业生的就业率，改善了青年人的就业环境，帮助他们实现自己的人生目标，另一方面也降低了青年的犯罪率，提高了受教育者的工资，减少了许多企业对国外劳工和专家的依赖，部分地解决了企业员工短缺的问题。因此，这项制度对哈萨克斯坦国家经济总体上起到了积极的作用。

2019 年的《哈萨克斯坦共和国教育系统发展报告》[2] 对这项制度的实施情况进行了评估。数据显示，2017 年和 2018 年哈国九年级学生考入职校的比例为 39%，和 2016 年相比增加了 3%，但是 2019 年该数据回落至 2016 年

---

[1] 资料来源于哈萨克斯坦法律法规信息系统网站。

[2] 资料来源于哈萨克斯坦共和国教育科学部官网。

的水平（见表 7.1）。

表 7.1 2016—2019 年哈萨克斯坦九年级毕业生去向（单位：%）[1]

年份	考入职业学校	在十年级继续学习	就业	未就业	其他
2016	36	62	0.2	0.1	1.7
2017	39	60	0.3	0.1	0.6
2018	39	60	0.1	0.1	0.8
2019	36	62	0.1	0.1	1.8

　　报告指出，这种回落可能是由哈萨克斯坦的高考改革导致的。根据改革后的最新高考制度，十一年级的考生如果愿意自费进入大学学习，则可以选择多次高考。因此，由于高考后的就业走向有了更好的保证，许多原本计划考入职业学校的九年级毕业生便留在十年级继续学习。

　　2019 年，哈萨克斯坦国家经济部统计委员会还对 15—28 岁的青年就业情况进行了统计。总体来看，哈萨克斯坦全国无业青年的比例近年来一直在下降（见图 7.1），虽然部分地区该数值依然保持高位，但是发展趋势向好。另外，哈萨克斯坦自由职业者的人数也在近几年发生了明显变化。哈国大多数自由职业者都在薪酬较低的行业工作，如农业、零售批发业。2019 年哈国共有约 210 万自由职业者，其中 15—28 岁的年轻人有约 48 万，占比 23%；而此前在 2015 年有约 58 万年轻人从事自由职业，与 2019 年的数字相差 10 万。[2] 可见，全民免费职业技术教育制度自实施以来，在一定程度上降低了哈萨克斯坦的青年失业率，减少了无业青年、自由职业青年和缺少专业技能的青年数量，对哈萨克斯坦劳工市场的发展及社会经济整体发

[1] 资料来源于哈萨克斯坦国家教育数据库。

[2] 资料来源于哈萨克斯坦国家教育数据库。

展均发挥了正面作用。

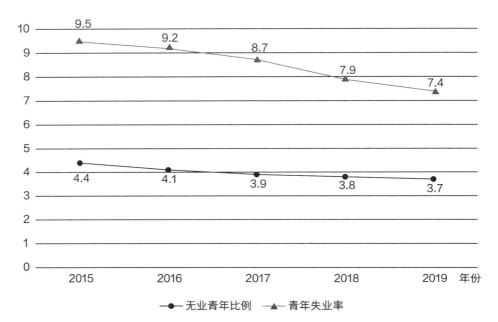

图 7.1 2015—2019 年哈萨克斯坦青年失业率与无业青年比例变化（％）[1]

（二）职业教育的办学情况

广义上，哈萨克斯坦的职业教育体系分为三个阶段：初等职业教育、中等职业教育和高等职业教育。前两个阶段属于中等教育的范畴，其中，初等职业教育的学制一般为两至三年，中等职业教育学制一般为三至四年；第三个阶段属于高等教育的范畴。在哈萨克斯坦，初中是一个关键节点，学生在初中毕业后分流：一部分进入普通高中就读，一部分则考取职业学校（包括专科学校、初级职业学校和中等职业学校）。学生在职业学校毕业后，可以选择就业或者考入职业大学，接受高等职业教育。总的来讲，相

---

[1] 资料来源于哈萨克斯坦国家统计局官网。

比接受高等教育，职业教育的学制更短、费用更低、实操性更强，具有一定的优势。

在管理方面，哈萨克斯坦教育科学部及下属职业技术教育署是哈萨克斯坦职业教育运行与发展的官方管理机构。教育科学部是负责管理教育、科学和儿童权利保护领域的国家机构，在全国设有直辖或分级的教育机构，负责管理各行政区的教育、推行各项教育政策并保障教育法规的落实。职业技术教育署的主要职能包括参与制定和推行国家职业教育政策、制定和完善国家职业教育法规、为职业教育发展创造条件、将当代教学技术引进职业教育、提高职业教育质量等。但是，包括职业学校在内的各类学校也享有一定的自主权，可以根据国家教育标准自主设置课程。2017 年，哈萨克斯坦《国家技术和职业教育标准》得以修订，允许职业学校修改其教学内容的比例高达 80%。

为了推动教育行业的发展，哈萨克斯坦教育科学部定期制定一定年限的战略计划，并每年公布战略计划的当年执行报告以及执行情况的分析报告，以监督战略计划的实施，及时发现执行过程中的问题并提出相关建议。

根据《哈萨克斯坦共和国教育科学部 2020—2024 年战略计划——2020 年执行报告》（以下简称《2020 年执行报告》）、《哈萨克斯坦共和国教育科学部 2020—2024 年战略计划——2020 年执行情况的分析报告》（以下简称《2020 年执行分析报告》）以及《2020 年哈萨克斯坦共和国国家教育体系现状与发展报告》（以下简称《2020 年国家教育报告》）：2018 年共有 821 所职业学校（其中公立学校 479 所，私立 342 所）；2019 年共有 801 所（公立 460 所，私立 341 所）；2020 年共有 795 所（公立 454 所，私立 341 所）。[1]哈萨克斯坦职业教育的办学体制是公立办学与私立办学相结合，公立职业学校的数量和学生人数均多于私立学校，占主要地位，但同时，私立学校稳定发展。近几年，职业学校总数略减，主要是因为公立职业学校的数量

---

[1] 资料来源于哈萨克斯坦共和国教育科学部官网。

减少。为了让职业教育体系具有更强的市场指向性，政府推动了职业学校的整合和优化。此举有利于提高职业学校的竞争力，进而提升职业教育质量。

根据《2020 年国家教育报告》，2019 年哈萨克斯坦职业学校入学人数为 144 284 人，2020 年为 158 537 人，增长了 9%。职业学校入学人数出现较大幅度增长的一个原因是自 2020 年开始，职业学校入学考试被取消。根据新的招生机制，职业学校的招生依据为学生小学或中学毕业证上的总分。[1]

哈萨克斯坦公民接受公费职业教育的人数较多，根据《2020 年国家教育报告》，2020 年职业学校约 60% 的新生属公费学习，约 40% 属自费学习。[2] 公费学习的人数整体上高于自费学习的人数，这得益于全民免费职业技术教育制度的实施。该项目于 2017 年启动，旨在保障所有有意愿者能够接受免费的职业教育。截至 2020 年，哈萨克斯坦有超过 72 万公民接受了免费的职业教育。[3]

哈萨克斯坦职业教育受众广泛，主体是普通高中毕业生。受众之中，有特殊教育需求的学生群体值得关注。为保障该群体接受职业教育的权利，哈萨克斯坦政府部门采取了一系列措施来建立法律机制基础和教学基础，正努力将各种类型的发展障碍学生纳入职业教育学习体系。以前，中学毕业的特殊学生只能获得学习证明，现在则可以得到正式的毕业证书，该毕业证书与普通高中毕业证书属于不同系列，是为特殊学生定制的。哈萨克斯坦职业学校录取规则在 2018 年得到修改，特殊教育学校的毕业生也可以进入职业学校学习。根据《哈萨克斯坦共和国教育科学部 2020—2024 年战略计划》（以下简称《2020—2024 年战略计划》），目前有 247 所（30%）职业学校为有特殊教育需求的学生创造了便利条件和设施（包括坡道、电梯、

---

[1] 资料来源于哈萨克斯坦共和国教育科学部官网。

[2] 资料来源于哈萨克斯坦共和国教育科学部官网。

[3] 资料来源于哈萨克斯坦共和国教育科学部官网。

图书馆等），2018—2019 学年共有 2 928 名有特殊教育需求学生接受了职业教育；且在职业学校招生时，给有特殊教育需求的学生划分了 1% 的入学名额。[1] 这样，哈萨克斯坦保障了有特殊教育需求学生的人权，并为该群体的社会化发展开辟了道路。未来，哈萨克斯坦相关部门还将继续为有特殊教育需要的人群创造条件，制定和实施有针对性的课程安排、资格证书方案。地方执行机构将继续努力提供基础设施条件和无障碍环境，配备特殊设备，为他们创造无障碍接受职业教育的有利环境。特殊群体接受职业教育体现出职业教育肩负着重要的社会职能。

目前，哈萨克斯坦国内正在进行职业学校的专业化工作，许多生源短缺或不受欢迎的专业被撤除和合并。截至 2018 年，哈萨克斯坦国内已减少了 109 个重复设置和没有需求的专业。根据《2020 年国家教育报告》，职业教育领域最受欢迎的专业是医学、教育、药学、服务与经管，这些专业招生人数最多；最不受欢迎的专业是计量、校准、鉴定学、冶金与机械制造。[2] 同时，职业教育框架下的专业设置也越来越符合国际标准和就业市场需求。根据《2020 年执行分析报告》，相关机构已经开发了 119 个既符合世界技能大赛国际需求，又考虑哈国雇主需求的教学方案。[3] 被誉为"技能奥林匹克"的世界技能大赛是世界技能组织（WorldSkills）成员展示和交流职业技能的重要平台。这些都促进了哈萨克斯坦职业教育的专业化，推动了具有竞争力的专业教学领域的形成。

就学习形式而言，近年来接受全日制职业教育的学生比例呈上升趋势（2018 年占 87%，2019 年占 89%，2020 年占 92%），与此同时，选择函授和夜校的学生比例下降。[4]

就授课语言而言，大部分职业教育学校都用哈语进行教学，尤其是在

---

[1] 资料来源于哈萨克斯坦共和国教育科学部官网。

[2] 资料来源于哈萨克斯坦共和国教育科学部官网。

[3] 资料来源于哈萨克斯坦共和国教育科学部官网。

[4] 资料来源于哈萨克斯坦共和国教育科学部官网。

南方地区。2020 年职业学校哈语教学比例占 58.5%。相比之下，北方地区哈语教学比例较低。例如，北哈萨克斯坦州哈语教学比例仅为 11%。[1]

（三）职业教育的教育资源

教育资源中，教师资源问题引人关注。师资问题是哈萨克斯坦职业教育发展过程中面临的一大严峻问题。总体上，该国目前存在教师地位不高、工资水平较低的现实状况，职业教育领域教师流失到工业部门的现象非常明显。与此同时，近年来，职业教育对专业人才和特殊学科教师的需求也在不断增长，也为高水平教师提供了更多的就业机会。

硬件设施是教育资源中另一主要被关注对象。根据《2020 年执行报告》，所有公立职业学校的培训和生产车间中有 51.54% 配备了现代化的设备。[2] 近年来，职业教育领域实验室和工作间的数量呈增长趋势，2020 年实验室数量为 3 744 间，比 2019 年增长了 62 间。[3] 此外，学校宿舍的床位问题也备受关注。2018 年哈职业学校宿舍床位的总数仅为 2 217 个，这距离实际需求量还相差甚远，该国计划到 2025 年将床位数量提升到 90 000 个。[4]

哈萨克斯坦职业教育框架下进行的教学、竞赛活动丰富多彩，包括各种实习实践、技能竞赛等。这些活动的开展与精神文明复兴计划密切相关。在精神文明复兴计划框架下，哈萨克斯坦举办了诸如主题展览、职业学校和企业参观、职业技能竞赛、技术创造力联合展览等活动。为了扩大职业教育在青年中的知名度并提高其声望，哈萨克斯坦不仅会举办年度地区和全国职业技能大赛，还鼓励学生参与世界技能大赛、世界青年技能大赛等各种技能大赛。2014 年，哈萨克斯坦成为世界技能大赛的第 70 个参与国。

---

[1] 资料来源于哈萨克斯坦共和国教育科学部官网。
[2] 资料来源于哈萨克斯坦共和国教育科学部官网。
[3] 资料来源于哈萨克斯坦共和国教育科学部官网。
[4] 资料来源于哈萨克斯坦共和国教育科学部官网。

自 2015 年开始，哈萨克斯坦积极参与世界技能大赛，取得了显著成绩，从 2015 年获得第 50 名到 2019 年获得第 14 名。2015 年哈萨克斯坦举办了第一届哈萨克斯坦全国职业技能大赛，该比赛每年举办一次，旨在吸引更多的学生参与其中，致力于打造符合世界标准的哈萨克斯坦高科技工业领域人才保障体系。在 2022 年的第七届哈萨克斯坦全国职业技能大赛中，共有 110 名大学生和青年专业人员获奖，涉及 30 项专业技能，他们获得了 34 枚金牌、38 枚银牌和 38 枚铜牌，另有 144 名参赛选手被授予优秀奖章。[1] 从 2019—2020 学年开始，哈萨克斯坦还启动了"哈萨克斯坦共和国职业教育百强大学生"项目，该项目旨在支持有才干的青年人，表彰工作技能优秀的职业教育阶段学生。[2] 根据哈国职业教育的发展规划，未来还将在所有的哈萨克斯坦公立职业教育学校建立就业指导中心，为毕业生的职业发展量身打造专业方案。

（四）职业教育的教学成效

得益于哈萨克斯坦对职业教育发展的高度重视，该国职业教育的教学质量也呈现出上升趋势。哈萨克斯坦"阿塔梅肯"国家企业家协会进行的认证结果证明了这一点。该协会是哈萨克斯坦非营利的自治组织，于 2013 年 9 月 9 日成立，旨在利用良好的工商和政府伙伴关系为企业经营发展创造有利条件。哈国职业教育毕业生中通过独立技能认证的人数比例呈上升趋势。就应届毕业生就业率而言，目前还有提升的空间。《哈萨克斯坦共和国 2020—2025 年国家教育与科学发展规划》指出：根据国家教育要求，职业教育应届毕业生的就业率需要在 2025 年达到 75%。而该指标

---

[1] 资料来源于哈萨克斯坦全国职业技能大赛官网。

[2] 资料来源于北哈萨克斯坦职业教育学校官网。

在 2018 年尚为 62%，离达到 75% 的目标还存在一定的差距。[1] 此外，哈萨克斯坦相关部门考虑将国际行业标准纳入哈职业教育体系中，各认证中心将根据国际标准对接受过职业教育的人员进行资格认证，继而为达标者颁发国际证书。

二、职业学校排名和代表学校

哈萨克斯坦有许多办学优良、培养人才无数的职业学校。"哈萨克斯坦国家职业学校排名"是自 2015 年以来哈萨克斯坦每年都会进行的一项年度职业教育学校国家评级。该排名由哈萨克斯坦独立的教育质量保障机构（IQAA）主导，该评级机构以独立、专业、客观为宗旨，每年对全国各高校、各职业学校等分别进行排名，排名结果受到国内多家知名媒体的正面报道和肯定。

该机构采用多维评级方法，根据六个指标评估各参与排名的职业学校的工作绩效：学生人数（15 分），学生学习成果和学校实施的教育课程数量（20 分），工程和教学人员的素质（20 分），学校活动的质量（15 分），与企业的合作（15 分）和信息支持（15 分），以上六个指标的总和为 100 分。该排名还考虑了各学校的专业设置情况，分别从六个领域对职业学校进行分类评级，这六个领域包括多学科学校、技术学校、人文和经济学校、农业技术学校、师范学校、医学学校。

根据上述六个指标和六个领域类型，2019 年哈萨克斯坦各类职业学校的排名情况如下（见表 7.2—表 7.7），下面将针对每一领域排名第一的职业技术学校进行简要介绍。[2] 该排名能够帮助哈萨克斯坦中学毕业生和家长们

---

[1] 资料来源于哈萨克斯坦共和国教育科学部官网。

[2] 以下排名资料和数据来源于 IQAA 官网。

正确择校，为职业教育相关人员进行数据比较分析和采取针对性措施提供了方便，也有助于我们了解哈萨克斯坦国内职业学校的现状。

欧亚创新大学高等学校是哈萨克斯坦国家职业学校中的佼佼者。该校成立于 2001 年，2012 年通过例行评估继续保有其教育许可证。如今，该校开设技术、人文、经济和法律等方向的 28 个专业，能为学生提供公费学习机会。学校以通过创新和持续教育培养具有市场竞争力的技术专业人员为己任，拥有 5 个全日制教学单位和 1 个函授部门，可提供远程教育和校企双重培训，以哈语和俄语两种语言进行教学。该校不仅拥有高素质的教学师资，还拥有现代化的技术基础设施、技术实验室、计算机中心、图书馆等硬件设备，这些都确保了技术专业人员的培训质量。[1]

表 7.2 2019 年哈萨克斯坦多学科职业学校排名

排名	学校名称	总分
1	欧亚创新大学高等学校	67.41
2	阿拉木图工业大学附属技术经济学校	57.66
3	北哈萨克斯坦职业教育学校	54.84
4	扎亚乌·穆萨阿克苏学校	50.84
5	欧亚创新大学埃基巴斯图兹学院	46.37
6	特克利职业学校	34.58

阿拉木图国立能源与电子技术学校是哈萨克斯坦能源行业领先的职业教育学校之一。该校成立于 1964 年，现有学生近 1 600 人，培养 11 个专业的人才。该校拥有 52 间教室、15 间实验室和 7 个教学生产车间。学校的发

---

[1] 资料来源于欧亚创新大学高等学校官网。

展目标是"做高素质专业技术人员培养领域的引领者"。该校 50 余年来培养
了超过 15 000 名能源领域的中层专业技术人员,以培训和再培训高素质的
专业技术人员而获得广泛认可。[1]

表 7.3 2019 年哈萨克斯坦技术类职业学校排名

排名	学校名称	总分
1	阿拉木图国立能源与电子技术学校	64.25
2	塔尔迪库尔干高等职业技术学校	57.93
3	道路运输学校	53.42
4	曼吉斯套职业技术学校	49.80
5	卡拉甘达技术建设学校	46.37
6	高等技术学校	44.12
7	穆卡舍夫阿特劳理工学校	37.20
8	阿拉尔斯克工业技术学校	28.10

阿拉木图州服务业和餐饮业创新技术学校成立于 1978 年,现培养以服
务和餐饮业从业人员为主的 13 个专业领域的人才。学校拥有人才培训应有
的基础设施:用于普通教育和职业培训的办公室、计算机实验室、各种专
业车间等。所有办公室、实验室、讲习班和车间都配备了最现代化的设备
和技术,包括计算机、多媒体投影仪、交互式白板。[2]

---

[1] 资料来源于阿拉木图国立能源与电子技术学校官网。

[2] 资料来源于阿拉木图州服务业和餐饮业创新技术学校官网。

表 7.4 2019 年哈萨克斯坦人文和经济类职业学校排名

排名	学校名称	总分
1	阿拉木图州服务业和餐饮业创新技术学校	73.75
2	卡兹波特雷布索尤兹卡拉干达经济大学商业、经济与法学校	49.51
3	忒弥斯法学校	43.27

　　卡塔科尔农学院成立于 1948 年，现开设 6 个全日制专业，应届生就业率超过 90%。根据哈萨克斯坦教育科学部于 2009 年 7 月 15 日发布的命令，该校成为基础培训中心，用于对农业领域的技术和服务人员进行培训和再培训。其发展任务是建立高效、有竞争力的培训体系，对农工综合体发展优先领域的人员进行技能提升和再培训。该学校在 70 余年的历史里在职业教育领域不断努力和创新。据统计，学校自成立以来已经培养了约 1.4 万名劳动力市场所需的中级专业技术人员。[1]

表 7.5 2019 年哈萨克斯坦农业技术类职业学校排名

排名	学校名称	总分
1	卡塔科尔农学院	49.42
2	第三农业技术学校	45.74
3	十叶里工农职业学校	39.89
4	沙巴克农业技术学校	35.91

　　科克舍套穆辛哈萨克斯坦高等师范学校成立于 1990 年，接收九年级和

---

[1] 资料来源于卡塔科尔农学院官网。

十一年级毕业的学生，为其提供职业技术培训，将其培养为专业技术人才。这是一所极具发展前景的现代化学校，在哈萨克斯坦的职业教育体系中占据领先地位。根据《2016—2019 年职业学校战略性发展计划》，学校的教学团队始终保持着高质量师资培训的良好传统，努力维护着智力和文化精神以及学生生活的独特氛围。2016 年，该学校是地区首批所有专业都通过了机构和专业认证的师范类学校之一。[1]

表 7.6 2019 年哈萨克斯坦师范类职业学校排名

排名	学校名称	总分
1	科克舍套穆辛哈萨克斯坦高等师范学校	74.93
2	阿赫梅托夫巴甫洛达尔教育学校	74.86
3	朱马巴耶夫彼得罗巴甫洛夫斯克人文学校	53.07
4	马梅托夫克孜勒奥尔达教育高等学校	48.81
	人文职业学校	

塔尔迪库尔干高等医学院是哈萨克斯坦阿拉木图州历史最悠久的中等教育机构之一，成立于 1936 年，现有约 1 400 名学生，开设 7 个专业。该学校荣获阿拉木图州"2018 年阿拉木图州最佳医学院"称号，在"2018 年哈萨克斯坦最佳医学院全国排名"中名列第一。学校教室和实验室的技术设备配备率为 98.8%。图书馆藏书不断更新，学校为全体学生提供住宿，并计划依靠阿拉木图州预算来新建宿舍楼。该校建立了教学临床中心，为教师教学和学生学习提供便利条件。[2]

---

[1] 资料来源于科克舍套穆辛哈萨克斯坦高等师范学校官网。

[2] 资料来源于塔尔迪库尔干高等医学院官网。

表 7.7 2019 年哈萨克斯坦医学类职业学校排名

排名	学校名称	总分
1	塔尔迪库尔干高等医学院	66.42
2	图尔克斯坦高等医学院	65.38
3	科克舍套高等医学院	64.53
4	扎姆比尔高等医学院	60.30
5	克孜勒奥尔达医学院	57.51
6	高等医学院	55.25
7	西哈萨克斯坦高等医学院	54.07
8	迈尔贝斯高等学校	50.67
9	奇姆肯特奇姆肯特高等医学院	49.58
10	阿特劳医学院	41.32

第二节 职业教育的特点和经验

一、职业教育的特点

（一）紧跟市场需要动态发展

职业教育以培养符合劳动力市场所需要的技能型人才为目标，职业教育的发展就势必具有市场适应性，符合社会经济发展对于人才的需求。现阶段，哈萨克斯坦职业教育在国家的总体规划中持续发展，职业教育体系得以进一步完善，不断适应经济发展方式的转变和产业结构调整的要求。哈职业教育由原来的有计划培训人才、供应人才、促进经济发展，转变为根据劳动力市场的实际需求组织培训、满足要求、适应经济发展。

众所周知，作为上层建筑的教育需要符合经济基础的发展要求，哈萨克斯坦教育体系改革目的在于使其教育体系实现现代化并符合社会和国家的现代性要求。为了符合国家经济发展的需求，哈萨克斯坦目前已经构建了较为完善的职业教育体系，旨在满足国家经济社会发展的技术人才需要。当今高新科技的发展不仅要依赖先进的科学技术，同时还需要懂技术、会操作的人才支持。面对哈萨克斯坦强劲的经济发展势头，专业人才是国家最需要的，同时也是中等、高等职业学校的主要培养目标。哈萨克斯坦《2020—2025 年国家工业和创新发展计划》项目，尤其是在冶金、机械工程以及电气设备、交通、农业机械方面对专业技术人员需求很大。

为了使职业教育符合市场需求，在哈萨克斯坦工业和创新发展的基础上，相关部门和机构不断更新职业教育的内容。哈萨克斯坦《2020—2024 年战略计划》指出：根据国家工业和创新发展的需求更新职业教育的内容是职业教育发展的优先方向之一，职业教育教学方案会根据世界技能大赛要求和雇主的需求不断更新。在哈国职业教育领域，正在实施一系列的倡议，根据劳动市场需要和国际标准更新职业教育的内容。科技的迅速发展、劳动力市场的不断变化都要求职业教育体系迅速做出反应。为了满足国家对职业人才日益增长的需求，哈萨克斯坦不断引入新的人才培养方式：在职业教育现代化的框架下引入模块—技能方法、学分—模块教学技术、世界技能标准。[1]

哈萨克斯坦的现代教育体系旨在培养"新人"，这样的"新人"将具有重要的现代素质，例如，灵活性和高效率，能快速掌握新技术，能够适应不断变化的市场、生产方法和工作条件。现阶段毕业生的工作和生产效率不取决于其掌握的知识量，而取决于技能的多样性及其在实际活动和日常

---

[1] 资料来源于哈萨克斯坦共和国教育科学部官网。

生活中的应用。

哈萨克斯坦《2020 年国家教育报告》指出：2020 年是哈萨克斯坦提高职业教育应对劳动力市场需求灵活度的重要年份。2020 年，哈国首次将"给予职业学校学术自由"写进法律。此举使职业学校可以自主与雇主一起制定符合职业标准和世界技能标准的教学方案。此外，国家还取消了主管机构规定职业教育学习期限的做法，取而代之的是职业学校根据具体教学方案来自主确定学习期限。[1]

自 2016—2017 学年开始，哈萨克斯坦相关人士在制定教学方案时使用了模块—技能方法，不断更新职业教育领域教学内容。"技能方法"有利于培养符合劳动力市场需求的高质量专业人才。"模块建设"能够根据需求不断更新和替换具体的模块，优化整合，量体裁衣。模块—技能方法在许多欧洲国家被广泛应用，是能够终身受用的重要教学方法。同时，引入模块—技能方法也为逐渐过渡到学分—模块体系创造了条件。学分—模块体系能够保障教育的连续性、透明性、可比性以及兼容性，并实现个体的个性学习。[2]

（二）不断推动学校与企业的合作

近年来，企业在哈萨克斯坦职业教育中发挥着重要作用。在职业教育框架下，推行双重培训的办学模式也呈现出积极发展的趋势。

根据《2020—2024 年战略计划》与《2020 年执行分析报告》中的数据，2015 年有 348 所职业学校引入了双重培训；2016 年有 421 所；2017 年有 460 所；2018 年有 486 所，涵盖了超过 38 800 名学生；2019 年有 518 所，涵盖了超过 54 800 名学生；2020 年有 535 所，涵盖了超过 58 600 名学生，接

---

[1] 资料来源于哈萨克斯坦共和国教育科学部官网。
[2] 资料来源于哈萨克斯坦共和国教育科学部官网。

受公费职业教育的学生中有 18.3% 接受的是双重培训。[1] 近年来，哈萨克斯坦引入双重培训的职业学校越来越多，涵盖的学生人数逐渐增多，校企合作成为职业教育发展的一大趋势。

在双重培训中，学校可根据雇主的要求改进教学内容，改动比例最高可达 80%（非双重培训情况最高可达 50%）。《哈萨克斯坦共和国 2020—2025 年国家教育发展规划》的数据显示，该国职业学校的学生通过国家公费途径接受双重培训职业教育的比例在 2018 年为 12.7%，哈萨克斯坦政府计划到 2025 年将该比例提升到 35%。[2]

在双重培训模式下，雇主参与教学方案的制定，学生在企业进行教学—生产实践。这样的办学模式，加强了学生与潜在雇主的互动，有利于促进毕业生充分就业。这样的办学模式能够帮助学生发展实践技能，使其成为符合劳动力市场需求的专业人才。例如，帕夫洛达尔化学与机械学院的学生在合作企业学习维修汽车、炼油和化工设备，以及监控化合物质量。这一过程中，他们寓学于实践。一名石油精炼专业的学生说："第一次走进炼油厂时，感到无比震惊，在这里能够看到技术流程，学到跟课本上极不一样的内容。"一名在帕夫洛达尔炼油厂工作的员工说："边做边学可以为学生提供进入劳动力市场所需的技术技能。最好的学生将被直接招募到我们炼油厂。在实习期间，我们所有专家和相关部门的负责人都会对这些学生进行观察，包括他们的工作方式、人际交往情况等，以确定这些学生将来是否可以成为我们的员工。"[3]

双重培训模式下，符合产业发展的教学方案在不断被完善。根据《2020年执行分析报告》，共有 246 个立足于职业标准的教学方案被引入，提供给广大学生学习多种工作技能的机会。[4] 可见双重培训创新机制的有效性大大

---

[1] 资料来源于哈萨克斯坦共和国教育科学部官网。

[2] 资料来源于哈萨克斯坦共和国教育科学部官网。

[3] 资料来源于世界银行官网。

[4] 资料来源于哈萨克斯坦共和国教育科学部官网。

加快了职业教育的发展速度。雇主们指出，一方面，毕业生的技能和工作意愿显著提高；另一方面，也是最重要的，这样的机制改变了人才培养单位与经济营业部门合作的模式，从之前的设备捐赠等单向受益模式转为互惠互利的伙伴关系。因此，职业学校的毕业生们在本地企业（或工厂）找到工作的概率大大提高。

总体来说，在逐渐引入双重培训体制的背景下，职业学校与潜在雇主的合作越来越紧密，校企合作呈现出积极发展的态势。但同时值得注意的是，公费学习的学生中双重培训的覆盖率仅为 18.6%，需要进一步提高潜在雇主对公费学生进行双重培训的关注度。[1]

（三）重视法制化建设

法制化是哈萨克斯坦职业教育的一大显著特点。《宪法》是哈萨克斯坦教育领域各种法律、法规、条例等的基础和依据。在此基础上，监管职业教育的主要法律是哈萨克斯坦《教育法》，该法律于 2007 年修订。《教育法》规定：职业技术教育是中等教育的组成部分，旨在授予学生知识、能力、技能，使学生能够在特定领域开展专业活动和（或）从事特定职业或专业的工作，培养合格的技术人才和中等专业人才。[2]

近十年来，哈萨克斯坦出台了一系列与职业教育相关的法律法规。2011年发布的《创建国家职业教育人员培训委员会规范》规定，国家职业教育人员培训委员会进行各种活动的宗旨是促进国家政策在劳动力资源开发领域和向各经济部门提供国家级合格人才工作领域的实施。[3] 2018 年发布《关于批准职业教育、专科教育的专业分类》的教育科学部部长令，明确规定

---

[1] 资料来源于哈萨克斯坦共和国教育科学部官网。

[2] 资料来源于哈萨克斯坦司法部法律法规信息系统官网。

[3] 资料来源于哈萨克斯坦司法部法律法规信息系统官网。

了职业教育专业分类，[1] 该法令于 2021 年进行了修订。2019 年，哈萨克斯坦教育科学部批准了《关于哈萨克斯坦共和国教育科学部下属职业技术教育署的条例》。该条例规定，职业技术教育署是教育科学部的下属分支机构，并细致规定了职业技术教育署的具体职能范围、人员组成等内容。[2] 2019 年实行了《教师地位法》，规定了教师（包括职业教育教师在内）的权利、社会保障和限制、责任和义务等。[3] 2019 年通过的《哈萨克斯坦共和国2020—2025 年国家教育与科学发展规划》，对国内教育（包括职业教育在内）进行了现状分析，并提出了 2020—2025 年的发展目标和任务。该规划指出，发展公平的、公民能负担得起的优质职业教育是哈萨克斯坦教育发展的优先领域之一。[4]

由此可见，自独立后，哈萨克斯坦政府一直在坚持颁布并完善职业教育相关法律、法规、条例等。"制定和实施法律法规是政府干预职业教育的主要手段，从一定意义上说，职业教育的发展过程就是职业教育不断法制化的过程。……完善职业教育立法，才能为本国的职业教育发展提供根本保障，而要保证本国职业教育健康、持续、有序的发展，则离不开提高职业教育的法律执行力。"[5] 从哈萨克斯坦职业教育的历史和现状来看，哈国非常重视职业教育的立法，在不断制定法规的同时保证其运行的连续性，使得工作有法可依、有章可循。时至今日，哈萨克斯坦已形成较为完备的职业教育法律体系。

[1] 资料来源于哈萨克斯坦司法部法律法规信息系统官网。
[2] 资料来源于哈萨克斯坦共和国教育科学部官网。
[3] 资料来源于哈萨克斯坦司法部法律法规信息系统官网。
[4] 资料来源于哈萨克斯坦共和国教育科学部官网。
[5] 杨汉清. 比较教育学 [M]. 3 版. 北京：人民教育出版社，2015：209.

二、职业教育的经验

（一）与普通教育积极合作、融合发展

随着哈萨克斯坦教育体系现代化的推行，哈萨克斯坦职业教育与普通教育的关系发生了很大变化，逐渐由原来的替代关系变为互补关系。之前，哈中学毕业生在做人生选择时，要么选择职业教育，要么选择普通教育。而现在，职业教育和普通教育互相补充，职业学校的毕业生也可以选择继续接受普通高等教育，继续学习发展个人技能；同时，在普通高等教育中也融入了一些职业素养和职业技能的教学，而且决定一个学生素质的不仅是其所拥有的知识量，更重要的他所掌握的各种技能及应用技能的能力。总体上，国家也鼓励这两者的良性互动。哈萨克斯坦相关部门已意识到，采取措施使职业教育与普通教育互相融合是教育适应现代社会需要的体现。可以说，职业教育对于高等教育走向大众化起着不可替代的重要作用。为了搭建普通教育和职业教育之间的桥梁，实现两者的融合，哈国相关部门做出了努力。

《2020—2024年战略计划》指出：将实现中学高年级教学方案与职业学校教学方案的同步，允许中学毕业生在获得毕业证的同时，获得职业学校认可的工作技能证明。将继续引入与高等教育低年级（一、二年级）融合的教学方案，在职业学校获得的成绩和学分也自动被高等学校认可，从而缩短高等教育年限。为了保障职业教育与高等教育不脱节，将实现向学分—模块教学技术的过渡。该做法在2019年启动试点，哈国46所职业学校的毕业生将能够在新条件下继续在高等学校学习，相关负责机构将根据基于统一的学分—模块教学系统的评估结果来判断这些学生是否有资格升学。统一的学分模块教学系统有助于该项目的实现，在此框架下，学生在职业学校学习时获得的学分将在进入大学时自动计入，职业学校的毕业考试就

是升入大学的入学考试。显然，该试点项目为中专学校毕业生提供了继续在大学学习的机会。[1]

但总体来讲，现在哈萨克斯坦职业教育和普通教育之前的桥梁尚未搭建完成，成熟完善的体系还没有形成。要真正实现两者之间的融合，还需要国家、职业学校、高等学校三方共同努力，从课程内容的渗透、学制的贯通、建立资格框架和学分互认系统等方面来着手，实现职普融合。

（二）顺应世界教育发展趋势，重视国际化发展

教育国际化已经成为世界教育发展的基本趋势之一。伴随着经济的全球化，世界劳务市场和智力市场也超越了国界，职业教育跨越国家的界限而走向国际化已是必然趋势。进入 21 世纪后，哈萨克斯坦的职业教育也逐渐走向国际化。

近年来，哈萨克斯坦鼓励职业教育学校的学生参与国际竞赛，如世界技能大赛。哈萨克斯坦公民有机会自费或者公费在国外接受职业教育，例如，在博拉沙克国际奖学金的资助下，许多优秀的哈萨克斯坦中学毕业生有机会去国外学习或去世界知名公司实习，其中也包括许多职业学校的学生。

职业教育的国际化还体现在教学方案的国际化倾向上。根据《哈萨克斯坦共和国教育科学部 2017—2021 年战略计划——2018 年执行报告》（以下简称《2018 年执行报告》），基于国际标准开发的职业教育专业（104 个专业）的比例为计划开发专业总数（271 个专业）的 38.4%。[2] 根据《哈萨克斯坦共和国教育科学部 2017—2021 年战略计划——2019 年执行报告》（以下简称《2019 年执行报告》），基于国际标准开发的职业教育教学方案为 119 个，占教学方案

---

[1] 资料来源于哈萨克斯坦共和国教育科学部官网。

[2] 资料来源于哈萨克斯坦共和国教育科学部官网。

总数（221 个）的 53.85%。[1] 基于国际标准开发新的教学方案，能够综合世界优秀职业教育实践和国际职业标准，让哈国职业教育质量和国际化程度更高。

哈萨克斯坦与欧洲国家保持着密切的职业教育领域合作。哈国教育科学部与欧洲培训基金会（ETF）于 2010 年签署了合作意向声明，2011 年签署了合作议定书，为其职业教育合作奠定了法律基础。[2] 2010 年，哈萨克斯坦加入了都灵进程，该进程由欧洲培训基金会（欧盟）在 2010 年发起，分析参与国职业教育和培训政策，两年为一周期，展现欧洲培训基金会各伙伴国的职业教育发展状态、回顾过往并指明未来优先发展方向。在都灵进程的框架内，哈国教科部与欧洲培训基金会共同举办了国际性、全国性及地区性活动，讨论教育和商业领域的伙伴关系、职业教育系统从业者的技能等问题。哈萨克斯坦一直都是都灵进程的积极参与者，例如，2016 年哈萨克斯坦参与了第四轮都灵进程，哈萨克斯坦国内相关机构积极参与，一定程度上提高了哈国职业教育的质量，促进了职业学校与企业的合作。

作为哈萨克斯坦教育国际化的一个重要里程碑，哈萨克斯坦于 2010 年正式加入博洛尼亚进程，成为首个拥有该进程正式成员国资格的中亚国家。在加入该进程后，哈萨克斯坦政府积极推进职业教育改革，努力实现职业教育的国际化，加强与国际组织的合作。哈政府明确提出以该进程作为教育改革的目标，向世界教育强国迈进，最重要的是使本国教育的质量与欧洲同步。哈萨克斯坦职业教育在该进程中的任务是培养大批懂技术、会操作的专业技术人员，满足国家工业现代化发展的需求，促进主要依托自然资源的经济向多元化经济转变。

哈萨克斯坦与中国在职业教育领域的合作近年来也得以显著推进。例如，2016 年新疆农业职业技术学院与哈萨克斯坦的萨雷科利农业经济与法

---

[1] 资料来源于哈萨克斯坦共和国教育科学部官网。

[2] 资料来源于 IQAA 官网。

律学院、斋桑工艺学院签订合作协议、补充协议和三方协议，达成学历教育合作意向，互为人才培养基地，进行交换生合作，双方对于职业教育的合作积极性高涨、潜力巨大。[1] 2018 年 9 月，"丝绸之路亚欧院校（职教）联盟"成立。该联盟是由中国、中亚及俄罗斯等丝路沿线国家高校（职业院校）、企业、行业协会以及学术团体自发形成的，开展"一带一路"沿线国家高等教育、职业教育交流与合作，遵照有关国际合作法规的非法人联盟组织。由新疆农业职业技术学院倡议，哈萨克斯坦斋桑工艺学院等 10 所国外院校、17 所国内职业院校、31 个跨国型企业和行业组织发起成立。该联盟旨在促进职业教育国际交流与合作，对接国际、国内产业发展需求等。[2] 2018 年，中国首家"哈萨克斯坦共和国职业教育教师培训基地"正式落户江苏理工学院。该培训基地旨在综合运用先进的职业教师资格培训理念和国际经验，为哈萨克斯坦培养优秀的职业教育师资，协同提升中哈两国职业教育师资培训的质量。[3]

从以上这些例证可以看出，哈萨克斯坦在职业教育国际化发展方面取得了不少成绩，更多实质性的国际交流正在不断展开，发展潜力巨大。

第三节 职业教育的挑战和对策

对哈萨克斯坦职业教育发展现状、特点和经验进行梳理，可以发现，当前哈萨克斯坦的职业教育面临许多问题和挑战，例如，职业教育在民众

---

[1] 新疆农业职业技术学院. 新疆农职院与哈萨克斯坦职业院校合作正酣 [R/OL]. （2017-03-17）[2022-08-20]. http://www.xjnzy.edu.cn/gjhzfy/info/1050/1091.htm.

[2] 丝绸之路亚欧院校（职教）联盟. 联盟简介 [R/OL]. （2018-09-16）[2022-08-20]. http://www.xjnzy.edu. cn/xslzjlm/lmjj.htm.

[3] 中新网. 哈萨克斯坦职业教育教师培训基地落户常州 [R/OL]. （2018-11-12）[2022-08-20]. https://www.sohu.com/a/274752710_123877.

中的接受程度不高，职业教育师资问题突出，职业教育城乡、地区发展不平衡，职业教育资金和硬件设施投入不足，职业教育质量不高等。这些问题都需要各相关方面采取相应的措施来解决，从而促进哈萨克斯坦职业教育的长远发展。

一、职业教育的挑战

（一）职业教育在民众中的接受程度不高

近几年的哈萨克斯坦共和国战略计划执行报告（《2018 年执行报告》《2019 年执行报告》《2020 年执行报告》）中均提到，职业教育在当今哈萨克斯坦年轻人中的声誉不高。与发达国家相比，哈萨克斯坦接受职业教育的学生比例要低得多，对于大多数哈年轻公民来说，职业教育并没有吸引力。

根据《2020 年国家教育报告》与《2020—2024 年战略计划》：2016 年职业教育对哈萨克斯坦适龄青年（14—24 岁）的覆盖率仅为 16.6%；2017 年该数据为 17%；2020 年该数据依旧不高，为 15.8%。[1] 这一指标仅为欧盟和经合组织国家的三分之一。在哈萨克斯坦仅有 22% 的人口认为职业教育有声望，而在欧盟国家，有 71% 的人口对接受职业教育持积极态度。

《哈萨克斯坦共和国 2020—2025 年国家教育发展规划》指出：目前在哈萨克斯坦对年轻人的职业指导力度不够，加之相关职业的受欢迎度低，导致青年人在职业教育中的参与热情较低，而这反过来又使人才培养质量受到不利影响。[2]

---

[1] 资料来源于哈萨克斯坦共和国教育科学部官网。

[2] 资料来源于哈萨克斯坦共和国教育科学部官网。

（二）职业教育师资问题突出

教师是立教之本、兴教之源。然而，在哈萨克斯坦，包括职业教育在内的整个教育行业的师资缺乏问题严重。根据《2020 年国家教育报告》，2020 年职业教育从业教师人数为 40 912 人，相比 2018 年减少了 1 554 人。[1]在哈萨克斯坦，尽管每年有大量的师范专业学生毕业，然而教育领域的人才缺口仍然很大。现实状况是，在每年的国家统一考试中，成绩较低的考生才会选择教育专业。不仅如此，在哈萨克斯坦，教育行业还存在严重的人才流失问题。一方面，为了追求更高的薪资，众多教育从业者选择转行，跳槽到其他行业；另一方面，教育工作者离开哈萨克斯坦的现象突出，人才外流问题严重。

教育行业工资偏低是阻碍高素质人才进入教育行业的重要因素。经合组织 TALIS-2018 号研究结果显示，96% 的哈萨克斯坦教师认为，如果教育预算增加，那么最优先应该支持的事项应该是增加他们的工资。[2] 低工资导致众多合格的职业教育教师转行到相关工业部门工作，因为那里的薪水比从事教师职业要高出三到四倍，这就导致职业教育行业教师的整体素质有所下降。而且，在哈萨克斯坦，不存在任何因为工作内容复杂程度、工作量大小或劳动力市场对职业技能的需求差异而提供的津贴。由于吸引不到新的人才和本身的人才流失，哈萨克斯坦职业教育近年来对于教师的需求呈增长趋势。

在教师年龄组成方面，根据《2020 年国家教育报告》，近几年 25 岁以下的职业教育教师比例呈下降趋势，临近退休年龄或退休年龄教师的比例有所上升，该现象背后的原因是职业教育对年轻人不具有吸引力以及职业教师工资普遍不高。[3]

---

[1] 资料来源于哈萨克斯坦共和国教育科学部官网。

[2] 资料来源于经济合作与发展组织官网。

[3] 资料来源于哈萨克斯坦共和国教育科学部官网。

在教师技能级别方面，在哈萨克斯坦，近四分之一的职业学校教师未取得任何技能级别认证。教师们没有提高技能级别的原因在于缺乏相应的奖励机制。

近年来，尽管哈萨克斯坦教育系统和教师发展系统有了积极的改变，但是仍然存在上述一系列问题，导致职业教育领域无法吸引和保留住高水平的教学人员，教师数量和质量问题亟待解决。

（三）职业教育城乡、地区发展不平衡

哈萨克斯坦职业学校的数量虽然可观，但是地理分布不均衡，这是由哈萨克斯坦各地区经济发展水平不一样等因素所决定的。教育发展水平与地区发展水平之间存在明显的相关性。虽然哈萨克斯坦《教育法》规定了哈萨克斯坦所有公民享有获得优质教育的平等机会和权利，但是总体上来讲，获得优质教育的机会在不同地区仍然不均等。

在哈萨克斯坦，职业学校在地区分布上不均。《2020年国家教育报告》指出：阿拉木图市、东哈萨克斯坦州、阿拉木图州的职业学校数量最多，分别为93所、84所、71所；北哈萨克斯坦州、阿特劳州的职业学校数量最少，分别为25所、24所。[1]

根据《2019年哈萨克斯坦共和国国家教育体系现状与发展报告》，在2019年举行的哈萨克斯坦全国技能大赛中，获得奖牌数量最多的是东哈萨克斯坦州（15枚），其次是奇姆肯特市（11枚），而江布尔州和克孜勒奥尔达州仅获得1枚奖牌，阿特劳州没有取得奖牌。[2]奖牌的数量差距在一定程度上反映了各地区职业教育发展水平的差异，由此，也可以在一定程度上看出哈国职业教育发展的地区不均衡现象。

[1] 资料来源于哈萨克斯坦共和国教育科学部官网。

[2] 资料来源于哈萨克斯坦共和国教育科学部官网。

《2020年国家教育报告》指出：接受职业教育的学生中近半数是农村青年，但是在农村职业学校学习的人数仅占10%，近几年农村职业学校学习人数也呈下降趋势。主要原因在于职业学校体系的优化以及城市化进程，年轻人都涌向城市。而且，就城乡职业教育师资力量而言，职业教育教师主要集中在城市，仅14%在农村学校进行教学。[1]

（四）教育资金和硬件设施支持不足

资金和硬件设施不足是影响哈萨克斯坦职业教育发展的关键因素。

根据《2020—2024年战略计划》，哈萨克斯坦在职业教育领域的支出仅为发达国家的三分之一至五分之二。[2] 资金投入不足进一步导致职业教育师资短缺、人才流失。此外，企业对职业教育人才培养的资金投入很少，其中一个原因就是缺少国家层面的激励机制。面对这样的困境，哈政府不仅需要加大财政支持力度，而且还要适当"开源"，吸引预算外资金，制定各种激励机制鼓励雇主参与人才培养，不断优化国家和地方预算、公司伙伴和其他来源的资金结构，多方发力，解决资金后劲不足的问题。

《2020—2024年战略计划》指出：职业学校的物质和技术基础设施不够发达，这仍然是职业教育发展所面临的最紧迫的问题之一。[3] 在哈萨克斯坦，学校硬件设施的状况普遍不乐观，职业学校物质技术基础普遍老化，其中许多并不符合提供现代化高质量教育的要求，不足以保障高质量的职业教育，也不能够提高职业教育的吸引力。

职业学校宿舍床位不足问题是哈萨克斯坦职业教育发展亟待解决的问题。目前还未能完全解决外市学生住宿问题，只有70%的农村学生能够入

---

[1] 资料来源于哈萨克斯坦共和国教育科学部官网。

[2] 资料来源于哈萨克斯坦共和国教育科学部官网。

[3] 资料来源于哈萨克斯坦共和国教育科学部官网。

住宿舍。该问题已经受到了国家的重视。《2020—2025 年国家教育发展规划》指出，计划到 2025 年，哈国职业教育和高等教育学校的床位数量能增加到 90 000 个，而 2018 年该指标的数量仅为 2 217 个。[1]

（五）职业教育质量有待进一步提升

教育质量始终是人们关注的一个核心问题。总体来说，哈萨克斯坦职业教育质量问题突出。《2020—2024 年战略计划》指出：哈萨克斯坦的工人不会编程，在复杂的焊接结构和技术英语方面经验不足。哈萨克斯坦国内职业教育培养出来的工人并不能够满足雇主的需求，教育质量和教育数量均有待提高。为了满足社会经济发展的需要，哈萨克斯坦每年从国外引入约 30 000 名工人，其中 24 900 名（83%）是为了解决工业对人员的需求。[2]

由此可见，哈萨克斯坦的职业教育总体质量并不理想，职业教育的成果并未很好地参与到国家建设中去。因此，为了提高职业教育的质量，使其符合市场需求，哈萨克斯坦迫切需要采取多方面的措施。

二、职业教育的对策

（一）加大对职业教育的宣传

为了吸引年轻人接受职业教育，哈萨克斯坦计划在中小学建立早期职业指导系统，开展大规模的职业教育宣传活动，提高职业教育知名度。自

---

[1] 资料来源于哈萨克斯坦共和国教育科学部官网。

[2] 资料来源于哈萨克斯坦共和国教育科学部官网。

2019 年以来，哈萨克斯坦实施了"职业教育百强大学生"项目。优秀学生有机会见到商业导师，与潜在雇主建立联系，并参加大师班、各种培训和课程，以促进个人的长远发展。

哈国有关部门还在年轻人中大力进行职业教育的宣传。自 2017 年以来，相关部门在哈萨克斯坦许多州开展了职业教育宣传普及活动。在阿拉木图市还举办了新闻发布会，来自当地教育、就业和执法机构的代表，青年组织的志愿者组成的流动小组也参加了宣传活动。

哈萨克斯坦普及职业教育的一个重要计划就是精神文明复兴计划。在中小学设职业咨询室，定期对九年级、十一年级的学生进行问卷调查，向家长提供指导，为其开设课程，在职业学校设立合作企业的信息展台等举措都能够增进年轻人及其家长对职业教育的了解。

根据《2019 年执行报告》，系统的职业教育推广工作在各地区得以开展。各地方教育局组织并开展了一系列活动，包括青年活动、圆桌会议、展览、参观职业学校和企业、开放日、社会合伙人与毕业生及其家长会面以及各种职业技能竞赛。例如，2019 年举办了第五届哈萨克斯坦职业技能大赛，来自 17 个地区的 400 多名 22 岁以下的年轻人才参加了比赛，来自全国各地的学生、企业员工、职业学校教师等共 12 000 人观看了该比赛。[1]

根据《2020 年执行报告》，哈萨克斯坦还启动了企业基础知识和创业课程项目，为学生以后创业打下坚实的基础；增加职业教育学生的奖学金数额（2019 年 6 月增加了 30%）；推进"年轻专家"项目，推动专科和大学的现代化；扩大职业学校学术独立性；将学分制度引入职业教育，保证职业教育与其他教育领域之间的连续性；赋予学生自主选择课程和学习期限的权利，满足学生的个性化需求等。[2] 这些措施无疑将提高职业教育的声望，增加职业教育对哈萨克斯坦年轻人的吸引力。

---

[1] 资料来源于哈萨克斯坦共和国教育科学部官网。

[2] 资料来源于哈萨克斯坦共和国教育科学部官网。

（二）关注职业教育教师队伍，提升其社会地位

为了吸引更多的师范毕业生加入职业教育的教师队伍，从而解决职业教育师资不足的问题，近年来哈萨克斯坦着手改善职业教育领域教师的工作条件和待遇。

为了提高教师在哈萨克斯坦教育系统中的形象，哈国政府计划实施一系列物质和非物质的奖励措施。例如，将在 2020 年以后的四年内职业教育教师的工资水平提高一倍，向职业教育教师提供资格补贴等。2019 年哈萨克斯坦实行了《教师地位法》等相关法律文件以保障教师的地位和合法收入。例如，对拥有相应技能级别的教师进行额外奖励；哈国政府及相关部门也计划采取措施来改善对教师的社会保障。

为了提高教师的教学质量，有关部门将研究和制定教师劳动定额制度。不仅如此，国家划拨专项资金对职业教育行业人员开展进阶培训和再培训，为各级学校的教师提供线下和远程教育形式的进修课程，并将系统进行课程后的跟踪关注，以督促教师进一步改进教学方法。最终目标是提高教师培训的质量，确保各级教育的连续性，从而确保持续的专业发展。此外，国家还出台了《保障职业教育人才需求》与《提高公立职业教育从业者的技能与对其进行再培训》两项预算方案，旨在满足劳动市场对高质量职业教育的需求。

为了提升职业教育从业者的技能和素质，哈萨克斯坦开展了针对性的"职业教育机构更新和特别教育计划"，接受该教育计划培训的教师人数近年呈增长趋势。根据《2019 年执行报告》和《2020 年执行分析报告》：2019 年在 23 885 名公立职业学校的教师中有 4 900 名接受了该技能提高培训，占比 20.51%；2020 年在 22 531 名公立职业学校的教师中有 4 736 名接受了该技能提高培训，占比 21%。[1] 在职业教育中，哈国政府及相关部门将采

---

[1] 资料来源于哈萨克斯坦共和国教育科学部官网。

取进一步的措施来吸引技术人员，还会根据业务资格证明来确定职业教育教师合格类别的津贴标准。

（三）缩小城乡和地区职业教育之间的差异

为了实现机会均等和缩小教育水平的差距，目前哈萨克斯坦重点支持的对象是教学水平不佳的学校，目的是促进包容性教育。例如，哈萨克斯坦受世界银行发起的"中等教育现代化"项目的帮助，为农村普通教育和"弱势"学校提供教学材料、计算机设备和数字技术支持，这有助于促进农村和欠发达地区的教育发展。在哈国职业教育体系中，将分阶段实施学分系统和人均拨款，将继续实施全民免费职业技术教育制度，并为受培训人员提供国家公费名额，这是一项由地方预算供资的培养中等专业人员的方案。哈国政府及相关部门还计划扩大向无业年轻人、贫困儿童、多子女家庭、农村青年开展免费职业教育的覆盖范围，并为这些群体提供接受中等职业教育的国家公费名额。

为了解决地区发展不平衡的问题，哈国政府计划在全国建立统一的学生评价和教师资格认证制度，确保对不同地区的师生有统一和公平的衡量标准。哈萨克斯坦将改进职业教育学校的标准评价制度，继续努力提高学生内部评价的客观性。在职业教育体系中，将逐渐采用一种新的学生总结评价制度，采用符合世界技能大赛标准的学生考试方式，以对学生的实际技能进行定性和全面的评估。还将在认证中心对职业学校毕业生进行独立认证，所有认证中心都在"阿塔梅肯"登记。根据《2020年国家教育报告》，2020年哈萨克斯坦共有36所认证中心。[1]同时，职业学校的教师资格认证将根据教师职业标准进行。而且，为了评估哈萨克斯坦职业学校的活

---

[1] 资料来源于哈萨克斯坦共和国教育科学部官网。

动，政府计划创建一个额外的竞争机制，以提高职业教育服务的质量，将继续努力对职业教育机构进行评级。对哈国政府和教育部门来说，评级制度将成为管理决策的基础。

（四）增加职业教育的资金投入，改善学校硬件设施

为了解决资金问题和改善硬件设施，哈国政府需要开拓资金来源，吸引预算外资金，配备或升级职业学校物质和技术基础，增加职业学校宿舍床位等。

在哈萨克斯坦职业学校中，基础设施的升级将通过"年轻专家"项目进行。该项目的目标是实现 180 所专科和 20 所高校中的 100 个最热门专业的现代化，并引入国际经验来培训合格的专家。[1] 根据该项目要求，每个地区至少将有 5 所现代化的学校，这样的学校将拥有先进的后勤基础、国外合作伙伴和教师、新的培训计划和方案以及与企业的合作伙伴关系。这些学校连同其提供的教育，将为国家提供核心竞争力。预计到 2025 年，在哈将有 180 所职业学校实现现代化。[2] 根据《2020 年国家教育报告》，2020 年在该项目框架下有 80 所职业学校安装了现代化的设备。[3]

（五）重视和提升职业教育的质量

要提高职业教育质量，就需要更新职业教育的内容，制定合理的教学方案。根据《2020 年执行分析报告》，2020 年哈国制定了 119 个既符合世界技能大赛国际要求又考虑哈萨克斯坦国内招聘者需求的教学方案。[4]

---

[1] 资料来源于哈萨克斯坦共和国教育科学部官网。
[2] 资料来源于非营利性股份公司 TALAP 官网。
[3] 资料来源于哈萨克斯坦共和国教育科学部官网。
[4] 资料来源于哈萨克斯坦共和国教育科学部官网。

要改善对职业教育的监管，就需要建立监督委员会，根据《2020 年国家教育报告》，2020 年有 54% 的职业学校建立了监督委员会，来监督职业学校与企业合作、筹办哈萨克斯坦全国技能大赛、改善学生学习生活条件等各项事宜。[1]

有效的评价方式有利于提高职业教育的质量。从 2020 年开始，哈国职业教育引进了新的独立的人才培养质量评价模式——基于世界技能大赛标准的演示考试。在这种评价模式下，相关企业的工人或专家能够参与评价，对学生的培养质量和能力进行直观评价。根据《2020 年国家教育报告》，2020 年有 34 所职业学校推行了这种演示考试评价模式。[2]

高水平的管理团队可以保障职业教育的顺利发展。《2020 年国家教育报告》指出，2020 年哈萨克斯坦开始实施"职业教育领导班子"项目。在该项目框架下，首先在努尔苏丹市形成了职业教育领导人才库，此举能够提高职业教育的质量和声誉，其他地区将会依次效仿。自 2016 年以来，每年都有近 300 名职业学校领导接受技能培训，这将为此项目的实施提供保障。[3]

在自然资源越来越紧张的当今世界，具有可再生性的人力资源成为经济可持续发展的重要资源。人力资源是国民经济发展的关键，而教育是培养人力的途径。相比普通教育，职业教育与就业的关系更直接、更密切，是整个教育体系中与经济发展联系最为紧密的一部分。自 1991 年实现独立至今，哈萨克斯坦国内的职业教育在国家重视和支持下不断发展，职业教育体系不断完善、规模不断扩大。但在取得丰硕成果的同时，依然面临一系列亟待解决的问题。在当下职业教育发展方兴未艾的国际背景下，哈萨克斯坦政府和相关部门正在继续努力，落实已有政策和项目，积极解决问题，实现职业教育对哈萨克斯坦经济社会的正面效应最大化。

---

[1] 资料来源于哈萨克斯坦共和国教育科学部官网。

[2] 资料来源于哈萨克斯坦共和国教育科学部官网。

[3] 资料来源于哈萨克斯坦共和国教育科学部官网。

第八章 成人教育

第一节 成人教育的发展现状

一、成人教育的发展背景

随着各国经济的不断发展，社会文明的不断进步，世界对教育的重视程度越来越高，其中，成人教育作为重要的一部分引发了各国越来越多的关注。成人教育主要是指以社会成人为教育对象，以满足成人的社会发展需求和促进成人的个性发展为目的而开展的各类层次和各种类型的教育培训和教育活动。[1]

早在二十多年前，欧洲委员会下属文化教育委员会就提出，正规教育已经不能满足当代世界发展的需要，应当利用本国资源和成果，发展非正规教育来完善正规教育。而成人教育就属于非正规教育中十分关键的一部分。自 1991 年哈萨克斯坦独立以来，哈国政府不断努力，在教育方面不断向先进国家学习，努力同世界接轨，逐步开始发展成人教育。

目前，成人教育为经合组织很多成员国教育政策的重要组成部分，到

---

[1] 杨汉清. 比较教育学 [M]. 3 版. 北京：人民教育出版社，2015：408.

2050 年，世界上大多数国家的教育项目将会和成年人有关。2018 年联合国下属的一个基金会在包括哈萨克斯坦在内的中亚地区进行了一次有关"中亚终身学习"的调查，调查不仅关注了高等教育、技术教育和职业教育，也关注了非正规教育和成人继续教育的可行性和教育质量。

除了同世界接轨以外，发展成人教育也是针对哈萨克斯坦发展现状的必要之举。根据全国统一考试的结果，中学毕业生有机会选择进入专科或大学继续学习，获得专科学校毕业证以后可以在大学的相关专业继续学习，在完成毕业考试、取得大学毕业证之后可以继续接受专业硕士（一年）或学术硕士（两年）教育，之后可以接受博士教育。根据联合国教科文组织的分类，这种教育被称为正规教育。但在 2012 年的哈萨克斯坦教育体系中，从"专科学校"到"大学"这一继续教育资格获取的过程中产生了问题。专科学校毕业生需要通过综合测试才能够进入大学学习，2012 年哈萨克斯坦超过 65% 的专科学校毕业生没有通过测试，因而无法进入大学。主要的原因在于，综合测试的学科组成内容主要是针对中学学习的内容，[1] 而哈萨克斯坦绝大多数专科学校毕业生对中学知识内容的掌握还比较差。在 2019 年，哈萨克斯坦首次参加了经合组织实施的"国际成人能力评估调查"，结果显示，哈萨克斯坦的平均成人能力（识字技能 249 分，识数技能 247 分）同西班牙、意大利公民处于同一水平，但远低于经合组织成员国的平均水平（识字技能 266 分，识数技能 262 分）。[2] 此外，调查结果显示，成人会在 25—34 岁迎来个人技能水平发展的巅峰，34 岁之后技能水平会逐渐下降。而哈萨克斯坦的调查结果显示，哈国 25—34 岁的年轻公民同 55—65 岁的老年公民技能水平相当，甚至有时会略显逊色。如果不立即采取措施，20—25 年之后哈国公民的技能水平将大幅降低。调查结果还表明，一半左右的哈萨克斯坦公民的识字技能和识数技能仅达到中级水平，只有四分之一的哈国

---

[1] КАШУК Л. И. Образование длиной в жизнь: опыт Казахстана[J]. Аккредитация в образовании, 2012(58).

[2] 资料来源于经合组织《2019 年成人技能调查技术报告》（第三版）。

公民达到高级水平。[1] 这意味着哈国公民只能够阅读难度不大的文本，接受低难度的数学信息，完成不了需要使用综合法、分析法和需要对信息进行注解的任务。

伴随着数字时代的到来，创新技术的不断发展，每几年之内知识就要进行更新换代，终身教育[2] 已经成为世界发展的趋势。从就业和工作的角度来看，成人都需要学会新的技能。在这种情况下，人们为了未来的发展，就需要在传统学校教育和边工作边接受终身教育之间做出选择。此外，各行各业对专业人员的需求越来越大，因此要提高人民的生活水平，推动国家的进一步发展，推进成人教育项目、实现终身学习的必要性不言而喻。

二、成人教育的发展状况

哈萨克斯坦独立之后，成人教育体系仍延续了苏联时期的成人教育体系分类，包括正规教育和非正规教育。正规教育被视为一种掌握国家规定的系统知识、能力和技能的过程与结果，获得正规教育的主要方法是在国家兴办的公立学校中学习，其特点是，学生毕业时必须达到明确规定的知识水平和能力。非正规教育是在全人口中普及知识，不要求严格规定的知识和能力。成人非正规教育灵敏地反映了现代社会的需要，也符合成人教育的需要。因此，"正规成人教育"指的是在国家教育机构中进行成人初始教育和职业培训，这些机构就某一教育水平颁发证书。"非正规成人教育"指的是在全人口中进行社会文化教育的某种补充形式和大规模政治教育形

---

[1] 资料来源于经济合作与发展组织官网。

[2] 为 20 世纪 60 年代兴起的国际性教育思潮，认为教育和训练应贯穿于生命的全过程，而不随着学校学习的结束而结束。

式，以及通过俱乐部、博物馆、自由团体、图书馆、电台、电视等向成人普及科学知识和使之改造世界观的活动。[1] 本章接下来将从正规教育和非正规教育两个角度介绍哈萨克斯坦成人教育的发展现状。

（一）正规成人教育的发展状况

为了适应社会发展和科技进步，延伸和发展学历教育，继续教育应运而生，并成为成人教育的重要组成部分。苏联时期，"人们为获得和完善知识、技能和技巧，在普通学校和专业学校或通过自学途径进行系统的有目的的实践活动"被称为继续教育。[2] 独立后，哈萨克斯坦在此基础上建立起了本国继续教育体系。在博洛尼亚进程的影响下，哈萨克斯坦承袭苏联学制，形成了本科—硕士—博士国家教育的三级培养体系。该体系的目标为使大多数公民掌握基本技能（本科阶段），并为高层次人才授予硕士学位和博士学位。在该体系实行之后获得教育成为一个多水平（大学前、大学中、大学后）、多阶段（中小学、专科、大学、硕士、博士）和不间断的过程。哈萨克斯坦的继续教育体系在改革的过程中一直以上述国家多级人才培养体系为基础。

1994 年 9 月 1 日，哈萨克斯坦出台《高等教育多级结构暂行条例》，对高等教育多级结构在国家体系中的运行进行了规定。2002 年 6 月 17 日，哈萨克斯坦政府颁布第 665 号《哈萨克斯坦终身教育体系培养人才结构改革命令》，宣布之前的暂行条例失效，并提出了在国内实行终身教育体系的决定。2007 年颁布的《教育法》中，在"补充教育"一节中对成人教育的概念做出了明确规定：成人教育指对已满 18 岁公民进行的教育，其目的为满足成人在社会经济变化的过程中、一生中产生的获得补充知识和技能的教育需求。

---

[1] 关世雄，张念宏. 世界各国成人教育现状 [M]. 北京：北京出版社，1986：263-264.

[2] 关世雄. 成人教育辞典 [M]. 北京：职工教育出版社，1990：413.

2016 年发布的《哈萨克斯坦共和国 2016—2019 年国家教育与科学发展规划》指出，国家要为有竞争力的人才进行大学后教育提供资金支持，推动技术职业教育，使成人更好地融入社会。

在教育机构质量对外评估体系改革的进程背景下，哈萨克斯坦建立了终身多级培训体系，即在国家教育质量评估体系中引入新的质量评估章程——资格评估制。但在 2001 年国家首次对高校进行资格评估的过程中暴露了一些问题：该体系具有形式主义的特点，且在执行步骤和内容上都和国家原先的鉴定机制完全一致，因此资格评估制暂停实行。2010 年，第一批哈萨克斯坦高校通过与国际标准相一致的国家资格评估制度。尽管哈萨克斯坦国家资格评估形式和国际评估方法类似，但其内容有着自己的特色，并且在某些程度上能够满足国家资格评估方法的需要。国际资格评估方法为了证明其体系完善、质量优良，会运用大量统计方法数据，而哈萨克斯坦资格评估方法则运用标准原则，通过传统方法确定其质量是否合格。2012 年 5 月 31 日，哈萨克斯坦教育科学部首次资格评估委员会大会举行，会上公布了哈萨克斯坦高校和专科学校资格评估机构 1 号清单。清单中共有 6 个机构，包括 2 个哈萨克斯坦机构、2 个德国机构、1 个奥地利机构和 1 个美国机构。[1] 1 号清单机构认定的教育规划和教育制度得到了哈萨克斯坦教育科学部的承认。国家认定机构属于非政府、非商业机构，原则上可以将其看作国有和私有合作计划在教育领域发展的一项举措。通过这一举措，哈萨克斯坦对提供成人教育的机构进行了筛选，保证了成人教育的质量。

为了实现终身学习，哈萨克斯坦还采取了一系列具有现实意义的举措。2012 年，哈萨克斯坦建立同欧洲资格框架类似的国家资格框架，该框架对知识、能力、技能、个人能力和专业能力的水平进行了规定，对资格水平的规定实现了各阶段教育教学结果的连续性和整体性。在此基础上，教育

---

[1] КАШУК И. И., КАШУК Л. И. Непрерывное образование: проблемы управления и перспективы развития[J]. Вестник Инновационного Евразийского университета, 2012(3): 56.

内容应当同理想的教学结果相适应，而教学结果应当同国家资格框架联系起来。该计划主要的目的是实现教育项目和职业标准的良好联系，从而使成人教育的结果能和现实就业联系起来。[1] 值得一提的是，在哈萨克斯坦实行终身教育的想法是有现实基础的。终身教育体系的构想一方面依靠现有的国家经验，另一方面符合国家教育体系发展的趋势和前景。

21 世纪第一个十年中期，哈萨克斯坦成人教育体系的改革进程使终身常规教育结构得到了完善，此外，哈萨克斯坦还从国外引进了类似的高水平人才培养体系。

随着科技的不断发展，在哈萨克斯坦远程教育成为越来越重要的成人教育实现手段。目前，哈萨克斯坦在本国各大高校推动远程教育的发展，以此来提高成人教育的质量。远程学习对于现代教育体系而言并不陌生，这种获取知识的形式出现于 18 世纪的欧洲，在 19 世纪由德国和美国积极引入，20 世纪 60 年代苏联将这种方式运用在函授教学中。自 21 世纪初起，哈萨克斯坦积极实施信息和通信教育计划，在高等教育体系中引入信息和通信技术。随着计算机和互联网成为人人可享用的流行通信方式，各高校已经制定了相应的教学大纲，通过执行该大纲，学生可以远程接受高等教育。虽然哈萨克斯坦的远程教育目前尚处于初级阶段，但现在哈萨克斯坦的许多大学都提供这种形式的教学，让人们学习新专业或提高技能。现阶段在哈萨克斯坦，不仅在国立大学，而且在私立大学也可以获得远程高等教育，可选择专业的范围也很广。总体来说，这一新型教育形式的引进扩大了成人教育的受众，对成人教育的推广有着重要的作用。

---

[1] 资料来源于阿尔腾萨林国家教育学院校长让·奥·日尔巴耶夫在第十四届"继续教育推动可持续发展"国际会议上的发言稿。

（二）非正规成人教育的发展状况

对于技能专业人员来说，正规教育和非正规教育都是必不可少的。正规教育是基础，而非正规教育可以帮助他们更好地提高实践能力和技能。在此基础上，哈萨克斯坦大力发展终身教育，从而切实提高全国成人教育水平。2018 年，哈国教育科学部发布了《关于批准承认成年人提供的通过非正规教育的学习成果的规定》，规范了非正规成人教育在哈萨克斯坦的法律地位，保障了成人接受非正规教育的合法权益。《哈萨克斯坦共和国 2011—2020 年国家教育发展规划》指出，保证终身教育体系的运转是该规划的主要目标之一。到 2020 年，要为不同年龄、处于不同教育水平和取得不同职业资格的公民实现终身教育创造条件。终身教育将包括从学前教育到退休年龄的各阶段的教育，还涵盖了正规教育和非正规教育两种形式。正规终身教育在哈萨克斯坦已经具备确定的轮廓和筹款机制，但非正规终身教育不同，它主要由提升职业技能项目组成，不具备明确的体系特征。

现阶段，在哈萨克斯坦提高职业技能的主要形式有俄哈工商管理硕士项目和国内外咨询体制下进行的培训研讨会。国家对非正规终身教育的资助仅限于提供一些税收优惠政策，这很难吸引企业的兴趣。截至 2020 年，哈萨克斯坦计划建立成年公民转业债券体系，该体系将为想要转业或再就业的成人提供债券服务，从而拓展公民个人自主选择教育的种类、形式、进度和期限。与此同时，随着该体系的完善提供上述服务的机构和组织数量也有所增加。在不久的未来，哈萨克斯坦提高教师人才职业技能体系将向上述债券体系转变。但这随之也提出了一些实际问题：公民选择的自主程度有多大？目前在全国各地区已经建立了提高职业技能学院、高校附属咨询机构和分析机构，这种基础设施性的债券体系成功实行的可能性有多大？哪些人将通过哪种方式来对教育项目和服务质量进行评估？这些问题暂时都还没有找到答案。[1]

从 2012 年开始，哈萨克斯坦不断发展国家资格认证体制，制定出了国家资格认证框架，内容包括对知识和技能水平以及个人特长和职业专长的要求。目前对教学成果认证的方式有两种：证书资格认证和批准资格认证。证书资格认证是正规教育的一部分，通过证书来给予官方认证，证明证书获得者曾接受过学院教育。批准资格认证针对所有形式的教育，包括非正规教育。其意义在于使任何一种教育都能被看到，承认在学校之外获得知识的价值。

此外，在世界银行的技术和金融支持下，哈萨克斯坦劳动与社会保障部推出了"发展劳动技能，刺激岗位产生"项目。在此框架下，2017 年哈国推出了职业标准制定方法，开始制定 70 种职业标准。从 2018 年起，哈国参考国际经验，开始制定非正规教育认证的评估方法。认证的过程应当是高质量、高效率并且能使社会信任的。

总体来说，目前哈萨克斯坦正在兼顾正规教育和非正规教育，从这两方面推动成人教育的发展和终身教育体系的推广，从而逐步完善国内的成人教育体系，达到和世界成人教育水平接轨的目的。

第二节　成人教育的特点和经验

纵观哈萨克斯坦成人教育的发展历程，我们总结概括出哈国成人教育具有如下特点与经验。

---

[1] КАШУК И. И., КАШУК Л. И. Непрерывное образование: проблемы управления и перспективы развития[J]. Вестник Инновационного Евразийского университета, 2012(3): 56.

一、成人教育的特点

（一）大力发展远程教育，实现教育形式多样化

近十年来，哈萨克斯坦在推进成人教育方面主要依赖的是新兴的远程教育教学方式，并逐步实现多样化的教育教学手段。2019年，哈萨克斯坦政府取消函授教育后，开始大力发展远程教育，使其替代函授教育发挥作用。

远程教育体系最主要的优势是受教育者不必非要前往学校上课，也不必严格遵守学校规定的课程表按照固定的顺序完成课程项目。这种教育方式为有进取心和学习意愿的成人提供了更加便捷的受教育途径。决定接受远程教育的成人只需要在相关高校网站上通过3—4项专业考试和面试，提交一些必需的文件和照片，签订协议之后支付学费就可以开始接受教育。申请的程序一般通过以下几步即可完成：（1）选择方向，学校和专业；（2）整理文件并提交；（3）通过面试或入学考试；（4）支付学费。远程教育为受教育者提供了极大的便利，使他们可以一边工作一边学习，不需要离开岗位即可获得高等教育；无论男女，无论长幼，都可以接受高等教育。接受远程教育的学生毕业后还会获得国家颁发的毕业证书，且毕业证与完成常规教育获得的证书无异。

目前，在哈萨克斯坦面向成人学生实行的远程教育包括自学和网络教学两部分。学生可以根据自身情况选择学习的时间，可以选择线上或线下形式上课。线上课程越来越受欢迎，而且方式多种多样，包括音频课或视频课、聊天室、论坛、问卷、测试、演示文档展示、电子邮件交流、网络会议、线上视频直播课、在线师生交流等形式。

哈萨克斯坦的远程教育尚处于起步阶段，国家正在开发教学、辅导和监控教学任务执行情况的新方法。我们对哈萨克斯坦主要高校开设远程教育课程的情况进行了收集和统计，主要关注其课程设置和教学条件两个方

面（见表 8.1 和表 8.2）。

表 8.1 在阿拉木图提供远程成人教育的主要高校

高校名称	课程设置	教学条件
哈萨克斯坦伊希姆大学	向所有想要接受经济学教育，成为经理、金融人士或银行职员的人提供远程教学。课程设置针对接受高等教育第二学历或刚从大学毕业的人。	教材和课本由学校提供，每年设立两个考试周，在学校进行答辩和国家证书的颁发。
哈萨克斯坦萨特巴耶夫国立技术研究大学	课程设置针对技术专家（工程师、技术人员、设计专家）和经济专家。	入学时进行面试，互动式课程，每年两次考试，学生需到校参加国家考试。
哈萨克斯坦阿里·法拉比国立大学	会计、金融和经济学、法律。	9—10 月开始理论学习阶段，学生需参加测试（只有获得足够分数后才能参加考试），每年设立两个考试周。
国际商务大学	经济学和法律、管理、企业管理，创业活动和企业创新。	有机会在国外学习和实习，课程考试在中央或地区代表处进行，可以在线进行考试。
图兰大学	国际法、心理学、信息系统、语言学、金融和经济学、新闻学、物流学、饭店和旅馆业。	可在线与教师交流，学生可以远程考试，学生可以获得大学教育资源。

表 8.2 在阿斯塔纳提供远程成人教育的主要高校

高校名称	课程设置	教学条件
哈萨克斯坦人文司法大学	以法学课程为主。	入学后对专业科目进行综合测试，实施在线教学，在学校进行国家认证和答辩。

续表

高校名称	课程设置	教学条件
哈萨克斯坦古米廖夫欧亚国立大学	金融、法律、教育学和心理学、语言学、历史。	教育时限为3—5年， 入学时必须通过综合测试， 向学生提供方法上的建议并布置作业， 一年两次考试。
阿斯塔纳金融学院	银行业、编程、金融和经济学。	电子教学门户：每个远程学习的学生都有登录名和密码来进入系统， 可以使用电子教科书， 学生必须进行模拟练习， 进行在线讲座和视频教程， 举行网络研讨会。
哈萨克斯坦科技大学	编程、电力工程、金融和经济学、畜牧学。	学生和教师在线直接交流， 使用移动通信为学生提供指导， 学生直接在学校里进行期末测试、学期考试。
哈萨克斯坦科技工商大学	管理、设计、安全性、标准化、酒店业务和旅游业、有机/无机物质加工技术。	允许听课者访问基于Moodle电子学习环境的网络技术， 举行视频讲座和网络研讨会， 通过互动课程进行在线辅导， 一年两次阶段测试。
哈萨克斯坦财经与国际贸易大学	市场营销、旅游、公共管理、社会工作。	学校提供教材和课本， 听课者必须完成小测并通过阶段测试， 每年两次考试， 在学校进行国家证书的颁发。

如表8.1和表8.2所示，在哈萨克斯坦人们可以远程方式接受多所大学的多个专业方向的成人教育。在此情况下，已经接受过高等或中等专业教育的人仍可进入哈萨克斯坦的大学继续学习，学习期通常为2—3年。因而，远程教育的便捷性与可选专业的多样性使哈萨克斯坦的成人教育拥有更大的吸引力和发展空间。

（二）社会机构积极参与，协同发展成人教育事业

成人教育被纳入"2011—2020 年哈萨克斯坦教育发展国家项目"之中，在一些地区顺利开展，这与社会机构的积极参与有着极大的关系。目前，在哈萨克斯坦存在正规教育和非正规教育不同方向的各种成人教育机构。除了国立高校和培训机构之外，进行公民教育的还有许多公益机构，如社会组织、家庭俱乐部、女性团体、老年人团体等，开展职业教育的主要形式有会计师辅导班、电脑培训班、外语辅导班等。此外，各种成人教育兴趣团体也在不断发展，如兴趣小组、热衷于成人教育的俱乐部、文化中心等。

以非政府组织巴蒂尔股份有限公司为例。该组织于 2012 年 2 月 16 日在阿克莫拉州捷列诺格拉茨基区注册，主要活动类型包括未列入其他社会组织的各类公共活动。成立十几年来，该组织实施了不少面向普通成人、女性和残疾人的教育培训项目。按照巴蒂尔公司的构想，未来的新中心将集残疾儿童幼儿园、康复室和成人培训中心为一体。

目前，在阿克莫拉州活跃着不止一家面向成人教育的社会团体。再如专门面向女性公民的非政府组织"女性之光"，该组织于 2001 年 10 月 12 日注册，董事长是奥克萨娜·奥列戈夫娜·沃尔科娃－米哈尔斯卡娅，其主要宗旨是通过向社会弱势群体提供社会、法律、心理、咨询、信息和其他服务，为哈萨克斯坦的社会建设做出贡献。像这样的女性俱乐部在阿克莫拉州有不少，有的针对的是女性如何更好地就业发展，有的则针对的是女性如何更好地协调工作与家庭之间的关系、如何更好地生活。

二、成人教育的经验

（一）扶持发展"成人教育中心"

近年来，在一些重点发展成人教育的州、市，哈萨克斯坦政府积极鼓励建立针对成人教育的发展中心，这些中心的建立为哈萨克斯坦成人教育提供了科学理论基础和方法论基础，这也是哈萨克斯坦组织成人教育综合工作的一个开端。其实践意义在于，成人教育中心作为成人文化休闲活动中心，成功兼顾了正规教育和非正规教育，成为一种成人进行自由交流和讨论的区域。

以哈萨克斯坦阿克莫拉州教师技能培训学院为例，这所学校可以被视作哈萨克斯坦成人教育机构的典范。该学院开展成人教育的初衷是希望对当地的老年人有所帮助，使他们的生活更加丰富多彩。虽然从 20 世纪 90 年代开始，哈萨克斯坦便出现了一大批各种各样进行正规教育和非正规教育的机构，但这些机构忽视了老年人这个特殊群体的愿望和需求，也没有针对老年人的专门课程。事实上，绝大多数老年人希望能够寓教于乐，既学习又娱乐，在喝茶和交流中愉快地度过时间。对这些情况进行研究之后，该校从 2011 年起决定在积极寻求地方政府机关支持的情况下，推动成人教育的项目和构想，从而推动相关文化机构、社会机构、教育机构、社会组织共同制定活动。于是，阿克莫拉州教师技能培训学院出现了一些成人教育中心，成为开展成人教育项目独具特色的起点。这些成人教育中心开设了英语课、哈语课、计算机常识课、艺术疗法课，有很多热爱教育事业的中学教师参与进来为成年人提供教育。这些中心的主要任务是：（1）保障该地区的成人教育需求完全得到满足；（2）为挖掘老年人的创造潜力制造条件；（3）为老年人提供心理支持，使其适应"退休人员"这一新的社会身份；（4）为参加休闲教育活动的老年人提供统一的信息空间。起初，成人教育中心的课程每月开展一次。从 2015 年起，中心每周开放两次，每次开放 3—4 小时。哈语班和英语班为该中心的特色课程。在准备哈萨克语言课程时，教师不仅考虑到了学生的年龄特征，还注重弘扬民族传统文化，让学员们使用哈萨克语口头民间艺术的元素来更好地学习语言。而在英语课上，教师则使用助记符号来更好地教授语言。教师的积极态度、专业精神和对课程的全面准备，并使用音频和视频记录课堂教学，有助于成人教育课程取得更好的效果。[1]

目前，在该校已经建成了 12 个成人教育中心，甚至一部分中心设立在当地农村的学校中，这对于哈萨克斯坦整个国家来说，不仅是先进的经验，更是具有先锋意义的创新。在此基础上，该学院下设的成人教育中心不断臻于完善：鼓励学生和教师参加国际论坛和国际竞赛，在交流和比拼中汲取俄罗斯、白俄罗斯、乌克兰等国的先进经验；邀请相关方面的专家就成人教育问题进行经验交流；这些中心立足实际，根据学员的要求和兴趣开设新课。[2] 不仅如此，该中心还成为联合国教科文组织"成人教育周"活动的合作者，积极参与各大国际和区域论坛，与各大学任课教师、其他分支机构教师以及文化、社会和管理领域的代表就该中心的现状和问题进行讨论。2013 年，阿克莫拉州教育体系代表团参加了在克里米亚举办的"成人教育周"活动。[3] 此外，阿克莫拉州教师技能培训学院已经数次成功参加了"美丽校园"国际竞赛。

（二）借鉴别国成功经验，坚持本国教育特色

为了使本国成人教育水平与国际接轨，提高哈萨克斯坦成年人的竞争

---

[1] 资料来源于阿克莫拉州教师技能培训学院官网。
[2] 资料来源于哈萨克斯坦社会政治报纸 apgazeta.kz 官网。
[3] 资料来源于哈萨克斯坦社会政治报纸 apgazeta.kz 官网。

212

力，哈国政府将视线投向国际社会，虚心借鉴别国发展成人教育的成功经验，推动本国成人教育的发展。

进入 21 世纪以来，东南欧许多国家相继制定了成人教育领域相关的法律和战略。克罗地亚于 2004 年推出《成人教育战略和实施计划》，于 2007 年颁布《成人教育法》；黑山于 2005 年颁布《2005—2015 年成人教育战略》，于 2007 年制定《成人教育法》；保加利亚于 2008 年 10 月 30 日颁布《2007—2013 年终身教育战略》。在此背景下，哈萨克斯坦也意识到了法律规范在成人教育发展中的重要性。从 2012 年开始，哈萨克斯坦不断发展国家资格认证体制，制定出了国家资格认证框架，内容包括对受教育者的知识和技能水平以及个人特长和职业专长的要求。为了使资格认证框架发挥作用，相关各方必须对其作用和使命有所了解。除此之外，哈萨克斯坦政府也意识到，要通过法律形式支持教育和生产的新型合作模式，这一点也是非常重要的。从 2002 年起，哈萨克斯坦政府重视颁发相关法律法令，推动成人教育发展，制定终身教育体系。2002 年 6 月 17 日，哈萨克斯坦政府颁布第 665 号《哈萨克斯坦终身教育体系培养人才结构改革命令》，提出了在国内实行终身教育体系的决定。2007 年颁布的《教育法》中对成人教育的概念做出了明确规定，并指出法律承认成年人在终身教育体系下获得的非正规教育。2018 年发布的《哈萨克斯坦共和国 2016—2019 年国家教育科学发展规划》指出，国家要为有竞争力的人才进行大学后教育提供资金支持，推动技术职业教育，使成人更好地融入社会。同年，哈萨克斯坦教育科学部发布《关于批准承认成年人提供的通过非正规教育的学习成果的规定》，进一步规范了非正规成人教育在哈萨克斯坦的法律地位，保障了成年人接受非正规教育的合法权益。

但与此同时，哈萨克斯坦的成人教育发展背景同很多国家的发展背景并不相同，接受成人教育的群体也有很大区别，因此教育形式也自然无法一致。在其他国家，接受成人教育的学生首先是想要提高自己工作技能的成年人，此外还有失业人员、文盲、监狱服刑人员，以及所谓的社会边缘群体和低保障群体。而在哈萨克斯坦却恰恰相反，接受成人教育的对象是有较高社会地位和教育水平，而且还想提高自己职业技能或进修的人。因此，在其他国家会根据成人受教育的程度设立从扫盲到专科教育不同水平的课程，而在哈萨克斯坦，成人教育的课程要适应本科及本科毕业后教育的水平。

综上所述，尽管哈萨克斯坦成人教育的起步较晚，发展程度与发达国家相比仍有一定差距，但政府坚持立足本国国情，吸取别国经验，形成了具有自身特色的发展模式，使成人教育的受众越来越广，推动了成人教育的普及与发展。

第三节 成人教育的挑战和对策

哈萨克斯坦成人教育不断发展，但由于缺乏经验，成人教育在发展过程中存在着许多问题。下文就当前哈国成人教育领域中存在的问题做出了阐述，并提出了相应的对策，希望以此促进成人教育的发展。

一、成人教育的挑战

1997 年 7 月 14—18 日，在德国汉堡举行的"第五届国际成人教育大会"上，联合国教科文组织委员会主席杰洛尔指出："成人教育是 21 世纪发展的关键所在。"[1] 随着各个国家和世界人民的联系更加紧密，哈萨克斯坦共和国

---

[1] 黄健. 汉堡国际成人教育大会宣言 [J]. 成人高等教育研究，2000（2）：46.

教育体系的发展必须要和世界教育领域的发展过程、发展趋势相一致，而当前成人教育就是哈萨克斯坦教育事业发展的一大重要方向，正是在这一背景下，哈萨克斯坦共和国越来越注重成人教育的发展问题。然而，哈国的这一路途并不平坦，在发展成人教育的过程中仍然存在着许多问题和挑战。

（一）教学体系不完善，社会参与度低

哈萨克斯坦为贯彻终身教育的学习构想，提出了分阶段、多层级培养的教育规划原则，但非常遗憾的是，传承这一原则需要通过足够的经费和技术来实现，直至今日哈萨克斯坦教育系统内并没有形成明确的概念和可行的实现机制，这就导致了在实践的过程中各级教育体系之间缺乏连贯性。目前，在中学—专科学校—大学—大学后教育的体系中，各教育项目、教学方法和教学形式之间存在着巨大差距。不仅如此，这在客观上还阻碍了教育的连贯性。例如，由于专科学校毕业生需要通过综合测试才能够进入大学学习，但2012年哈萨克斯坦超过65%的专科学校毕业生没有通过考试，因而无法进入大学学习。可见，举行综合测试在很大程度上并不是提高选拔质量的客观需要，而是成为解决不明确、不系统问题的工具，这就使得哈国现阶段终身教育的构想不能很好地实现。而职业技术教育机构和高校之间的教育项目也存在严峻的不连贯问题。例如，哈萨克斯坦的高校采用学分教学方法已经有十余年，但是作为大学前一阶段的专科学校仍采用传统教学体系。

除了学校教学体系的不连贯，在哈萨克斯坦发展大学后终身教育的过程中也产生了很多问题。在国家教育发展体系的构想中，存在一系列运转新型大学后教育模式的任务，其中包括建立法律法规基础，建立博士培养资助机制，为培养获得学位的专业人才创造条件。但这一构想的规模并未明确，所以一系列相关机制无法实现。现阶段，一部分学生为了继续学业

不得不前往异地求学，这引发了一系列经济和家庭问题，使得很多有潜力的学位申请人放弃了继续学习。因此，哈国教育发展规划中规定的将"终身学习"变为"面向所有人的学习"，但在目前情况下仅能惠及一小部分人。

除了以上问题，哈萨克斯坦正规终身教育体系的发展还存在着一系列亟待解决的紧迫问题。其中包括：制定终身教育和相应的实现机制构想，完善基础设施，确立私立大学在终身教育体系中扮演的角色，在资金、立法、经济领域对终身教育形成保障，确定实现对终身教育规划质量独立评估的技术和手段以及组成机构等。值得注意的是，在教育尤其是高等教育领域内，国有和私有合作项目的数量并不多，企业机构在解决这类问题上起到的作用并不大，社会在成人教育领域的参与度很低。因此，从资金和社会效益的角度上来说，仅凭国家对成人教育的支持是远远不够的，缺乏企业的支持使得成人教育的发展略显吃力，道阻且长。

（二）需求大，非正规教育管理缺乏规范性

哈国成年人对接受教育的需求逐年增强，变得越来越迫切。目前，哈萨克斯坦的成年人面临着很多紧迫的问题：就业率下降，失业率上升，人均收入水平下降，缺乏必备技能等。总之，成年人很难适应新的社会经济环境。此外，由于无法接受职业教育，农村居民在正规就业市场上并不具备竞争力，他们的处境更加令人担忧。正因如此，近年来在哈萨克斯坦表现出了显著的成人教育需求和成人咨询增长的趋势，大量的成年人希望通过这一途径提高自身职业技能，从而在就业市场上保持竞争力，减少失业的风险。这已经成为哈萨克斯坦政府和相关部门不得不关注的事实。

在此情况下，发展成人非正规教育的要求越来越迫切。非正规教育实现的结果能够帮助就业者在用人单位面前体现出自身技能和知识范围，而

这些技能和知识获得的渠道并不是用人单位所在意的。相应地，非正规教育为就业者带来的技能和知识能够提高其就业竞争力，拓宽其成功就业的可能。但目前，哈萨克斯坦非正规教育和资格认证的模式仍在不断探索之中。哈萨克斯坦的非正规教育缺乏系统性，没有正式的教学计划，相关机构里往往没有受过专业培训的教师，而是基本上根据普遍标准以培训、咨询和其他方式进行。不仅如此，成人教育的组织和管理从概念内容、结构和作用以及监管机制的运行都存在着一系列问题。这一切都使得成人教育的发展迫在眉睫，但又举步维艰。

（三）其他阻碍因素

单一产业城市在经济和社会领域存在许多影响成人教育的因素。以哈萨克斯坦曼吉斯套州扎瑙津市为例，该市为哈萨克斯坦西南部十分重要的石油城市，整个城市的经济链和就业情况依赖于石油开采和相关产业。在此类单一产业城市中，主要的城市企业面临停摆风险，矿产资源开采企业面临资源枯竭，工程基础设施和社会基础设施高度磨损，城市经济多样化处于较低水平，居民就业高度依赖于城市企业，城市预算高度依赖于城市企业的所纳税款，区域生态压力过大。此外，还存在很多社会问题，如高失业率和低就业率。而且大多数单一产业城市居民的收入处于较低水平，生活质量低下，社会压力存在上升的趋势。在这种生存环境和生活水平下，开展成人教育的难度自然很大，但是成人教育无疑又是提高就业者知识和技能水平的重要途径，不仅可以影响整个城市就业市场的素质，而且与城市企业的生产效率密切相关。因此，如何运用新的方法来提升单一产业城镇居民的就业率，这个问题亟待引起国家的注意。

成人教育领域师资缺乏。目前，哈萨克斯坦成人教育领域的教师大都没有受过专业的教育培训。这种现状无疑会影响成人教育的质量和系统性，所以未来的成人教育发展在这一方面还有很大的上升空间。以阿克莫拉州教师技能培训学院下属成人教育中心为例,虽然该中心在哈萨克斯坦成人教育的发展中起到了非常积极的带动作用,但该中心的教师很大部分由志愿者组成,有一些志愿者还是大学生,出于兴趣爱好在该中心担任教师,不计报酬。与发达国家有专业的成人教育师资培训体系相比,这样的教育模式仍有极大的改进空间。

推动成人教育发展缺乏立法基础。显而易见,所有国家都应当在立法领域制定和实行成人教育及其相关领域相应的法案,只有这样才能有效地保障成人教育的实施与发展。在前面提到的汉堡会议上这种方式早已得到了推荐和认可,而在哈萨克斯坦尚未建立系统的成人教育法律体系。目前,缺乏立法基础是哈萨克斯坦成人教育发展的主要阻碍,也应当成为未来成人教育革新和进步的主要方向之一。

二、成人教育的对策

由于哈萨克斯坦成人教育的发展中还存在许多问题,为了全面推进成人教育的进步,普及终身教育理念,形成终身学习型社会,哈萨克斯坦提出了相应的对策。

(一)完善成人教育体系,提高成人教育质量

成人教育体系是培养职业人才的组织基础和结构基础,该体系具有以下发展趋势:成人教育,尤其是补充职业教育在培养高技能专家的角色日益重要;职业技能提高和职业人才进修体系不断发展;逐步建立成人教育的专业部门、院系和中心;成人教育内容逐步得以完善;成人教育体系各

阶段必须具有连贯性，各级教育的内容、项目和规划应当相互联系起来。此外，在完善成人教育体系的过程中，必须考虑到世界教育空间的发展状况和开放社会的原则，将国内教学经验同国外优秀教学实践相结合，在符合国际标准要求的同时，也要保留国家特有的教育内容，同时在运用新型信息技术的基础上完善成人教育的形式和方法。

加强成人教育与高等教育的衔接，协同发展，提高成人教育质量。在培养相关专业人才的时候，哈萨克斯坦所有高校都应当将成人技能调查的结果纳入考虑范围之内。与此同时，高校不仅应当为就业市场提供专业人才，还应当传授成年人必备的技能——学会如何学习。最理想的状态是让所有公民都能够找到自己在技能上存在的问题，并清楚地知道如何去获得这些技能。更新职业标准，增加对高校教学质量的评估是非常重要的举措。建立各高校附属咨询实践中心，培养成人教育领域的专业人才，宣传终身教育理念，从而推动终身教育的实现和发展。

（二）推进制度改革，加大对非正规成人教育的扶持力度

根据 2017 年的《对哈萨克斯坦共和国部分有关拓宽高校教学管理独立性法规进行修改和补充》命令，哈萨克斯坦函授制度从 2019 年起进行改革，之前学生只需要完成 65% 的课时就可以拿到毕业证，在新规颁布之后，学生转而接受更规范的远程教育，且必须完成所有课程才能顺利毕业。此外，在实施远程教学的过程中，各学校将通过监学制度保证教学质量，专门的监学人员将对教学质量和学生出勤情况进行监督。

根据 2018 年哈萨克斯坦教育科学部发布的《关于批准承认成年人提供的通过非正规教育的学习成果的规定》，哈萨克斯坦将继续发展职业教育领域的国家政策，保障并提高国家在成人教育领域的拨款，发展多方融资，完善成人教育管理，对成人教育服务市场进行监管和发展，提高职业人才

的社会地位，大力发展和支持非正规成人教育，规范非正规成人教育的组织形式。

（三）通过成人教育解决单一产业城市居民失业问题

要制定单一产业城市发展规划，在诸如扎纳奥伊市这样的单一产业城市中优化就业结构，建立高效教学体系，组织专业人才培养和进修，根据所需专业提高成人的技能水平，推动就业，从而推动企业经营发展，提高劳动资源的流动性。建立成人心理咨询机构，根据单一产业城镇和地区的就业市场和社会经济发展速度，建立和运用新的个人教育规划，从而达到完善成人实用常识的目的，包括提高职业技能和就业常识，信息技术常识，信息常识，法律、金融和科学实践常识。一切工作不仅是为了根据就业市场快速变化的需求和技术发展的需求使成人进行正常的发展和替换，而且旨在提升哈萨克斯坦居民现有的职业技能。因为"只有这样才能提高失业成人的技能，为其提供现代信息和心理咨询，从而提高成人的社会积极性"。[1]

综上所述，成人教育问题在哈萨克斯坦是十分紧迫的，未来还有很多问题需要解决。目前对哈萨克斯坦来说，最首要的是必须要在城市、农村和区域中心积极开展与成人教育有关的活动，宣传成人教育的必要性和可行性，同时必须要在各地方政府的大力支持下，制定有助于在文化、社会等相关领域可以使普通教育学校、高级培训机构、大学和公共组织等开展联合活动的项目和构想，并通过这些项目的实施提高成人教育质量。

---

[1] КАЛИЕВА Э. И. Актуальность проблемы образования взрослых в Казахстане[J]. Образование через всю жизнь: непрерывное образование в интересах устойчивого развития: материалы 11-й междунар. конф. 2013(11).

第九章 教师教育

第一节 教师教育的发展现状

教师是人类文化科学知识的继承者和传播者。教育工作者过去一直是，未来也将是教育领域的核心人物，而人力资源是保证教育品质最为重要的资源，唯有优秀的师资才能在教育活动中培养出优秀的学生。也正因此，教师教育，即师范教育的重要性不言而喻。《哈萨克斯坦（2050 年）》战略提出：教育的关键任务是教导知识和专业技能，以及对新思想体系教师的培训及再培训，教育工作者有责任准备好在新环境中进行教学工作。[1]

哈萨克斯坦教育发展的历史与其国家的历史进程息息相关，教师教育作为其中的一个重要部分也经历了从落后到稳定、发展、成熟的过程。

---

[1] 资料来源于哈萨克斯坦创造性教师网。

一、教师教育的发展历程

（一）教师教育制度建立的背景

19 世纪中叶，哈萨克斯坦成为俄罗斯帝国的一部分，国民教育水平低下。到了 20 世纪初期，哈萨克斯坦的孩子们往往只能在宗教学校接受教育。1928 年，哈萨克斯坦成立了第一所专门培养教师的学校——哈萨克斯坦国立师范高等专科学校。1936 年，哈萨克苏维埃社会主义共和国开始受苏联中央直辖。此后，哈萨克斯坦在国民教育方面取得了较大成绩。20 世纪 30 年代，哈萨克斯坦着力发展国民教育，进行扫盲活动。截至 20 世纪 70 年代，哈萨克斯坦经历了从教育落后到基本人人识字，再到普及初等教育、七年制义务教育、八年制义务教育，最后到完全普及中等教育的一系列翻天覆地的变化。[1] 后来，除了工会组织以外，热心的教师们成立了各种互帮互助的教师联盟组织，以促进教学、学校组织和学校民主化方面的思想创新。20 世纪 90 年代，哈萨克斯坦经济恶化，无法定期为教师发放薪酬，因此教师们常常需要从事兼职，教师联盟也不得不将工作重心从改革教育转向解决经济问题。1993 年，有超过三万名教师放弃了原本的岗位与专业，另谋他就。[2]

由此可知，哈萨克斯坦教师教育制度的确立与国家教育制度的建立紧密相连，同时符合哈萨克斯坦的独立与现代化历史进程。

（二）教师教育制度的发展历程

哈萨克斯坦的师范教育最早是从职业师范教育发展起来的。

---

[1] 资料来源于俄罗斯学校电子档案网。
[2] 资料来源于今日哈萨克斯坦通讯社官网。

在哈萨克斯坦，最为合理和有效的工程师范教育人才培养模式是在技术、农业以及师范大学中开设专业化的大型工程师范院系。在这些院系中，通常按照基本专业来划分教师教育的学习者，例如，在阿拉木图能源研究所开设的电力师范教育专业，在卡拉干达理工学院开设的机械制造、建筑以及农业师范教育专业等。

哈萨克斯坦技术类高等院校内的工程师范人才培养体系在 1985 年逐渐完善。1989 年，电力、机械制造、建筑、农业等专业在同一框架内成为正式的学习专业，专业代码为"0313—职业教育"。针对不同职业以及不同技术的各种课程也被纳入教育领域，成为哈萨克斯坦高等职业教育专业分类学中的具体类别。

1991 年哈萨克斯坦独立后，除了原有的公立教育机构外，出现了众多的私立教育机构，并产生了一些新式专业学校，如文科学校、高级中学等。然而，教师的薪水却低于许多其他领域。有时，延误薪金发放的情况能持续几个月。因此，许多教师离开了原本的工作岗位。到 1995 年，整个哈萨克斯坦仅剩下两所开设教师教育课程的大学：哈萨克斯坦阿里·法拉比国立大学和哈萨克斯坦卡拉干达国立大学。[1] 1996 年哈萨克斯坦开始加快大学发展进程、加强对师范人才的培养。[2]

1999 年，哈萨克斯坦教育科学部开始研究通过扩大组别来改变高等教育分类的问题。其中，"0313—职业教育（按领域）"和"0321—劳动"这两个专业被合并为一个专业："031300—职业教育及劳动"。然而，这样改变引发的后果是，接受普通教育的师范毕业生以及职业中等院校数量减少，使专业人才的培养更加复杂。

于是在两年后的 2001 年，在哈萨克斯坦共和国的高等职业教育专业分类中，专业"0313—职业教育（按领域）"又被单独划分了出来。同年，在

---

[1] 资料来源于哈萨克斯坦历史电子档案网。

[2] 资料来源于哈萨克斯坦司法部法律法规信息系统官网。

哈萨克斯坦国家教育标准中为工程师范人才培养引入了非工程领域的专业，如经济以及企业管理、服务性生产导向的专业等。"工程师范教育"的名称变为"职业师范教育"，后者取代了工程教师的毕业生分类，转而出现了职业教育教师。

与此同时，职业师范教育培养的具有竞争性技能和高度综合能力的人才，对哈萨克斯坦工业部门实现国家创新方案起到了重要作用，因此，这些类型人才的培养受到高度重视。在《哈萨克斯坦共和国2011—2020年国家教育发展规划》中，国家为职业教育专业框架下的人才培养拨出了超过1 000种教育奖金。

2005年，哈萨克斯坦教育科学部颁布了《哈萨克斯坦共和国新式教师继续教育改革构想》以及《哈萨克斯坦共和国2005—2011年教育发展规划》。

2010年3月，哈萨克斯坦成为博洛尼亚进程的正式成员国。当年12月，哈萨克斯坦发布了《关于批准哈萨克斯坦共和国2011—2020年国家教育发展规划》。该规划指出了哈萨克斯坦师范教育未来十年的发展方向，设定了提高教师职业的声望、建立公共教育管理制度的方案目标；加强国家对教师的支持和奖励、培训高素质的科学和科学教学人员的方案任务；规定了获得高等教育和一级学科教育的高业务水平教师占教师总数52%的目标指标等。该规划着重强调，要提高教师职业的吸引力，规范教师职业制度，健全教师职业；提高教师的职业素质、道德素质；保障教师的在职培训和职业发展；保障教育资金、教育资源以及相应的技术，实现未完成的教育指标和教学目标。[1]

为此，以提高教师职业的声望为主要目标，要确保教育系统拥有高质量的教育人才，国家必须加强对教师的支持和鼓励。2015年，获得高等

---

[1] 资料来源于哈萨克斯坦司法部法律法规信息系统官网。

教育以及一级学科的高水平教师人才在教师总数中所占的比例为 47%，到2020 年，这一数字提升到约 52%。[1]

此外，教师的薪酬也获得了系统性的提高。教师岗位工资在 2009 年和 2010 年增加了 25%，在 2011 年增加了 30%。[2] 自 2011 年 9 月 1 日以来，哈国增加针对资格类别教师提供专项拨款，并提高了生产技术专业教师的薪酬。

为了提供高质量的教育服务，从 2012 年开始，哈萨克斯坦优化了教师资格等级的认证方式。在此之前，哈萨克斯坦的教师分为三个等级：二级教师、一级教师、特级教师。新引入的五个资格等级为：教育者、教育评议员、教育专家、教育研究者以及教育大师。这种资格等级划分方法得到许多发达国家的认可。事实上，哈萨克斯坦从 2011 年就已经开始按照新的国家标准对教师进行培训，该标准规定了连续的教学实践，学分数量从 6 增加到 20，即是以前的 3 倍还多，而且要求提升教育资格等级的教育工作者必须通过国家教育资格鉴定考试，同时需要经过一系列全面的教育活动评定。

不断完善的教师培训系统成为哈萨克斯坦师范教育的主要支点，这使哈萨克斯坦的整个教育系统逐渐达到较高水平。

为了提高教师职业的声望，哈萨克斯坦政府加强对教师的工作进行激励，并为此开展一系列措施。例如，引入并制定新的教师薪酬模型。具体做法是引入用于计算不同资格、不同类别教师工资规模的微分系数，实行结果导向的工资执行机制。在积极动员、采取措施之后，2015 年哈萨克斯坦教师的平均工资已经接近哈国内私营经济部门的工资。[3] 同年，哈萨克斯坦教育科学部颁布了《哈萨克斯坦共和国 2015—2016 学年普通教育组织中

---

[1] 资料来源于哈萨克斯坦法律电子资源网。

[2] 资料来源于哈萨克斯坦国家电视新闻网。

[3] 资料来源于哈萨克斯坦新闻网站 nur.kz。

科学基础教学的特点》，哈萨克斯坦劳动与社会保障部依据这一文件，进行了长期养老金支付的测算，并根据计算结果不断改善包括教师在内的所有哈国公民的养老金供应机制。

（三）教师教育体制的完善

目前，哈萨克斯坦的教师教育体制包括职前教育和在职教育两个部分。

1. 职前教育

教师教育现代化的目标是在符合社会对教师队伍要求的十二年教育基础上继续更新教师职前培训、再培训和高级培训制度。在这其中，对未来教师进行职前培训的新要求实质上是希望在工作内容日新月异、知识不断更新的背景下，为其后续有效地开展专业活动创造条件。

在教师的职前教育方面，学生进入大学攻读教育学专业后，会接受专门的测试以检测他们在未来从事教育活动时的潜力及水平。而且，近几年来，哈政府和教育科学部鼓励各级学校在选拔教师时要优先选择获得教育学硕士学位的人才。

考虑到全球趋势，近几年来在职前教育方面，哈萨克斯坦的职前教育培养方案在高等教育既定基础上进行了新的探索。希望师范专业学生能通过必修和选修学科的学习，将一般文化能力作为基础，同时获得过硬的专业学科能力。具体地说就是要具备基本的设定目标和制定计划的能力、文化传播能力、沟通能力、分析能力、领导素质，同时学习专业活动所需的知识、技能和发展能力；在保证基础专业能力的前提下，获得特定学科的能力（与研究领域的特定知识相关）和学科专业能力（反映教育计划专业部分的具体情况）。掌握基础和专业学科循环的逻辑顺序，通过教学实践，确保未来教师的一般文化能力和专业能力的形成。[1]

以中小学教师培养为例，哈国高等师范大学根据哈萨克斯坦高等教育和研究生专业分类，为学生提供包括科学和数学课程在内的基础教育课程的教学。数学、物理、化学、生物学和地理学等课程的教学法和方法论模型课程，均基于国家高等教育强制性标准而制定。哈萨克斯坦中小学教师培养方案中包含 129 个学分（使用欧洲学分转换系统换算为 206 个学分），将通识教育划分为基本部分和主要部分。方案中还包含其他培养项目，例如专业实习（20 学分）和体育（16 学分）。因此，一位致力于成为中小学教师的学生，需要在这种教育体系下完成自己的学业并达到合格水平。为了达到国家对中小学教师的培养要求，学生需要完成一系列教育学类别的课程，包括哈萨克斯坦历史、哲学、外语、哈萨克语（俄语）、信息学、环境与可持续发展、教学专业概论、民族教学法、心理学和人类发展、数学、物理、化学、生物学、地理等学科。

此外，在正式担任中小学课程的任课教师之前，在"教师专业指导"类课程的框架内，准教师将学习新的教学方法，发展批判性思维技能，学习在教学中使用信息通信技术以及研究教育变革的趋势。从教学技术上来看，哈萨克斯坦的教师教育通常使用常规以及非常规技术和教学手段，如交互技术和项目、批判性思维开发技术、会话训练、案例研究、智能技术、利用信息图表解决实际情况以及使用实验室进行教学等。这些技能也会在正式入职前传授给准教师们。

总体来说，对未来教师的独立性、创造性和专业性培训一直是哈萨克斯坦教育学和心理科学的教学重点。对未来教师的一般专业培训，即帮助其掌握专业活动的规则、规范、方法，是他们对整体教学专业活动经验的积累和丰富的过程。

---

[1] 资料来源于俄罗斯学术期刊《应用与基础研究国际杂志》官网。

2．在职教育

教育质量首先取决于训练有素的教师，教师的整体素质特别是业务水平决定着教育活动的最终效果。因此，提升教师的在职教育水平在很长一段时间内成为哈萨克斯坦国家的努力目标。

1993 年 11 月，哈萨克斯坦正式设立博拉沙克国际奖学金。从 2011 年开始，博拉沙克国际奖学金为中学教师、技术和职业教育学校教师、高校教师提供英语培训，并以在基础学科中增加外语学分的方式对全国各大学的语言教师进行多语种培训，为这些教师提供三语培训，以提高教师的语言能力，使他们能够以三种语言进行教学，并且在中小学以及师范类院校中引入模块化凭单制度系统，对教师的高级培训系统进行现代化提升。[1] 2013 年，该系统在巴甫洛达尔州和江布尔州以及阿拉木图和阿斯塔纳进行了测试。按照计划，监管框架将不断得到改进，培训程序和教育材料、技术基础将不断得到更新，组织模型得以不断改造，在实施高级培训和再培训的实体间以竞争的方式分配资源。

从 2015 年开始，哈国在职教学人员的高级培训和再培训系统中引入了认证机制。不仅如此，为了提供远程学习，进行再培训和高级培训的教育机构也配备了交互式设备。近几年，学前和基础教育系统的教职员工进行高级培训的国家政策指令每年都在不断增加。这类高级培训的对象包括以下的几类教师：学龄前儿童的综合教育人员、残疾儿童的教育人员、进行普通教育的人员。针对在技术和职业教育体系工作的教师，也在开展全方位的在职培训工作。他们每年可以通过教育组织和企业平台获得更多的专业技能，同时可以在专业教师和职业培训师的帮助下不断提升专业技能。另外，这些教师还可以通过社会合作项目在企业实习。为了在加快工业和

---

[1] 资料来源于哈萨克斯坦国际信息通讯社官网。

创新发展的优先领域中与国内外领先的工业、企业进行多边合作，哈萨克斯坦国内高校每年组织教师在海内外开展专业技能提升活动。

对于一名教师来说，自我教育和自我完善是衡量自身素质不可或缺的一部分，且其自我发展的过程会被记入档案。从 2016 年开始，哈萨克斯坦引入了每五年进行一次职业考核的机制。为了控制和提升培训质量，教学人员要接受独立、非营利性的非政府机构的资格评估。教师职业资格的认证建立在对教师进行全面评估的基础上，评估内容包括：教师的知识水平，有关教育和方法学活动的报告，对有关受众（学生的父母）和公众的调查。例如，哈萨克斯坦数学教师需要参加国际数学教师的教育与发展研究（TEDS-M）考核，接受对于中小学数学教师的专业教育质量评估。

不仅如此，近年来哈萨克斯坦还对国际教育交流越来越重视，也包括在教师培训方面加强与其他国家的合作。特别是中国与哈萨克斯坦两国，为促进"一带一路"框架内的双边合作及共同繁荣，在教师教育领域一同孵化了一系列优质合作项目，并获得了许多可喜的成果。例如，2018 年，哈萨克斯坦共和国职业教育教师培训基地落户中国江苏理工学院。这是国内首家中哈牵手为"一带一路"倡议培养优秀职教师资的培训基地。该培训基地综合运用先进的职教师资培训理念和国际经验，为哈萨克斯坦共和国培养优秀的职业教育师资，协同提升中哈两国职教师资培训质量。[1] 此次哈萨克斯坦共和国职业教育教师培训基地的成立，标志着中哈两国职教教师培训项目正式运行，成为江苏理工学院发挥职教师资培养培训优势，服务"一带一路"建设的重要成果，标志着中哈牵手书写"一带一路"职业教育合作的新篇章。

---

[1] 江苏理工学院. 国内首家"哈萨克斯坦共和国职业教育教师培训基地"落户我校 [EB/OL].（2018-11-13）[2022-04-19]. http://zpjd.jsut.edu.cn/2018/1113/c4323a103377/page.htm.

二、教师教育的发展状况

目前，在哈萨克斯坦的国立学校实行免费的国民教育，发展现代化的教育模式和多样化的教育形式。以教育体系进行现代化为前提，现阶段哈萨克斯坦的教师教育在原有基础上致力于进一步提升教师的职业素质，力求培养更多年轻的高水平职业技能师范人才。

在当代哈萨克斯坦，提供师范教育的高等教育机构包括哈萨克斯坦阿拜国立师范大学、哈萨克斯坦国立女子师范大学、科斯塔奈州苏丹加津国立师范大学、塔拉兹国立师范学院。[1] 在这些师范类高等院校里，通常开设的课程包括学前教育、初级教育、教育法、外语教学理论和技术、外国语言和文化理论、当代语言学和跨文化交际、教育心理学、特殊（缺陷）教育、神经缺陷学、行为实践分析等。[2]

从教师的职业前景规划来看，在哈萨克斯坦，中学毕业生可以选择进入中等职业师范学校以及高等师范大学相关师范专业学习。其中，中等师范学校为哈国高中毕业生设置了两年制培养方案，为初中毕业生设置了四年制培养方案，这些学生在中等师范院校毕业后通常选择在高等师范大学继续深造。

随着哈萨克斯坦 2010 年国民教育发展国家计划的实施，哈萨克斯坦逐渐形成了自己的教师教育教学体系。该体系是在哈萨克斯坦教育现代化连续性的原则上建立的，共划分为五个等级。

第一级，进入大学前在中学阶段针对教师从业人员的职业指导。考虑到哈萨克斯坦十二年制教育体系中设置的教学法课程，这一阶段的教育职业指导中包括：加强对普通高中师范教育专业学生的职业定向性指导，完善通信技术以及计算机网络所构成的教师信息系统，对职业指导形式和职

---

[1] 资料来源于哈萨克斯坦环球视野网。
[2] 资料来源哈萨克斯坦远程教育中心官网。

业指导结构的创新。

第二级，中学阶段后的教师职业专科教育——大专教育。根据哈萨克斯坦教育主管部门规定，该级别师范类中等专科学校的教育方案应当与师范类大学本科的学士培养方案协调一致，而且需要向这类学校输送高质量中学应届毕业生。除了那些完成普通中等教育后的中学毕业生可以进入这类院校学习外，完成十二年制社会人文教育的中学毕业生也可以进入此类学校学习。这些师范类中等专科学校的毕业生经过 3 年的简化加速培养项目之后方可进入大学的师范专业继续深造。

第三级，高等师范教育——师范类的大学教育。目前，这是哈萨克斯坦国内进行教师教育的最主要方式，也是最专业、最有质量保障的教育方式。伴随整个教育体系的改革，师范类高等院校正在大刀阔斧地将专业师范人才培养结构变为 4+1 模式，即师范院校学生 4 年学业完成后需担任 1 年实习教师。在这种最新教育结构中，学生将接受为期 4 年的专业培训，最后需要通过哈萨克斯坦历史、教育学和专门学科教学法这几门科目的国家考试，进行论文答辩，或是通过专门学科的国考（根据教员的个人教学领域）。在获得学士学位证书之后，毕业生有权在教育机构担任为期一年的见习教师。为了保证这类学校毕业生见习的有效实施，国家要求教育机构设立相应的见习生岗位并且进行工资等级的评定。也就是说，所有师范院校的毕业生都必须要进行实习，实习内容根据其专业的具体情况而定。在实习之后，见习教师接受相应的职业等级评定，并依据哈萨克斯坦教师职业标准获得相应的评鉴证书。这种 4+1 模式的优点在于，可以解决未来准教师职业培养的连续性问题，因为实习教师在教育机构的工作并不会影响其考取硕士研究生；使准教师提前适应进入高校学习的培养进程；有利于增加教育体制中的年轻教员，缓解在职教师不足的问题；给准教师未来道路的选择提供了思考时间，他们可以在见习期间认真考虑到底是进入教育机构从事专业还是成为硕士研究生继续深造；使准教师获得实际的教育经验，这些经验有利于他们在未来进行高水平的科教活动。

第四级，本科后教育——硕士教育（一年制，两年制）+ 博士教育（三至四年制）。根据哈萨克斯坦师范教育现代化基本理念，进行了为期一年实习的师范大学毕业生有权进入到硕士研究生部进行师范专业学习，并在之后选择是否进入博士研究生部从事进一步的研究和学习。[1] 在此阶段，学生需要具备以下能力：（1）客观地评价自己是否可能作为一名实践新教育模式的教师，知道自己的弱点和长处，思考自己的有利品质（自我管理能力、自我评价、情感表现、沟通能力、教导能力等）；（2）具有普通文化智力活动的能力（思维、记忆、理解力、想象力、注意力），文化交流能力以及教育能力；（3）正确认识世界教育发展的趋势和一体化进程。

第五级，教职人员的高级培训和再培训系统。教职人员再培训是哈国继续教育体系中的主要环节，这一环节是针对在十二年制中学及其他高等教育机构和教育组织中的教育人员开展的。哈萨克斯坦教育系统中目前有33个高等教育机构在运作中，在20个教学专业方面提供培训。这些教育机构中的学生总人数为183 470人。[2]

截至2022年5月，在哈萨克斯坦的14个行政州中，每个州都有一个在职培训机构，专门为需要每五年升级一次教学证书的教师提供培训。哈萨克斯坦建立了支持教师职业发展的系统，建立了沃尔列乌国家职业技能发展中心以及16个地区分支机构（14个州和2个直辖市）；定期举办各种国际和国家会议和研讨会，为教师提供专业发展机会；每年都会举办全国性比赛，评选最佳教师、最佳班主任等。

借鉴英国、新加坡、日本、韩国等国家的经验，哈萨克斯坦致力于创造一种本土学校实践新模式，并为此进行了一系列教师培训制度的改革。现在，哈萨克斯坦政府在此基础上继续以重新格式化的培训系统和对教

---

[1] 资料来源于哈萨克斯坦国立师范大学官网。

[2] 资料来源于俄罗斯学术资源网站 Cyberlenika.ru。

职员工的高级培训进行改革。在《哈萨克斯坦共和国 2011—2020 年国家
教育发展规划》中首次确定了大规模的改革措施，在教师教育方面加强国
家支持，对教学人员进行高质量的在岗培训，鼓励培育更多更精良的师资
力量。

在哈萨克斯坦国家普通义务教育标准中，专业"0104000—职业教育
（按领域）"中包含了 15 种教师类型，多种教师类型的定位是为了满足哈
萨克斯坦经济领域的基本技术以及职业需求。高等职业院校的毕业生可以
在高等教育体系相应领域的学习机构中继续获得教育，也可以在任何一
个类型的职业技术教育教学机构中就职，为学生提供专业的教育以及职业
教育。

在哈国高等职业师范教育的体制中，有 45 所高校开设了专业
"5B012000—职业教育"，包括 9 所师范类大学和学院，3 所农业大学和 20
所社会方向、人文方向以及其他方向的大学、机构和学院。[1] 这些高等教育
机构致力于培养高素质、职业化的师范人才。

第二节　教师教育的特点和经验

在教育体制的不断改革中，哈萨克斯坦在教育领域积累了宝贵的经验。
一部哈萨克斯坦教师教育发展的历史，就是哈国教师教育进行现代化革新
的历史。

---

[1] 资料来源于哈萨克斯坦学术资源网站 melimde.com。

一、教师教育的特点

（一）重视发展民族教育

当代世界越来越要求培养未来教育工作者的公民精神、人文精神、责任感、包容性以及跨文化交际能力，因此，哈萨克斯坦当代师范教育中的一项重要任务就是对国民进行民族文化的教育，促使国民能够适应多元的文化环境（民族多元化、语言多元化），从而使其进入以寻找不同文化内涵为目的的对话当中。自博拉沙克国际奖学金设立以来，已为哈萨克斯坦培养了近万名国际化的专业人才。其中 98% 的奖学金获得者已在国内各行业中投入工作，为国效力。目前，有超过 2 000 名博拉沙克国际奖学金获得者在全球 25 个国家留学，这批学生成为哈萨克斯坦民族文化和民族传统的传播者。更为难得的是，获得博拉沙克国际奖学金资助的众多学子学成后归国就业，投身到发展国家经济实力和提升国民素质的事业中。[1]

（二）在现代化进程中与时俱进，推广综合性教学方法

综合性教学方法的重新配置、理论结合与实践运用，成为哈萨克斯坦现代化教育模式的基础。其中包含以下几个方面：增加知识及技能实践的比重，增强所学知识在实践当中的运用经验，对上述经验进行情感—价值评估及反思。也就是说，师范教育完全致力于培养具有高水平职业素质的综合型师范人才，这类人才的基础特质是高水平的学习能力以及对于自己专业的高度反思能力。新式教学方法的成功与教师群体意识上的改变、其创新能力的提高息息相关，同样还与教师从业者高水平的智力潜力，以及对新现象的科

---

[1] 资料来源于哈萨克斯坦国际信息通讯社官网。

研兴趣不无关系。除此之外，教师从业者能够成功掌握重要的、基础的以及具体的教学法成为决定他们在教育服务领域中竞争力的关键因素。

（三）教育具有连续性和实践性导向

师范教育的连续性被看作是不断提高师资力量专业性的一个必要条件。为了适应教育领域不断变化的现实状况，教育工作者必须要有终身学习的基本观念。哈萨克斯坦的教师教育具有连续性培养的特点，这种连续性是在中等师范学院、师范专科学院、师范类高校层层递进的过程中实现的。如前所述，在中等师范院校毕业的学生有权利通过考试进入师范专科学院进行学习深造，在获得专科学院文凭之后，学生有权选择进入师范类高校进一步学习深造。在高等教师教育层面，这种连续性体现为：获得优秀毕业证书的学生有权进入到研究生部继续学习；获得高等师范教育文凭的人员有权通过再培训学习额外的专业内容并获得相关证书，从而得到以新形式实现自己教育事业活动的资格。在实习阶段，师范院校的学生依据专业所对应的学校类型，按照国家的指导，前往当地的中小学以及高校进行实习。同时，实习表现也被设计成为评价学生的一种参照标准，并影响学生的毕业和文凭的获得。

（四）鼓励人文主义的价值导向

哈萨克斯坦的教师教育体制呈现为一种人文现象，其教育体制符合启蒙运动的思想，承认个人主权及自由，强调责任感、团结性、包容性。而这种教育体制作为一种人文现象，其基础则是对于未来教育工作者的精神塑造，并引导其道德观的塑造。也就是说，教育人文化更凸显每位未来教育工作者的个体性，关注他们的内心世界以及精神倾向。除此之外，以人为本的教育思想要求社会对教师人才高度认可和保护。人文思想在每个主体受教育过程中从内容、形式以及学习方法、教学法等方面进行传播，并由此培养了受教育者相互合作、团结的精神。

（五）相关制度的灵活性以及学习方案多样性

哈萨克斯坦教师教育的一大特色是制度的灵活性和学习方案的多样性，具体体现在以下几个方面。（1）对于教师人才的培养学制灵活，学习方案多样化。受教育者可以选择不同的教育和职业方案，从而为更完全地实现个体的创造力创造条件。（2）师范教育制度灵活。一体化的教师教育培养方案是在考虑到社会文化水平的基础上设计的，既要培养自然科学领域的教师，也要培养人文学科领域的教师。（3）师范教育职业发展途径多种多样。除了传统的师范院系，还发展出其他获得教师职业技能的、可供选择的职业途径。例如，完成高等教育后又在其他国家或地区性中心受到全方位教师培训的可获得认证。（4）专门给予求职者以师范实习生或助教身份，有为期1—3年的工作适应期，帮助其积累工作经验，完成身份及心理上的过渡。（5）教师从知识的传播者变成组织和鼓励学生进行自主学习的引导者。因此，在哈国现有的教师教育体制下形成了以下几种类型的教师：专家型教师、技术型教师、创造性实践型教师、反思型教师、积极参与社会生活型教师。[1]

上述几个哈萨克斯坦教师教育的特点都具有人文主义的特征。也就是说，其围绕的中心都是对教师个体的考量和培养。所以说，哈萨克斯坦教师教育的关注点是教师人才个体的精神价值取向，关注的是受教育的个体如何成长为一个符合国家及社会期望的职业教师。

---

[1] 资料来源于哈萨克斯坦法律电子资源网。

二、教师教育的经验

教育正在日益成为哈萨克斯坦最为优先的国家政策之一。提高教师教育的水平，对于缩小哈萨克斯坦与发达国家之间的教育水平差距有着战略性意义。在当代教育的经济以及技术进程中，人力资源成为哈萨克斯坦社会发展的主要推动力。哈萨克斯坦教师教育主要有以下几个方面的经验可供借鉴。

（一）实施教师教育现代化

教师教育现代化是哈萨克斯坦大幅度提高教师教育质量的重要基础。教育质量被国际社会看作各国建立互信关系及不同教育制度之间相互联系和联通、相互比较和吸引的必要条件。衡量教师教育水平的指标有以下几个：师范相关专业研究生的选拔情况，小、中、高各层级师资力量的水平，教师教育职业培养的内容和组织形式，高校师范教育进程中的科研方法和材料技术装备。

教师教育的现代化应当被归为新型质量教育的成果。师范教育在当代的定位是"质变"的实践性任务，其教育体制应当致力于创造长期的社会影响力，反映新经济及知识型社会的基本特征。因此，这种体制应当是灵活的、创新的，能够敏锐地感知国家和社会正在发生的变化。师范教育的质量转变和提高应从社会文化、制度导向、个体活动、文明逻辑、价值论等多角度采取复合型方法为支点来实现。

哈萨克斯坦教师教育的方向是以促进教师形成完整世界观为目标，要求教师使用符合学生生理以及天性的教学法和操作法，不损害学生个体的身体健康、心理健康以及创造力，鼓励个体对世界形成完整的理解，鼓励学生在有困难和不确定性的情况中积极进行选择。

（二）引进新的通信技术

在教育中引进新的通信技术是提升哈萨克斯坦教师教育水平的重要条件。当今世界上正在不断形成统一的科学教育空间，这一趋势正是建立在不断更新的通信技术之上，这些技术极大地影响着科教空间一体化趋势的发展速度及其特点。

根据联合国教科文组织的观点，正是通过广泛使用通信技术作为媒介，教师职业发展的数量及质量方面的问题才得以解决。发达国家使用联合国教科文组织教师信息通信技术能力框架（ICT-CFT）培养教师的能力。在这一框架下，教师的能力系统被结构化地划分为三种类型：掌握知识的能力、掌握数字化技术的能力、在产生信息的文化传播过程中进行知识传授的能力。根据哈萨克斯坦共和国教育科学部部长命令，塔拉普公司已在 2020 年推出了"发展和提高教师信息技术能力"的项目，并在该项目规划下为教育工作者开展远程学习课程。该培训课程已于 2020 年 8 月 3 日在塔拉普公司官网上运行，共包括 36 学时，其目的是培养教师的专业信息技术能力。根据塔拉普公司 2021 年 5 月 6 日公布的结果，共有 51 名参加本次培训的教育工作者获得了合格证书。[1]

（三）保持多等级化制度和教育连续性

哈萨克斯坦教师教育的多等级化制度与教育内容连续性二者之间是相辅相成、密不可分的。哈萨克斯坦教师教育多等级化的目标是纵向、灵活地保障师资培养的格局和活力，为教师教育奠定基础，确保形成具有哈萨克斯坦国家特点的教育风格，培养一批新型教师人才。

---

[1] 资料来源于塔拉普公司官网。

哈萨克斯坦为中小学教师教育设置的目标是：发展复合型人才，培养教师解决专业问题的能力，解决义务教育十二年所制定的策略方向的问题等。教师的综合能力直接取决于教师的业务资源。也就是说，取决于其掌握的知识和专业能力。教师应当能够将教育过程方案化，致力于促成最大限度的个人学习，加强学生在学习中的独立性和创造积极性，发展研究性和社会性实践。与此同时，教师为了向高质量的新一级职业水平过渡，应当对自己有明确定位，清楚自己目前的能力以及在教育领域所处的位置。此外，需要对教师进行广泛的语言教育。为此，从初等普及教育至高等教育阶段，都应当保持连贯、稳定的语言教育。教师在熟练掌握一些语言的同时，还可以让学生接触、了解更多的语言。

（四）加强高校与中学之间的合作

高校与中学在教师教育进程中进行合作将为师资力量的储备创造有利条件。在哈萨克斯坦，高等教育机构的地位被提升至了教育体系的中心，并肩负对中学的不同类型教师进行职业完善的任务。哈萨克斯坦正在建立许多科研中心和高等教育机构，来进行所有等级的教师人才培养。

（五）提高教师待遇

提高教师待遇来吸引更多中学毕业生接受师范教育，有助于师资力量的维持及增强。在这方面，哈萨克斯坦近年来已经采取了一些实质性措施。托卡耶夫总统在 2022 年 9 月的国情咨文中再次强调，要进一步提高教师行业的待遇。联合国教科文组织 1966 年在法国巴黎举行的教师地位与政府间特别会议上，就教师以及国际劳动组织的地位进行讨论并通过了《有关教师地位的建议》，这是联合国对于教师地位的官方认证和理解：师范人才应当具有相应的地位，而教师职业应当获得其应有的社会尊重。[1] 提高教师的社会地位以及经济水平，改善其生活以及劳动条件，增加他们的职业发展潜能，可以有效地解决复合型教师及经验丰富教师严重不足的问题。同样，这些方式也是在教育体制中吸引并留住足够数量高水平人才的最好办法。

第三节　教师教育的挑战和对策

在过去十年中，哈萨克斯坦的教师教育体制倾向于融入世界一体化教育空间中，力求靠近国际教育标准。在教师教育制度改革的进程中，诞生了一系列可喜的成果，同时也出现了许多的问题，使哈萨克斯坦的教师教育面临不少挑战。

为了提高教育人才的水平，哈萨克斯坦引入了一系列新的教育手段和技术。国家大力发展和更新全学科的教学法综合体，对人文教育投入了大量精力。2010 年，哈萨克斯坦正式成为博洛尼亚进程的成员国，并将接下来的 2011 年定为"哈萨克斯坦教育年"。同年 2 月 11 日，哈国政府制定并出台了《哈萨克斯坦共和国 2011—2020 年国家教育发展规划》。这份文件对于哈萨克斯坦教师教育所面临的挑战以及对策进行了具体说明。

一、教师教育的挑战

《哈萨克斯坦共和国 2011—2020 年国家教育发展规划》从教师教育的政

---

[1] 资料来源于全俄教育工会官网。

策方面指出了教师教育目前存在的不足。具体来说，以下几方面的问题成为哈萨克斯坦教师教育目前面临的主要挑战。

（一）教师教育的内容急需创新

《哈萨克斯坦（2050年）》战略提出，哈国教师教育面临两个重要任务：第一，知识和职业技能的提升；第二，教育和再教育形式的创新。[1] 21 世纪的教师教育需要国家和社会协作来改变制度、内容、环境上的不足。同时，21 世纪的世界需要的是国际化、全球化的教师教育模式，是能够适应世界快速变化的教育模式。在这种环境中，哈国教师教育的内容在不同阶段应当设立不同的教师人才自我认知目标。例如，在中学阶段的教育应当引导学生对自我进行准确定位，从而为其实现自我创造条件。同样，教师开始从事教学活动后也需要不断适应当代环境以及水平，参与制定符合世界图景的教育大纲。

（二）教师教育的相关标准尚不完善

在哈萨克斯坦，教师教育的标准过于保守，缺乏科学的、有依据的方法来建立连续性的教育标准和教师教育纲要。传统的师范教育体系已经被打破，而新的、致力于培养具有强烈民族自我意识的复合型教师人才的新体系尚未完全成熟。因此，许多组成职业培养基础的心理师范课程被删除、省略或者是减少到最小数量，用专业课来代替，导致了知识课程导向型准教师数量的增加。这不利于教师整体职业水平的提高。

此外，教师教育的组织结构、组织环节薄弱。这种薄弱体现在多个方

---

[1] 资料来源于哈萨克斯坦共和国总统官网。

面：学生在不同学习阶段的课程衔接不够一致，往往是每个机构的培养模式和学习内容自成一套；中小学教师与处在实习期的师范大学生之间沟通效率低，缺少对实习生进行经验传授的具体指导文件；师范大学生缺少与同事的沟通经验，在短期内无法充分利用实习期填补实践经验的空白；普通师范职业中学的学生考入大学时所依据的教育基础判断依据混乱，国家公费名额与自费名额的判断依据不清楚，存在着非官方机构的不合理营利行为。

（三）教师教育制度不完善，教学组织方式较为落后

长期以来，哈国师范专业学习进程的组织方式较为刻板、机械，主要体现在专业的方法论课程与师范系统之间的联系较弱。因此，高等师范大学无法在学习教育过程中突出师范专业的方向。除此之外，在组织教学的过程中，很多师范类学校缺乏对教师人才的民族意识、爱国主义以及公民意识的教育。

师范类院校没能在教学的过程中充分实现师范定向、因材施教的教学法。原因之一在于物质技术、教学实验以及科技基础薄弱。国家财政投入是大学生所获资助的主要来源，但未来教师人才获得专业培养时所需的物质技术、信息不足，用哈萨克斯坦语以及俄语书写的最新现代教科书以及电子学术文献不足等，这些问题都导致了教师在教学过程中的教学效果受到影响。

（四）教师工资水平低，人才梯队建设存在不足

哈萨克斯坦教师的工资水平依旧较为低下，达不到哈国教师人才的心理预期，降低了对有意接受教师教育的中学毕业生和相关人才的吸引力。

教育工作者的劳动和社会地位没有获得充分的法律保障，教育工作者没有获得相应的物质奖励以及道德层面的尊重，工资水平仅为全国平均水平的60%。教师职业的保障制度以及福利水平的不完善导致高技能人才流失。尽管自2000年以来，教育工作者的工资在原有基础上增长了400%，但教师职业的工资水平依然位列全国最低水平之列。[1]

哈萨克斯坦教师教育每年培养出的师范人才数量仍不足以改善教师队伍年龄比例以及男女比例。在哈萨克斯坦，每五名在职教师中就有一位的年龄在50岁以上；在全体教师中，有13%的教师教龄在三年以下；年轻教职人员的年补充率仅占该群体总人数的3%。此外，哈萨克斯坦教师队伍的男女比例严重失衡，女教师占教师总数的81.3%。[2]

二、教师教育的对策

（一）更新教师教育内容

为了提升哈萨克斯坦教师教育的现代化水平，应该顺应时代发展的潮流，对教师教育的内容进行革新，要以培养运用新的教学方法、掌握最新前沿理论的教师人才为目标，发展以人道主义为内涵的教师教育，培养有能力、受过高水平教育、符合受教育者期望、能够在科研基础上独立完成学习和教育任务的新一代师资力量。哈萨克斯坦科教实践中心、达伦远程教育平台等机构的主要使命是支持教师教育，跟踪教师教育领域的前沿动向，推动教师教育内容的更新，并为教师提供发展平台。

---

[1] 资料来源于哈萨克斯坦司法部法律法规信息系统官网。
[2] 资料来源于哈萨克斯坦司法部法律法规信息系统官网。

（二）制定师范专业的教育大纲

哈萨克斯坦应制定师范专业的教育大纲，建立健全的师范教育大学网络，同时注重发展大学后教育（硕士、博士研究生教育）以及教师再教育，要在已经通过的《哈萨克斯坦2020年前国家青年政策构想——"哈萨克斯坦2020：通向未来之路"》的基础上提升大学生以及教师的学术积极性。在国家统筹方面，要及时对教育制度中的纲领性文件以及规则文件进行微调，制定并落实符合国家标准和具有连续性的教育大纲。

（三）完善教师教育制度

早在2012年，哈萨克斯坦教育科学部就提出要在2020年之前实现一项长期发展战略优先项目，即发展哈萨克斯坦的人力资源，实现这一项目的前提是国家教育体制的完善。如今，项目依然在实行中。为了促进哈国教师教育制度的不断发展，必须根据时代的要求不断将教师教育体制进行系统化的革新，保持教育体制的连续性和一致性，在延续国家传统、遵循世界教育经验的基础上持续进行教育内容和结构的更新。

（四）打造新型教师

在立法层面提高教育工作者的社会地位，以系统化的措施为教育工作者提供社会保护，真正提高教育工作者的劳动收入，达到符合其心理预期的工资水平。加强教师队伍的梯队建设，着力培养青年师范人才。新型教师应当掌握"新"知识，包括科技理论基础、认识论、方法论的知识和专业化课程知识。新型教师应当具备"新"能力，要立志成为学生的朋友，做教育过程中的共同参与者。保护学生的内心世界，尊重学生个体的天性，保护并培养个体的自我价值。新型教师还应该承担"新"角色，以开放的心态来建立自己的世界观，具有宏观的思维模式，同时扮演教师和心理医生的角色，善于将消极的问题、负面的情绪和意向转化为正面的、积极向上的能量。

当前，在实现全球化任务的过程中，教师早已成为决定性的因素之一。在这其中，具有高水平教育能力的教师扮演了主要的角色。毫无疑问，教师教育是整个教育体制的基础。未来的文明不仅是由科技发展以及经济增长水平所决定的，其发展将更多地取决于那些为了人类福祉而努力解决主要社会问题的人。哈萨克斯坦教师教育的历史、经验特点以及所面临的挑战与对策，为世界教师教育领域的发展提供了宝贵的经验与借鉴。

第十章 教育政策

第一节 教育政策与规划

本节将从国家教育规划、政府令及相关法规、教科部专项命令等三个层面展开对哈萨克斯坦教育政策与规划的介绍。笔者选取了哈萨克斯坦共和国国家教育规划、《教育法》和教育相关法、关于教育的政府令、教育科学部命令等层面的重要政策与规划，对其核心内容进行分层次重点解读，从而对哈萨克斯坦共和国的教育政策进行较为全面的梳理。

一、国家教育规划

（一）《哈萨克斯坦（2050年）》

2012年提出的《哈萨克斯坦（2050年）》战略为哈国设定了进入全球竞争排名前30的任务。在《哈萨克斯坦（2050年）》长期战略中，教育被认为是最重要的优先事项之一，哈萨克斯坦教育改革的总体目标是使教育体系适应新的社会经济环境。《哈萨克斯坦（2050年）》涉及教育的要点包括以下几方面。

首先，哈萨克斯坦需与世界其他地区一样改用新的学前教育方法；哈萨克斯坦有一个针对学前教育的巴拉潘计划，其主要任务是平均分配哈萨克斯坦儿童的入学名额。此项任务由哈政府设定，自实施以来哈萨克斯坦已启用了 3 956 个新的幼儿园和小型幼教中心，并制定和实现了学前教育 100% 全覆盖的任务。到 2020 年，超过 90% 的 3—6 岁儿童能够进入幼儿园学习。[1]

其次，哈萨克斯坦职业教育和高等教育应着眼于最大限度地满足国民经济当前和未来的需求，这将在很大程度上解决就业问题。从 2013 年起，哈国通过颁发国际证书来确保工程教育体系和现代技术专业的发展。此外，高等教育机构不应该仅局限于教育职能，而是必须建立和发展应用及研究部门。大学不应该局限于改善课程设置，还应当积极开展研究活动。

再次，针对教育领域社会责任体系的发展问题，《哈萨克斯坦（2050年）》指出，应突出私营企业、非政府组织和慈善组织以及个人在教育领域所发挥的作用，因而有必要从以下几个方面进行改革：建立公私伙伴关系网络，以发展高等教育和中学教育体系；开发包括多个阶段的培训系统；针对不同地区的专业化特点，在全国范围内建立专门的研究系统和应用教育机构体系；通过立法规定所有高校学生从大学阶段的第二年开始必须进行实习。

最后，《哈萨克斯坦（2050年）》强调了教学方法现代化的必要性，并积极发展在线教育，建立区域性中心学校。《哈萨克斯坦（2050年）》提出：必须将创新的问题解决方法和先进的技术工具引入到家庭教育系统中，使每个人都可以参与远程学习和在线学习；取消过时或无认证程序的科学和教育学科，同时加强高需求领域的人才培养；改变中学和高等教育课程的重点，添加教授实践技能和获得实践资格的课程；创建面向企业家的课程和教育机构。

---

[1] 数据来源于哈萨克斯坦新闻网站 zakon.kz。

在《哈萨克斯坦（2050年）》框架内的这些教育战略新方向，有助于解决众多迫切问题，有助于克服众多与大量年轻专业人员相关，尤其与那些未按专业就业的年轻人紧密相关的问题。例如，州立大学和非州立大学组织的人员培训内容存在重复、培训水平存在差异的问题；因有偿教育服务领域扩展不受管制而致使许多非州立高等教育机构招生人数超过了州政府命令招生人数所引发的复杂社会问题等。

为了哈萨克斯坦的进一步发展，必须打造国家的知识潜力。根据《哈萨克斯坦（2050年）》制定的任务，国家需要进一步推进教育系统现代化，并创新教学方法，加强建立统一的信息系统，积极使用电子教学。终极目标是对每个人的学习以及所有人的工作实现自动化监测，不受时间和地点的影响，提供最佳教育资源，并及时生成直接反馈，以供相关部门进行及时调整。

（二）精神文明复兴计划

哈萨克斯坦自2017年开始推行精神文明复兴计划。其主要目的是让哈国国民在现代社会以及全球化的背景下重视道德和文化教育。该项目包括17个子项目，涵盖文物修复、教科书出版、哈萨克文化传播等内容。其中一个子项目是"培养和教育"，要求培养学生树立国家意识，热爱知识，解放思想，以循序渐进的方式建设哈萨克斯坦。整个项目面向全社会，吸引教师、学生、家长、企业和社会机构代表参与，其中的重要一环就是大学生的社会意识教育。项目定下的具体目标包括：通过培训让教师的教学意识与时俱进，提升年轻人的文化程度和爱国精神，培养大学生的自我意识，树立全人类价值观，重视实用价值等。2019年的《哈萨克斯坦共和国教育报告》指出，现在大学不仅是学生提升知识水平的地方，更是大学生将人格进行社会化的重要平台。如果能够吸引大学生参与项目并且巩固其道德观念，就能保证大学生身心健康。[1] 因此，世界各大学都将社会公益活动和体育运动作为大学生发展的优先方向。《哈萨克斯坦共和国 2020—2025 年国家教育发展规划》中也将志愿者精神、公民和社会意识、领导力等品质作为当代大学生的发展目标。

数据显示，2015—2019 年，哈国参与过社会公益活动的大学生比例从 15% 提升至 30%，同时，如果大学生参与了公益活动，则可以获得一定数量的贷款。与此同时，哈国参与国家级大学生联赛的高校比例从 22.5% 增至 72%。该联赛创立于 2014 年，其目的是组织专业级水平的体育赛事，从而引导哈萨克斯坦大学生锻炼身体，参与联赛的学生有机会加入专业运动俱乐部或者加入国家队。另外，100% 的哈萨克斯坦大学都参与了精神文明复兴项目旗下的活动。[2]

综上所述，哈萨克斯坦政府较为重视当代大学生的精神和身体健康，开展了多种活动来强化大学生的社会责任感和爱国意识，从另一个角度提升了教学质量，也巩固了自身的文化认同，增强了民族文化自信。

（三）《哈萨克斯坦共和国 2016—2019 年国家教育与科学发展规划》

《哈萨克斯坦共和国 2016—2019 年国家教育与科学发展规划》（以下简称《2016—2019 年规划》）以顺应世界领先趋势为目标，以用人单位、商业界和国际专家的建议为依据，在国家"100 个具体步骤"计划的基础上制定，并由哈萨克斯坦共和国教育科学部负责保证实施。

《2016—2019 年规划》的主要目标是提高教育与科学的竞争力，发展人力资源以实现经济的可持续增长；确保哈萨克斯坦公民平等获得高质量的

---

[1] 资料来源于哈萨克斯坦共和国教育科学部官网。

[2] 资料来源于哈萨克斯坦共和国教育科学部官网。

学前教育和基础教育；保护儿童的合法权益，使其成为智力、身体、精神全面发展的公民；通过创造技术和职业教育条件，帮助青年融入社会经济活动；为国家经济部门提供具有较高水平的人才，并确保科学为促进国家经济的多元化和可持续发展做出真正的贡献。

规划的实施期限为 2016—2019 年，为期三年。主要任务包括：提高学前教育机构的师资队伍素质，提高职业素养；针对人口状况，构建学前机构组织网；更新学前教育和培训内容，重点提高儿童入学质量；改善对学前教育和培训发展的管理和监督；提高教师职业的声望，提高教师的素质；塑造学生正确的世界观、人生观和价值观，培育其健康生活、文化现代化观念意识；提供基础教育的基础设施；更新基础教育的内容；改善管理，监测教育的发展；确保为处境困难的儿童提供特殊的社会服务；提高技术和职业教育体系的声望；确保技术和职业教育可达性及其培训质量；根据国家工业和创新发展的要求更新技术和职业教育的内容；改善技术和职业教育发展的管理和监督；为竞争性人才提供优质培训；在全球趋势的背景下实现高等教育和研究生教育内容的现代化；强化高等教育机构学生的现代化意识；改善高等教育及研究生教育发展的管理和监督；增强科学对国家经济发展的贡献；提高科学家的科学潜力和地位；提升科学领域基础设施的现代化水平；加强对科学活动的管理和监测。

在 2016—2019 年，实施该规划的总支出为 18 864 亿坚戈，包含预算资金及哈萨克斯坦共和国法律未禁止的其他资金。针对地方层级的规划实施，政府在批准相应财政年度的地方预算时，要求将指定的资金额度用于计划实施，且在计划执行期间必须在当地预算规定的限制内进行。为保证该计划顺利实施，哈萨克斯坦在以下领域内整合了财政资源：发展信息通信技术和电子教学；建设常规学校以取代轮班学校；建造专业职业技术学校；吸引外国科学家和顾问进入领先大学；颁布国家教育令推进博士研究生的培养；创新项目的开发等。

截至 2019 年，该规划的 12 项指标中有 11 项已经完成，1 项部分完成。执行情况的监测结果显示，规划在提高教育服务质量的水平方面有一定积极影响。[1]

（四）《哈萨克斯坦共和国 2020—2025 年国家教育与科学发展规划》

《哈萨克斯坦共和国 2020—2025 年国家教育与科学发展规划》（以下简称《2020—2025 年规划》），承接了《2016—2019 年规划》，在前规划的基础上根据新阶段、新情势增添了新内容，订立了新目标。

《2020—2025 年规划》由哈萨克斯坦教育科学部负责制定并保证实施。新规划在新阶段的主要目标是提高哈萨克斯坦教育与科学的全球竞争力，在全人类价值观的基础上教育培养个人，并增强科学对国家社会经济发展的作用。

新规划的实施期限为 2020—2025 年，为期五年。主要任务包括：保证教师职业的高地位；实现教学教育现代化；缩小学校间、地区间、教育机构间及学生间的教育质量差距，提供安全、舒适的学习环境；在优化实践的基础上建立一个针对学习者、教育工作者和教育组织质量的新型评价制度；确保职业教育、职业培训的继承性和连续性，以适应经济发展需要和区域特点；保证学生在智力、精神道德和身体素质等多方面的发展；向教育机构提供数字化、现代化的基础设施；实行教育管理制度和教育拨款制度的垂直化；挖掘智能科学的潜力；实现科学基础设施的现代化和数字化；加强科研成果的转化，并确保哈萨克斯坦融入世界科研空间之中。

新规划的实施总支出预算为 115 780 亿坚戈，较前规划的投入力度有

---

[1] 数据来源于哈萨克斯坦网站 e-cis.info。

所加强。资金来源也较之前更为丰富，包含地方预算拨款、世界银行拨款、私人投资以及其他哈萨克斯坦共和国法律未禁止的资金。资金将于 2020—2025 年逐年下发，并用于规划的具体实施。《2020—2025 年规划》在应对现阶段国家教育面临的挑战，确保国家教育在未来中期进入可持续和高质量发展轨道，切实提高国家教育水平等方面起着阶段性指导作用。

二、《教育法》和教育相关法

（一）《教育法》

现行的《哈萨克斯坦共和国教育法》（以下简称《教育法》）于 2007 年 7 月颁布，2018 年 7 月再次修订。《教育法》主要规范教育领域的公共关系，确定教育领域国家政策的基本原则，旨在确保哈萨克斯坦共和国公民以及永久居住在哈萨克斯坦共和国的外国人和无国籍人士的教育权。

《教育法》共 12 章，包括一般规定和最终规定、教育制度和管理制度、教育的内容和经费、教育活动的组织和主题、教育责任、国际活动、教师地位和国家监管原则。《教育法》包含了许多重要且具有创新意义的规定：在大学中引入了三级培训体系，即学士学位、硕士学位、博士学位，认可国外文凭并简化学科的互认程序，根据国际认可的博洛尼亚进程批准学分制，这极大地简化了文凭的跨国认证程序，增加了学生的流动性；建立评估教育服务质量的国家认证系统；根据国家统一考试的结果为最优先专业的学校毕业生提供国家补助等。

《教育法》的颁布改变了哈萨克斯坦教育的结构，它根据 1997 版《国际教育标准分类法》引入了"教育水平"的概念。所谓"教育水平"，包括七个级别：学前教育、小学、初中及相应阶段的职业技术教育、高中及相应阶段的职业技术教育、大专教育、本科教育和研究生教育。这样一来，就确定和突出了教育连续性的原则。而且，由现行的十一年学制向十二年制基础教育的过渡也完全符合欧洲教育委员会的国际标准和建议。截至 2023 年 6 月，哈萨克斯坦基础教育的学制改革目标为 4+6+2 年，这种学制结构可以为学生适应现代世界的最新状况做出准备。不仅如此，学校的学科内容也会根据科学发展而不断更新。

《教育法》还提出至少每五年培养一批研究生的继续教育制度，并根据第 22 条宣布其为国家优先事项。根据该法的规定，高级培训系统当前已渗透到整个教育领域，其任务是跟踪监测教学人员的业务水平，其优点是可以最大限度地吸引教育领域的专家参与，保证教师熟悉并适应新的世界教学趋势。

建立社会保障体系是《教育法》的一个重要内容，它的主要目的是培养和留住年轻教师，即新一代教师。因此，在《教育法》第 45 条中单独详述了各级教育机构负责人在此问题上的责任。例如，如果师范类教育机构对外公布的入学条件不达标，那么教育机构面临的处罚将较之以前更加严厉；学校对人才的培养不受政治和宗教等因素的影响。该法律还涉及对教师的普遍保护问题，例如，第 53 条强调了农村地区教师的利益。

《教育法》在整个国家的教育体系发展中发挥了巨大作用。正是有了《教育法》作为依据和保障，哈萨克斯坦教育事业得以快速发展，教育领域的进步同时对公民生活其他领域带来了进步。

（二）教育相关法

《哈萨克斯坦共和国科学法》于 2011 年 2 月颁布，2018 年 7 日修订。该法主要规范国家科学及技术活动领域的社会关系，确定哈萨克斯坦国家科学体系运作和发展的基本原则和机制。

《哈萨克斯坦共和国技术法》于 2004 年 9 月颁布，2018 年 5 月修订。该法为保障哈萨克斯坦的产品、服务和安全生产的国家技术体系建立了法律基础。

《哈萨克斯坦共和国许可与通知法》于 2014 年 5 月颁布，2018 年 4 月修订。该法旨在规范为实施私人企业相关实体活动而引入和执行许可证的程序。

除了上述几个教育相关法律外，2018 年 7 月，哈萨克斯坦还颁布了《哈萨克斯坦共和国关于扩大高等教育机构学术和行政独立性的若干立法修正案》，以及《哈萨克斯坦共和国关于教育问题的若干法律修正案》。

这些法律法规是《教育法》的有益补充，从更具体、更细致的方面为哈国教育活动的实施建立了法律基础，从立法的角度保证了哈萨克斯坦中小学、大学、职业技术学校、继续教育机构等各个层级教育机构的正常运转。

三、关于教育的政府令

除了上述正式的法律法规之外，还有一些由哈萨克斯坦政府机构颁布的专门针对教育活动的法令。

例如，哈萨克斯坦共和国政府于 2015 年 11 月 21 日发布《关于教育领域许可人的定义》。该政府令于 2018 年 10 月 26 日进行了修正，其中对教育领域的许可人做出了明确规定。根据该政府令，在哈萨克斯坦教育领域内负责许可进行教育活动的主体主要为哈萨克斯坦教育科学部下属的教育与科学监督委员会，并由它许可各级教育机构从事教育活动。具体内容为提供高等教育、研究生教育及心理教育领域的专业培训。教育与科学监督委员会下设的各地区司局是哈国教育领域的地区监管部门。由他们在各地区许可各级教育机构从事教育活动，为哈萨克斯坦公民提供基础教育和职业教育，为军事及特殊专业群体的特殊教育机构提供大专学历教育。根据该政府令决议的附录，获批签发许可证的各级教育机构可以从事有关符合哈萨克斯坦共和国法律要求的教育活动。

又如，哈萨克斯坦共和国政府于2019年12月27日发布《关于批准哈萨克斯坦共和国2020—2025年国家教育与科学发展规划的决议》，哈萨克斯坦共和国政府于2021年10月12日发布《关于批准"优质教育"和"受教育民族"的国家项目》，于2022年8月19日发布《关于进一步完善哈萨克斯坦共和国国家行政体系的若干措施》。

除了上述法律法规之外，哈萨克斯坦共和国政府还会针对具体教育政策的执行召开专门会议，以推动相关法律法规的具体实施。例如，哈萨克斯坦共和国政府于2022年9月28日制定了《关于批准教育领域试点国家项目"舒适的校园"的决议》，并于2022年10月3日专门召开工作会议，就落实该国家项目相关事宜做出了安排。[1]

四、教育科学部 [2] 命令

哈萨克斯坦共和国教育科学部是哈国教育活动的最高监管部门，成立于2004年，负责管理教育、科学和保护儿童权益。教科部每年都会颁布许多命令，针对不同层级、不同领域教育活动的问题做出指示或给出指导性意见。

---

[1] 资料来源于哈萨克国际通讯社官网。

[2] 2022年6月12日，该部根据哈萨克斯坦共和国总统令重组，本部分是其重组之前颁布的命令。

（一）关于许可教育类机构的相关命令

近年来，哈萨克斯坦教科部发布了若干关于教育领域认可机构的相关命令。

2016年11月1日，教育科学部发布《关于批准承认包括国外许可机构在内的许可工作规则，及建立被许可机构名单、教育活动许可组织登记簿》。该命令于2018年10月进行了修订，确定了哈萨克斯坦共和国许可机构（包括外国机构，教育活动的被许可组织）的要求和工作程序。

2017年3月14日，教育科学部发布《关于承认许可机构并将被许可机构的名称列入为期五年的名册》。该命令将非营利机构"哈萨克斯坦鉴定和评级机构"、非政府机构"哈萨克斯坦教育质量保证机构"和"国际工商管理计划认证基金会"（德国FIBAA）列入登记册，期限为5年。

2018年10月4日，教育科学部发布《关于批准提供非正规教育组织的规则以及形成公认的提供非正规教育组织的清单》。

2018年10月10日，教育科学部修订了《关于批准各类教育组织的命名法》。法令明晰并确定了学龄前教育机构、中等教育机构（小学、初中、高中）、职业技术教育机构、高等教育机构、高等和（或）研究生教育机构、专门教育机构、特殊教育机构、没有父母照顾的遗孤儿童教育机构、儿童补充教育机构、成人教育机构等各类教育组织的分类及名称。

（二）关于各类教育活动的相关命令

哈萨克斯坦在强调义务教育的基础上，允许多种形式办学和不同所有制教育机构的并存。近年来，针对各类教育组织的问题，哈萨克斯坦教育科学部共颁布及修订了多条相关命令，用以规范哈萨克斯坦境内各类教育组织的活动。现选取比较有代表性的加以介绍。

2015 年 1 月 28 日，哈教科部发布了《关于批准国家标准教育文件的类型和形式及发放此类教育文件的规则通知》。该命令于 2018 年 9 月 27 日进行了修订，修订后的命令规定了各级教育证书的形式以及颁发规则。

2015 年 3 月 20 日，哈教科部颁布了《批准采用远程技术开展教学过程的组织规则》。该命令规定了在远程教育活动中采用先进技术组织教学过程的规则。

2015 年 6 月 17 日，哈教科部颁布了《关于获准从事教育活动的资格要求及符合相关条件的文件清单》。该命令于 2018 年 11 月 16 日进行了修订。修订后的命令批准了所附教育活动的资格要求，并进一步确认了符合要求的文件清单。

2016 年 1 月 29 日，哈教科部颁布了《关于批准下达基于劳动力市场需要培养职业技术教育、后中等教育、高等教育和研究生教育背景人才，以及针对高等教育和（或）研究生教育、学前教育和中等教育组织及培训部门的决议》，2018 年 10 月 31 日对此进行了修订。按照该命令要求，在哈萨克斯坦进行的教育活动实践应充分考虑劳动力市场的需求。

2018 年 9 月 25 日，哈教科部修订了《关于批准学生定期学习成绩监测、中期和期末评估的示范规则》。该命令规定了在实施初等和中等教育的教育机构中如何对学生的学习成绩、中级和期末证书颁发进行监管，同时规定了各级教育对学生成绩的评估标准。

2018 年 9 月 28 日，哈教科部修订了《关于批准组织和实施教学方法和科学方法工作的规则》。该命令确定了在实施小学和初中课程的教学组织中所采用的教育方法论及科学方法论工作的组织与实施，具有法律约束力。开展教育方法学以及科学方法学方面的工作，是为了促进科教融合，优化教育过程，开发和引进新的教学技术，并为在相应教育机构工作的教师提供培训性质的继续教育。

第二节 教育政策的实施与挑战

一、国家教育规划的实施状况

国家教育规划是自发布后在相当长的一个时期内指导全国教育改革和发展的纲领性文件，具有统筹全局的重大意义。近年来，哈萨克斯坦共和国政府及其教育监管部门针对各级教育状况持续发布和实施国家教育规划，并在规划实施过程中配套执行了相关举措，值得关注。由于《2020—2025年规划》还在实施过程中，进行客观评价为时尚早，因此本节仅以不久前实施完毕的《2016—2019年规划》为例，分析实施情况，并总结实施过程中暴露出来的问题。

关于《2016—2019年规划》的实施成效，哈萨克斯坦教育科学部数据显示，2018年国家拨款4 848亿坚戈用于规划实施，2019年拨款7 627亿坚戈。截至2019年，在规划的12项指标中已有11项得到充分实施。[1]

（一）学前教育领域的实施情况

在提供学前教育方面，得益于学前教育机构网络的顺利发展以及私人幼儿园的增长，哈萨克斯坦扩大了接受学前教育的儿童覆盖面。在《2016—2019年规划》实施推进期间，由于幼儿园建设、私立幼儿园的开放、小型幼教中心和其他入学方式的多样化，哈萨克斯坦全国学前教育机构的网络设施增加了1 839个单位（由2015年8 834个增长至2019年10 673个），学前儿童的教育覆盖率增长了13.6%（由2015年的81.6%增

---

[1] 资料来源于哈萨克斯坦网站 kt.kz。

长为 2018 年 95.2%）。同时，截至 2019 年 10 月 1 日，哈萨克斯坦共有 10 673 个学前教育机构正在运营，其中幼儿园 6 470 个，小型幼教中心 4 203 个，全国共有 775 164 名儿童就读（2015 年这一数据为 758 772 人）。其中，20.1% 的学前教育机构创造了全纳教育的条件，58.2% 的教师接受了专业的学前教育培训。[1]

《2016—2019 年规划》明确指出，发展学前教育的优先重点是公私合营。近年来，在哈萨克斯坦，相关方面一直积极开展工作以吸引相关企业进入学前教育领域。哈萨克斯坦 38.2%（4 082 个单位）的学前教育机构是私有的，该数字相较 2015 年增长了近 18.1%（2015 年为 20.1%）。[2] 可见，私立幼儿园及幼教中心在哈萨克斯坦国内所占的比重越来越高。这一情况的出现得益于政府和教育监管部门对私立教育机构许可口径的放宽。

为了简化开放和运营私立幼儿园的程序，自 2016 年以来，哈萨克斯坦引入了学前教育实施标准培训计划，并基于国家教育准则，在开办学前教育机构时积极采用新的卫生指标，提高幼儿园的办学条件。此外，还以推行向学龄前儿童分配幼儿园为宗旨，积极实现学前教育自主化。为确保城市、地方性区域中心的学前教育机构名额分配的透明性和流动性，政府要求各地教育部门不进行干涉，由父母自行选择幼儿园。据统计，目前全国约有 25% 的父母主动为孩子申请入园学习，哈国教科部计划在未来将这一数字提高至 100%。[3] 除开办和运营外，哈萨克斯坦政府还要求必须确保学前教育的质量，目标是为今后孩子进行基础教育阶段的学习打好基础。为了实现这一目标，哈萨克斯坦政府计划在未来培养 22 000 名学前教育系统员工，让他们接受高级培训，以保证哈萨克斯坦学前教育的质量。

---

[1] 资料来源于哈萨克斯坦网站 kt.kz。
[2] 资料来源于哈萨克斯坦网站 kt.kz。
[3] 资料来源于哈萨克斯坦共和国教育科学部官网。

（二）基础教育领域的实施情况

哈萨克斯坦基础教育面临的一个主要问题是教育供给短缺，特别是在边远地区和农村。因此，三班制学校应运而生。数据显示，2019 年哈萨克斯坦三班制学校占比为 1.8%，全国共有 36 所紧急学校和 125 所三班制学校。其中 41% 是小型学校，以土坯房为主，建造年代久远。[1]

在《2016—2019 年规划》实施期间，哈萨克斯坦总共建立了 342 所学校。哈萨克斯坦政府还特别注意缩小城乡学校在教育质量方面的差距。在 2016 年国际阅读素养进步研究中，针对小学生阅读和理解课文的质量，哈萨克斯坦学童平均得分为 536 分。这一结果使哈萨克斯坦在 50 个国家中排名第 27 位，与德国、加拿大、奥地利和斯洛伐克共和国的成绩相当。2019 年，哈国中小学生学业成绩的城乡差距为 7.3%，低于 2018 年的 11.8%，已有明显改善。[2]

规划实施期间，哈萨克斯坦的基础教育模式正在由十一年制向十二年制过渡。新课标课程体系于 2015 年获得批准——这些课程适用于十一年制的学校。教育科学部讨论研究后认为，应在从一至十一年级的所有学生完全进入到新课程体系和评估系统之后再开始十二年制教育体系的全面实施。目前，向十二年制教育模式的过渡尚在进行中。

（三）高等教育领域的实施情况

哈萨克斯坦高等教育的关键问题之一在于留住人才。在高等教育方面，关于人才培养的国家政令数量每年都在增长。2019 年，哈萨克斯坦国家级

---

[1] Национальный сборник «Статистика системы образования Республики Казахстан»[R]. Нур-Султан: АО «Информационно-аналитический центр», 2022: 86.

[2] 资料来源于哈萨克斯坦共和国教育科学部官网。

人才培训的相关命令达到了 66 556 个，其中，对博士学位医生的培训令达到了 2 312 个（2016 年为 628 个），对硕士研究生的培训数量几乎翻了一番，达到 13 159 个（2016 年为 7 429 个）。同时，哈萨克斯坦国内以地区为单位分配的教育补助金名额达到了 5 000 个（2018 年为 2 800 个）。[1]

根据 2021 年的数据，在哈萨克斯坦高等教育领域的外国学生数量已达到 30 万人，其中大多数学生（64%）来自独联体国家。[2] 在 2019 年 QS 世界大学排名中，哈萨克斯坦有 10 所大学进入排行榜，在哈萨克斯坦大学中排名最靠前的是哈萨克斯坦阿里·法拉比国立大学，排在第 220 位。在 2022 年 QS 世界大学排名中，哈萨克斯坦共有 12 所高校居于排行榜前 1 000 名，其中有 6 所高校入围 500 强，排名最靠前的依然是哈萨克斯坦阿里·法拉比国立大学，排在第 175 位。[3] 这是相当不错的成绩，在一定程度上证明了哈萨克斯坦高等教育的质量在不断提升。因此，也有越来越多的外国学生愿意来哈萨克斯坦的高校攻读学位。

自 2019 年以来，哈萨克斯坦国内每所大学都获得了在特定学习领域开展教育活动的许可证。在相应领域内，大学可以独立开展和实施相关的教育计划。根据 2022 年的数据，已有 41 所哈萨克斯坦高校与来自世界 22 个国家的 99 所高等院校建立了伙伴关系，共同实施了 207 个双学位项目。通过这些项目，哈萨克斯坦学生可以到外国高校学习，也可通过远程教育接受培训。[4] 此外，总共在 536 所学院中引入了双重培训制度，涉及 6 000 多家企业，覆盖 67 000 名学生。[5]

---

[1] 资料来源于哈萨克斯坦共和国教育科学部官网。
[2] 资料来源于哈萨克斯坦共和国教育科学部官网。
[3] 资料来源于 QS 世界大学排名官网。
[4] 资料来源于哈萨克斯坦网站 El.kz。
[5] 资料来源于哈萨克斯坦网站 Vecher.kz。

（四）职业教育领域的实施情况

在职业教育方面，《2016—2019 年规划》的实施也发挥了明显的作用。根据教育科学部的数据，年龄在 18—28 岁、受过职业技术教育的年轻人占全国就业人口的比例为 40%。这是由于哈萨克斯坦引入了双重培训制度，在实行基础教育的基础上增设了职业技术培训。2018 年，哈萨克斯坦在 486 所大学（2017 年为 460 所大学）中实施了双重培训，共有 4 188 家企业参与了该计划，共涵盖 38 823 名学生。2019 年，在规划的实施框架内，哈萨克斯坦下达了 9.78 万个州级命令，其中有 2.13 万个关于生产性就业和大众创业的政府规划。此外，哈萨克斯坦政府还在全国范围内依据规划的指导思想，向州立大学的培训讲习班配备了现代化教学设备、实验室和特殊学科教室，配备份额从 2016 年的 41.2% 增加到 2018 年的 45%。[1]

（五）教育设施建设方面的实施情况

目前，哈萨克斯坦的绝大多数学校均能够以 4 Mbps 或更高的速度连接到宽带互联网，网络覆盖率达到近 90%。而且，有 6 613 所哈萨克斯坦学校引入了电子期刊和日记系统，目前已有超过 30 万名教师、270 万学生和 190 万父母使用这一系统，用于配套教育教学。[2]

不仅如此，面向教师、家长和孩子的移动技术手段也已投入运行。根据教育科学部 2019 年发布的信息，哈萨克斯坦全国已有 50 000 名教师使用教师移动应用程序，40 000 名家长使用家长移动应用程序。在东哈萨克斯坦州、巴甫洛达尔州和北哈萨克斯坦州的乡村学校，正在推广移动版本教育系统。但是，根据哈萨克斯坦教育科学部的说法，还有 93 所学校没有互联

---

[1] 资料来源于哈萨克斯坦共和国教育科学部官网。

[2] 资料来源于哈萨克斯坦网站 kt.kz。

网连接，其中有 30 所学校位于西哈萨克斯坦州。这些学校的互联网连接将分阶段进行。[1]

综合以上几个方面来说，对哈萨克斯坦《2016—2019 年规划》实施情况进行分析的结果表明，哈萨克斯坦教育领域在扩大教育覆盖面、推行教育政策、改善教育服务质量等方面出现了积极趋势。

二、教育政策实施的问题、经验与启示

（一）存在的问题

首先，尽管国家预算在教育上有大量支出，但国家的教育质量仍然不高。近年来，哈萨克斯坦针对教育的国家预算支出逐年增长。2021 年，3.7 万亿坚戈国家预算总支出的 20.5% 被分配到教育领域，与前一年相比增加 17%。据统计，哈萨克斯坦在教育领域的国家预算在近十年内的年平均增长率为 15%，约占哈萨克斯坦国内生产总值（GDP）的 5%，然而这一比例却低于一些非洲国家。根据联合国教科文组织的数据，在非洲国家，教育支出占 GDP 的比例更高。例如，纳米比亚占 9.41%，塞拉利昂占 9.26%，莱索托占 7.38%，南非占 6.84%。[2]

哈萨克斯坦的教育质量相对较低。根据 2018 年国际学生评估项目（PISA 测试）的研究数据，哈萨克斯坦学生的学习成绩与 2012 年相比有所下降。平均得分比经合组织平均值低 100 分（相当于两年半的学校教育）：哈萨克斯坦的平均阅读分数只有 387 分，而经合组织为 487 分；哈萨克斯坦数学素养为 423 分，经合组织为 489 分；哈萨克斯坦的自然科学

---

[1] 资料来源于哈萨克斯坦网站 Profit.kz。

[2] 数据来源于哈萨克斯坦国际通讯社官网。

得分为 397 分，经合组织为 489 分。[1] 约有三分之二哈萨克斯坦学生的成绩低于功能性识字门槛，也就是说，哈萨克斯坦三分之二的学生是功能性文盲。对此，哈萨克斯坦国内媒体曾多次进行报道。而且，哈萨克斯坦教育的弱势地位多年来已被世界各地各种评级和分析师的证实。例如，在《CEO 世界》杂志 [2]2021 年的全球教育体系质量排名中，哈萨克斯坦位列 93 个国家中的第 62 位。质量指数只有 51/100，机会指数只有 43.65/100。指数越高，教育系统越好，学生的机会就越多。在此排名中，哈萨克斯坦落后中亚兄弟国家吉尔吉斯斯坦 7 个名次。[3]

其次，哈萨克斯坦教育科学部的工作执行效率较低。哈萨克斯坦近十年内实施了许多国家发展规划，如《哈萨克斯坦共和国 2011—2020 年国家教育发展规划》《哈萨克斯坦共和国 2016—2019 年国家教育与科学发展规划》《2010—2020 年沙巴拉克学前教育和培训计划》等。但这些方案并没有实质性地改善哈萨克斯坦教育领域的实际状况。在《美国新闻与世界报道》[4]2021 年最佳教育国家排行榜上，哈萨克斯坦在 78 个国家中排名第 71 位。在参与评级的独联体国家中，哈萨克斯坦仅超过了乌兹别克斯坦。[5] 值得注意的是，2021 年，由于哈萨克斯坦一些高等教育机构的教育课程质量差，被吊销了许可证，这直接影响了哈萨克斯坦在评估中的成绩。

哈萨克斯坦民众对各教育领域的服务质量的满意度并未有所提升，甚至在某些方面还有所下降。例如，2021 年学者吉娜·莎莉波娃的题为《哈

---

[1] 资料来源于哈萨克斯坦网站 informburo.kz。

[2]《CEO 世界》（*CEOWORLD*）杂志定期发布全球优秀商学院排名。一般是由杂志研究人员和全球商业政策研究所共同调查，根据创业、创新、科学技术、互联网开放和数字化前瞻思维生活方式等 10 个方面共 36 个指标进行评估。

[3] 数据来源于哈萨克国际通讯社官网。

[4]《美国新闻与世界报道》（*US News&World Report*）杂志自 1983 年以来，开始对美国大学及其院系进行排名，该排名具有较高的知名度，是世界上首个具有现代意义的大学排名。自 2009 年起，其与 QS 公司合作，公布全球前 200 大学排名。

[5] 数据来源于哈萨克斯坦网 bizmedia.kz。

萨克斯坦青年：价值观、期望和愿望的评估》研究报告显示："有 41% 的年轻人对哈萨克斯坦的教育质量感到满意，24% 的年轻人不满意。其中一个问题是教育腐败程度高。约 49% 的年轻人表示，哈萨克斯坦的教育不符合全球劳动力市场的要求。腐败、劳动力市场供需不匹配等问题导致 45% 的年轻人希望出国留学。28% 的受访者回答说，他们会留在哈萨克斯坦学习，但 16% 的人更喜欢出国学习。"[1] 此外，尽管国家出台了许多专门的教育法令，但除了教科部以外，其他国家机构并没有积极参与解决教育问题。例如，哈萨克斯坦共和国儿童权利专员阿鲁占·塞恩在其个人网页上说，从 2022 年 3 月 1 日起，阿拉木图州文化、档案和文献局发出公函，决定在整个阿拉木图州停止资助国家委托的儿童创作俱乐部。[2]。

最后，在哈萨克斯坦各级教育和教育培训体系中，教育规划发展明显不足。哈萨克斯坦正在经历一个活跃的人口增长阶段——现在上学和毕业的儿童比 20 世纪 90 年代多了好几倍。与此同时，苏联时期积累的人力资源和方法资源接近尾声，人力资源的挑战和国际交流的推动使哈萨克斯坦无法停留在一个特定的可持续模式上。这一切都在社会进程加速的背景下发生，也与普遍数字化进程密切相关。目前，哈萨克斯坦各级教育系统中存在的最大问题是：学校短缺，教室缺乏，物质和技术设备不足，爱国主义教育存在缺陷。

在基础教育方面，发展未达到教育规划的预期。2021 年在哈萨克斯坦，约有 30 万名学生在三班制学校学习。[3] 三班制学校增长数量较大，这一现象与城市化和生育率的增长有关。《哈萨克斯坦国家教育发展规划》规定在 2017 年完全取消三班制学校，但由于人口增长和人口迁移活动增加，三班制学校尚未完全取消。

---

[1] 数据来源于哈萨克国际通讯社官网。

[2] 数据来源于哈萨克斯坦网站 ranking.kz。

[3] Национальный сборник «Статистика системы образования Республики Казахстан»[R]. Нур-Султан: АО «Информационно-аналитический центр», 2022: 86.

在职业教育方面，扩充校园物资和技术基地的装备是职业教育的当务之急。截至 2018 年，在 479 个国立大学中，仅有 5 610 个车间，仅占全国大学车间和实验室总数的 45%，远远少于私立大学配备的车间数量。[1]

在高等教育方面，教育的质量有所下降。主要原因在于国家对高等教育的规划不足，教育经费紧张。此外，公众对正在开展的免费师范教育课程缺乏了解，学生不愿意报考师范类高校，导致加入教师职业的人才越来越少。

（二）经验与启示

哈萨克斯坦教育改革及发展历程，给世界的教育发展带来一些有益的启示，具体包括以下几点。

第一，建立学前教育组织网络，包括公私合作。哈萨克斯坦推进建造正规学校以取消三班制学校，并大力发展公私合作机制，以缓解教学资源紧张的问题。

第二，全面提高学生素质。哈萨克斯坦采取措施，扩大提供额外教育服务的各种类型组织的网络，包括课外小组和体育课，全面提升学生素养。

第三，为各层级学校提供互联网配置的服务工作。远程教育的普及在保证教育接续方面尤为必要。鉴于远程教育逐渐成为线下教育的补充，通过立法的形式和采取相应措施规范远程教育的形式及内容。

第四，加强普及职业技术教育。作为双重培训制度的一部分，学校与实习单位双线并行，加强学生与潜在雇主的互动。此外，哈萨克斯坦还加大在大学中建立商业化办公室、技术园区、企业孵化器和其他创新机构的工作，制定有效措施以吸引年轻人参加科学活动。

---

[1] 资料来源于哈萨克斯坦共和国教育科学部官网。

第十一章 教育行政

近年来，哈萨克斯坦中央及地方各级政府对于教育的关注不断加强，在教育行政方面做出的努力有目共睹。自2005年起，哈萨克斯坦政府推出了多个与教育相关的战略构想和政策，由哈萨克斯坦中央及地方教育主管部门负责实施。这些倡议和文件旨在提升哈萨克斯坦的教育水平，意图从多个角度改善国家的教育。本章主要介绍哈萨克斯坦共和国政府中央教育行政和地方教育行政的机构设置及其职能作用。

第一节 中央教育行政

一、哈萨克斯坦共和国议会

哈萨克斯坦共和国实行三权分立的政体。根据1995年10月16日生效、2023年1月1日补充修订的哈萨克斯坦宪法性法律《关于哈萨克斯坦共和国议会及其代表的地位》[1]，由上、下两院组成的哈国议会是国家最高权力机

---

[1] 资料来源于哈萨克斯坦共和国议会官网。

关，实行立法功能。其中第 11 条规定，议会的工作机构是上、下院各自的常设委员会以及两院的联合委员会，委员会负责开展立法工作并初步审议议会的工作事项。

哈国议会上院中与教育行政相关的委员会是社会文化发展与科学委员会，其基本职能为制定社会、文化、科学领域相关法律。哈国议会下院中与教育行政相关的委员会是社会文化发展委员会，其基本职能为与上院类似，负责制定社会、文化领域的相关法律。

二、哈萨克斯坦共和国教育部

2022 年 6 月 11 日，哈萨克斯坦共和国总统托卡耶夫签署了《关于进一步完善国家治理体系》的法令，[1] 将原哈萨克斯坦共和国教育科学部正式重组为两个部：哈萨克斯坦共和国教育部和哈萨克斯坦共和国科学与高等教育部。根据总统令，原教科部的学前教育、基础教育、职业技术教育、成人教育、继续教育的教育质量保证和教育数字化，以及儿童权利保护等工作职能和权利被分配给哈萨克斯坦共和国教育部；原教科部的高等教育和研究生教育、语言政策、科学政策、高等教育和研究生教育质量保证，以及科学政策、高等教育和研究生教育数字化领域的工作职能和权利被分配给哈萨克斯坦共和国科学与高等教育部。

教育部下设三个委员会：中等教育委员会、教育质量保障委员会和儿童权益保护委员会。中等教育委员会的职责包括制定国家统一的学前教育与基础教育政策，以及职业、特殊和继续教育政策；创造条件，保障教育质量，培养有正确价值观、热爱科学和实践的人才；激发个人智慧、创造

---

[1] 资料来源于哈萨克斯坦司法部法律法规信息系统官网。

和体力潜能，鼓励健康生活，推行道德标准；提升教师待遇；完善国家教育服务；降低腐败风险。教育质量保障委员会的职责是负责监督和管理学前、小学、中学、中学后以及职业教育、继续教育，儿童权益保护等。儿童权益保护委员会负责实行并监督管理儿童权益保护，因此其职能与教育质量保障委员会存在一定重复。

除了委员会以外，教育部也下设多个处，其职能相对委员会更加细化。中小学教育与继续教育处负责制定并实行该处对应教育对象的政策，培养人才个性和价值观。学前教育处负责制定相关统一政策以及确定战略发展方向，也需要协调资源保障学前教育的普及性和质量。数字化发展与公共服务自动化处负责聘请专家评估信息化、计算机和电信系统现代化、更新软件和计算机设备、保障数据传输。内部审计处负责协助部长实现该部的战略目标，向部长提供独立客观的信息，促进内部高效管理，合理管控风险并提升资源利用率。预算规划处负责协调并指导预算分配，制定、调整预算申请，审查下一期的财政预算，参与部门权责内的立法。法务处负责确保部门行为以及其他政府机关涉及该部门的规定合法，制定、总结并宣传部门的规章制度，创造良好工作秩序。战略规划协调处负责确定教育部的主要发展方向，制定战略目标和战略任务并将其汇报给部长，根据哈萨克斯坦战略计划《哈萨克斯坦（2050年）》和《哈萨克斯坦共和国2025年前战略规划》以及总统每年的国情咨文等，制定、协调并监督相关项目的实行。行政处负责组织并完善统一的文件流程系统，围绕国家语言办公展开工作，保障部门设备运行，监督评估教育部在教育和科学领域提供公共服务的质量。职业技术教育处负责为高质量职业技术教育以及专科教育创造条件，培养专业人才，拓宽国民接受职业技术教育的渠道，制定完善职业技术教育相关的立法建议，在教学中引入最新技术。

哈萨克斯坦教育部共设有15个次级教育组织，以研究所、教学中心、教育公司等形式从不同方面管理哈萨克斯坦教育实践。这些教育组织由哈萨克斯坦政府直接设立，在改组前由教育科学部管理。现选取较有代表性的组织进行简要介绍。

儿童早期发展研究所于 2021 年设立，前身为学前童年中心，哈萨克斯坦政府为其建立出台了专门法令。[1] 其使命为开展早教方面的研究，并根据研究结果使哈国学前教育体系发生质的转变。研究所计划在大学建立早教实验室，采用流动形式组建方法论工作组，在 2021—2023 年制定早教组织质量评价指标并在 2025 年引入独立的全国质量评价标准，统一各项评价指标，在 2025 年前提升早教工作质量，并在 2023 年建立各类能力中心并实行高效管理。

巴尔达伦国家教学和健康中心成立于 2000 年，其目标是对儿童和青年开展教育和教化，为他们提供休息放松的环境，使其感受到生活中的善和美，并提升身体素质。中心一次性最多可接受 288 名 10—15 岁的儿童，每期活动主题不同，持续时间为 15 或 20 天。[2]

波别克国家科学实践、教育和健康中心于 1995 年建立。中心的战略目标是培养新一代专业人才，构建道德意识与人文主义世界观，以及执行国家在职业技术教育方面的政策，提高毕业生竞争力。目前共有约 750 人在中心的技术学校学习，每年分两个学期，且有期末考试。除了职业教育，中心还设有幼儿园、教育健康综合体、普通中学、天文台。其中，教育健康综合体和巴尔达伦类似，具有良好的保健、居住和教育环境。教育健康综合体每年有 12 期活动，每期持续 22 天，最多可有 110 个学生参加。[3]

国家特殊教育和全纳教育发展研究与实践中心成立于 1992 年，其目的是让有各种缺陷的儿童接受教育并推进哈国特殊教育的科研与实践。因此，中心为特殊教育与包容教育提供科学指导与教学方法，监测教学服务质量，提升国家教育、卫生、社保组织干部在特殊与包容教育方面的专业水平。

---

[1] 资料来源于哈萨克斯坦司法部法律法规信息系统官网。

[2] 资料来源于哈萨克斯坦教育部巴尔达伦国家教学和健康中心官网。

[3] 资料来源于哈萨克斯坦教育部波别克国家科学实践、教育和健康中心官网。

根据中心统计数据，哈国共有 44 所特殊幼儿园与 99 所特殊学校，分别有约 4 500 名和 16 000 名儿童在其中学习。[1]

国家教育内容专业知识科学与实践中心成立于 2005 年，主要负责检验不同教育水平的教材，为各类教学材料作者提供建议。中心设有 5 个实验室，负责检验学前、小学、中学、职业技术、大学与研究生教学材料，为各级教学文献提供方法论支持，监测各级教学文献，检测电子媒体教学文献。据统计，2013—2020 年中心共检测并推荐了 629 本大学与研究生教学材料，以及 297 本职业技术教学材料。[2]

国家体育科学与实践中心成立于 2000 年，主要目标是在大、中、小学生中开展体育教育和运动领域的科学和实践活动。具体而言，中心的职责包括向儿童和青年提供体育方面的科学建议和教学法，制定综合体育教学项目，培养青年和大学生各类体育项目的预备队，向国家运动员提供教学和身心方面的支持，提升体育教育人才的专业水平。[3]

国家补充教育教学方法中心成立于 2004 年，负责确保补充教育的普及性和质量，全方位满足儿童和青少年的学习需求，实施国家额外教育相关政策，培养儿童创造力，从智力、道德、身体素质方面满足其学习需求，帮助儿童和青年快速适应社会生活。从中心发布的数据来看，2022 年全国有约 29.4% 的学生参加了校外补充教育，其中西哈萨克斯坦州、北哈萨克斯坦州和巴甫洛达尔州的学生参与校外补充教育的比例较高且高达 60% 以上，而阿拉木图市、阿拉木图州和奇姆肯特市的学生参与比例较低，在 13% 左右。[4]

达伦国家科学与实践中心成立于 1996 年，其主要目标是建立统一的现代教育体系，发现天赋儿童并培养开发其潜力和创造力。因此，中心需要

[1] 资料来源于哈萨克斯坦教育部国家特殊教育和全纳教育发展研究与实践中心官网。
[2] 资料来源于哈萨克斯坦教育部国家教育内容专业知识科学与实践中心官网。
[3] 资料来源于哈萨克斯坦教育部国家体育科学与实践中心官网。
[4] 资料来源于哈萨克斯坦教育部国家补充教育教学方法中心官网。

建立发现和培养天才儿童的机制，构建信息教育环境，为天赋儿童及其教育培养组织提供支持，制定并批准新的教育计划、教学法和教学技术，在各行政地区建立资源中心支持天赋儿童，为天赋儿童提供社会与法律保护。中心在 17 个行政区域都设有地区中心，同时，各个地区都有为天赋儿童设立的优质学校网。全国共有 134 所招收天赋儿童的学校，有些学校从一年级便可入学，也有学校从五、六、七年级开始招生。根据中心统计数据，哈萨克斯坦共举办过 7 场奥林匹克竞赛，自 1998 年起，哈国学生在世界级奥林匹克竞赛共上赢得 2 241 枚金牌，且平均每年赢得 500 个奖牌。[1]

信息分析中心股份公司成立于 2012 年，负责在国家制定教育政策时提供高质量分析报告，学习并引进外国优秀经验，建立相关机制。中心每年都会出版《关于哈萨克斯坦教育体系现状与发展国家报告》，从社会、经济、全球的角度分析哈国的教育体系，总结哈国国家教育政策的执行情况，也对各个行政区域的教育体系进行独立分析。[2] 中心还积极研究哈萨克斯坦在全球范围内的评估指标，对哈国学生在 PISA 等国际测试中的表现开展了多年研究并出版相关报告，积极参与经合组织的活动。

沃尔列乌国家职业技能发展中心股份公司于 2012 年建立，其主要目的是为了系统化地提升教育人员的专业水平，运用世界范围内先进国家和哈国国内的经验，以公司形式为基础，保障高质量教育的推行。该中心的组织结构包括全国及各地区总计 16 个提升职业技能水平机构。具体工作为提升教育界各类从业人员的专业水平，人员针对范围包括各级、各类教育机构的领导，各级、各类教育机构的从教人员，各区、城、省级教育部门的领导和工作人员以及教研处的工作人员，而这些机构的具体工作则是在教研室或者学习活动中心展开。根据中心 2021 年发布的数据，哈国共有约 62 万人次的各类教师接受了不同课程的培训，中心开展了 127 个新型教育项目，设立了

---

[1] 资料来源于达伦国家科学与实践中心官网。
[2] 资料来源于哈萨克斯坦教育部信息分析中心股份公司官网。

1 700 个教研综合体，并与各教育组织开展了 572 次合作。[1]

塔拉普公司的前身卡西普阔尔基金，由哈萨克斯坦政府创立于 2011 年，2019 年哈政府出台文件将该基金正式更名为塔拉普非营利性股份公司。[2] 该公司 2020—2025 年发展报告指出，公司的任务是为国家经济提供高质量人才，为哈国职业技术教育的现代化提供多方面的帮助。2012—2019 年，塔拉普公司制定了 89 个教育项目，实现了 276 个职业技术教育计划和引进哈国内外专家的计划。上述计划旨在用模块化的方式提升学生的竞争力，使其符合世界技能组织的要求，哈国共有 343 所职业学校采用了塔拉普公司制定的新教学计划。根据 2019 年的统计，塔拉普公司已向哈国 237 所职业技术学校提供了大约 6 500 本教科书，同时，这些学校也可以在公司网站上直接获取电子版教科书。[3]

三、哈萨克斯坦科学与高等教育部

根据总统令及相关规定，2022 年 6 月成立的哈萨克斯坦科学与高等教育部主要职能是管理高等教育和研究生教育，并在相关教育领域内保障教育质量，推行语言政策与科技政策，开展数字化工作。

该部下设四个委员会，分别是高等教育与研究生教育委员会、科学与高等教育质量保障委员会、科学委员会和语言政策委员会。高等教育与研究生教育委员会负责执行国家有关高等教育和研究生教育的政策，并为受教育者接受相关教育提供必要条件。科学与高等教育质量保障委员会负责实行科学研究、高等教育和研究生教育的政策并对其进行监督。科学委员

---

[1] 资料来源于哈萨克斯坦教育部沃尔列乌国家职业技能发展中心股份公司官网。

[2] 资料来源于哈萨克斯坦司法部法律法规信息系统官网。

[3] 资料来源于塔拉普公司官网。

会负责执行并监督国家有关科学发展的政策，制定授予认证的程序，统计国内学者学位，评估专利申请状况等。语言政策委员会负责制定国家语言方面的政策，发展哈萨克语教育，协调各国家和非国家部门达成语言相关立法，推行国家语言政策，进行哈语字母的拉丁化改革，制定国家语言教育方面相关的方法论，制定统一的术语规范。

科学与高等教育部也设有多个处，但其中一些部门与教育部不同。内部审计处负责协助部长达成战略目标和战略任务，提供客观独立的建议，保障部门高效管理，提高管理效率，合理管控风险，提高资金使用效率。战略规划协调处负责制定优先发展方向，为部长提供建议，确定部门的战略目标和任务，组织起草部门和行业发展构想、国家项目及其实施时间表、部委的发展计划和业务计划，对其进行修正和补充，参与制定国家有关部门的发展计划，为每年的国情咨文提供建议，参与制定全国实行国情咨文的具体措施。法务处负责确保整个部门的行动合法合规，分析研究部门内和部门收到的外部文件，确保其合法性，参与制定法律规范文件，起草协议和程序性文件，总结哈萨克斯坦在部门相关领域的立法实践，宣传推广国家法律，参与议会审核部门提交法案的过程。行政处负责组织并改进统一的文件流程系统，保存、管理文件并将其提交至国家档案文件库。数字化发展与公共服务自动化处负责保障部门信息系统运作，参与制定并执行科学与高等教育相关的国家统一信息化政策，制定本部门下各组织的信息系统现代化的战略方向并协调政策落实和监督，保障教育和科学方面国家公共服务的自动化，确保并协调公共服务业务流程的优化、再造，监测评估公共服务质量。以上处级单位的设置与教育部较为相似，而其他处级单位负责的事务则有较大不同。

国际合作处负责保障科学与高等教育和外国伙伴以及国际组织的合作，确立国际合作优先发展方向，协调博拉沙克奖国际学金的发放工作。经济与财政处负责规划部门在相关领域的预算并执行国家有关大学生、硕士、博士住宿的投资方案，确保资金落实，组织从国家预算中为高等教育和研究生教育系统提供资金，组织会计和综合报告。公共采购和资产处负责为下属部门提供方法论支持，帮助企业发展，高效管理部门下属国有企业的国有资产。信息安全处负责对接本部门各单位和哈萨克斯坦国家安全委员会、哈萨克斯坦各保密部门、国家动员部门以及信息安全部门的合作，防止秘密信息泄露，保障保密工作开展，保障国际科技通信和教育的秘密性，在动员时期和战时组织部门高效转变工作方式，预测并寻找信息安全的潜在威胁。公共关系处负责保障各单位之间高效传递信息，及时报道部门的活动，形成积极形象和舆论，向大众媒体公开该部门非涉密的完整和客观信息，与其他政府机构合作并互相简化业务流程，提升政府办公透明度并准备相关材料，评估部门在这方面的成绩，协调部门实行特殊项目。

哈萨克斯坦科学与高等教育部的下属次级教育单位相对哈萨克斯坦教育部来说较少，仅有四个单位，其中一个是为了纪念学者萨特巴耶夫而设立的博物馆，主要负责保存学者萨特巴耶夫、哲学家科佩耶夫和哲学家托莱格洛夫的文化和科学遗产，在教育行政方面所起的作用相对其余三个较小。

国家历史研究所成立于 2008 年，其主要任务是参与培育哈国社会的意识形态与民族意识，分析哈国人民的历史遗产，研究国内历史并制定理论和方法论的教学指标，协调历史方面的基础研究和实践研究，提升历史教育的质量。

国家测试中心成立于 1992 年，其使命是在国家教育质量评价系统框架下提供组织和技术方面的支持，举行各种类型的测试，建立试题库，监督教育体系运作。根据中心统计数据，2022 年共有约 50 万考生参加国家统一测试，约 20 万考生参加国家专业水平考试，约有 5 万学生希望考研。[1] 除

---

[1] 资料来源于哈萨克斯坦科学与高等教育部国家测试中心官网。

了上述考试外，中心还积极推进哈萨克语测试，该测试旨在评估哈萨克斯坦公民以及在哈国工作的外国公民的哈语水平，采用国际语言评价的原则和标准，并借鉴了托福、雅思和对外俄语等测试的经验。测试共分为 A1、A2、B1、B2、C1 五个等级，测试时间为 2.5—3 小时。政府规定，进入国家公务员队伍、获得博拉沙克国际奖学金等情况下必须首先通过哈语测试。统计数据显示，2021 年约有 19 000 人参加了哈语测试。[1]

国家高等教育发展中心成立于 2012 年，负责从国家层面为在博洛尼亚进程中的哈萨克斯坦提供科学方法和信息分析方面的支持。中心定期跟进博洛尼亚进程和哈萨克斯坦高等教育发展，并发布相关研究成果。中心 2023 年发布的《关于 2010—2022 年哈萨克斯坦博洛尼亚进程的关键指数报告》[2] 指出，2011—2022 年，共有约 12 000 名哈国学生前往欧洲留学，7 000 人前往独联体国家，3 000 人前往亚洲。另外，2019—2022 年，有约 3 000 名独联体国家学生、400 名亚洲国家学生和 300 名欧洲国家学生来哈国留学。在该报告中，中心还对国际教育条约、三语教学、大学社会责任、网络教学资源开放、国外教育文件认可等问题进行了研究。[3]

四、其他教育相关部门

除了上述中央机构外，哈萨克斯坦还有其他几个直接或间接起到教育行政作用的中央部门。信息与社会发展部下设的青年与家庭事务委员会，负责制定并执行国家与青年和家庭相关的政策，协调其他部门完成工作。政府办公厅中的社会发展处负责监督中央与地方的社会文化发展，为政府

---

[1] 资料来源于哈萨克斯坦科学与高等教育部国家测试中心官网。

[2] 资料来源于哈萨克斯坦科学与高等教育部国家高等教育发展中心官网。

[3] 资料来源于哈萨克斯坦科学与高等教育部国家高等教育发展中心官网。

和总理提供专业分析的工作建议，监测国家项目和人口社会福利的基本关键绩效指标的实现水平，组织和开展社会文化领域的焦点访谈和调查，分析和预测社会风险，提出建议以提高所采取的措施的有效性。战略规划与改革署负责制定战略规划、开展国家统计、监督和评估战略发展计划的实施、制定新型国家治理体系。其 2021 年出版的《哈萨克斯坦共和国 2025 年前国家发展战略规划》中将高质量教育作为全国优先发展方向之一，要求促进教育平等，完善教育基础设施，增加教师人数，鼓励终身学习，完善产学研联动，增加私人对科学投资等。[1]

第二节 地方教育行政

一、地方教育局的机构设置

哈萨克斯坦共和国的行政区划分为 17 个州以及 3 个直辖市，中央教育行政部门在各地区及直辖市均设置了下属的教育部门，可统称为"教育局"，但每个行政区划的教育局所属以及下设的次级教育机构均有所不同。一部分地区划分了更为细致的教育单位，如西哈萨克斯坦州的教育局下设伯林区教育部门、卡兹塔洛夫区教育部门、图斯卡利区教育部门等 13 个地区机构；卡拉干达州教育局下设阿克托盖区教育部门、阿拜区教育部门、布哈尔·兹劳教育部门等 18 个地区机构。另一部分地区没有下设细化的地区教育部门，如阿特劳州、阿克托别州、阿克莫拉州。在部门设置方面，各级地方教育局下设的处级单位和次级教育机构并不均衡。部分地方教育

---

[1] 资料来源于哈萨克斯坦共和国战略规划与改革署官网。

局下设的处级单位较多，如直辖市阿斯塔纳和阿拉木图均设置了 12 个处级单位，而阿特劳州和乌勒套州则只设置了 5 个处级单位。

在地方教育行政方面，从教育分区和次级教育组织设置的数量总体来看，东南部行政区域比西北部行政区域的机构设置更为全面和丰富（见表11.1）。例如，位于东南部的东哈萨克斯坦州、杰特苏州、阿拉木图州都有较为详细的教育分区以及数个教育组织，而位于西北部的阿特劳州、阿克托别州、曼吉斯套州的机构设置则相对较少。当然，哈萨克斯坦全国的地方教育行政情况并不能完全一概而论。如西部的西哈萨克斯坦州和北部的巴夫洛达尔州都有较为完备的教育行政体系，而东部的阿拜州由于其自身成立时间较短，其教育行政体系还不够完善。

表 11.1 哈萨克斯坦各行政区划教育局的教育分区、下属处级单位、

次级教育组织数量统计 [1]

行政区划	教育分区	下属处级单位	次级教育单位
阿斯塔纳市	0	12	0
阿拉木图市	8	12	0
奇姆肯特市	0	7	2
阿拜州	0	6	0
阿克莫拉州	0	8	0
阿克托别州	0	8	0
阿拉木图州	10	5	4
阿特劳州	0	5	0
巴甫洛达尔州	11	9	5

[1] 资料来源于哈萨克斯坦共和国政府官网。

行政区划	教育分区	下属处级单位	次级教育单位
北哈萨克斯坦州	0	9	0
东哈萨克斯坦州	0	7	4
江布尔州	0	13	1
杰特苏州	8	3	3
卡拉干达州	18	10	2
科斯塔奈州	0	12	0
克孜勒奥尔达州	8	8	0
曼吉斯套州	0	9	0
图尔克斯坦州	—	—	—
乌勒套州	0	5	0
西哈萨克斯坦州	13	7	0

与此同时，各地方行政区划的教育部门内部设置的处级单位也有异同。以直辖市为例，三个市的教育局都设有学前教育处、监护与福利处、职业技术教育处。学前教育处负责分析与监督市内学前教育组织的活动，开展对上述组织的教育培训。监护与福利处负责保护个人的财产和非财产权利，保护未成年人的权益，照顾孤儿并为其寻找寄养的家庭和孤儿院。职业技术教育处负责管理本市职业技术教育组织的教育和生产工作。除了上述三个部门外，阿斯塔纳市教育局还设有多个与众不同的处级单位，如中等教育教学内容与方法处，继续教育处，未成年人权益保护处，教育组织保障处，战略分析、公共服务与数字技术处，行政处，国家法律处，经济与计划处，会计与报告处等。而阿拉木图市教育局设有一个非常独特的道德精神教育和自我认识处，该处负责协调学校的教育过程，组织额外的教育，开展各类锻炼活动，预防暴力和虐待儿童。此外，阿拉木图市教育

局还设有技术监督处、公共采购处、计划财政工作处、行政法律处、普通
中等教育处等。再如，奇姆肯特市教育局设有组织与监督处，负责开展
干部工作，监督文件流程，用国家语言保存记录，以及教育组织工作协
调等。

哈萨克斯坦各州的教育局机构设置与直辖市类似，也有一定程度的异
同。以曼吉斯套州、巴甫洛达尔州、北哈萨克斯坦州为例，这三个行政区
域的教育局都设有 9 个下属处级单位。三个州都有负责预算和战略计划的
处，曼吉斯套州的单位名称为预算计划与战略发展处，巴甫洛达尔州的单
位名称为经济与战略发展处，北哈萨克斯坦州的单位名称为预算计划战略
与教育行业预测处。三个州也都有负责教育干部管理事务的处级单位，在
各州分别称为干部监督处、教育工作者处、国家教育领域干部政策执行处。
同时，三个州都设有名称一致的技术职业教育处。每个州的教育局也设有
职权较为不同的处级单位，如曼吉斯套州的会计统计与财政活动处、道德
精神发展与继续教育处、分析与监督处；巴甫洛达尔州的投资项目与物质
技术保障处、法务处；北哈萨克斯坦州的教育质量保障处、教育现代化处、
战略行政、资助与教育行业发展预测处。

二、地方次级教育单位

哈萨克斯坦部分行政区划的教育局还设有次级教育单位，总体而言，
哈国东部地区的次级教育单位较西部地区更多。

阿拉木图州的州立教育发展教学方法中心成立于 2013 年，负责组织
活动并提供方法论支持，分析和评估教育过程，总结和传播创新的教学经
验，帮助教育人员创造性地成长。州立教育信息科技科学实践中心成立于
2004 年，负责在信息技术领域对教育组织进行培训，提供方法及科学实践

上的支持，提高教师和管理人员的专业能力，实施信息和计算机技术发展计划，协调解决信息化、教育过程自动化和新技术问题。[1]

东哈萨克斯坦州的石格斯地区教育中心成立于2012年，负责实施《哈萨克斯坦共和国2020—2025年国家教育发展规划》，制定多语教育计划，执行社会意识现代化项目。东哈萨克斯坦州职业教育中心成立于2011年，负责在职业技术教育方面与相关机构建立合作关系并提供建议，监督并加强教育与就业的联系，组织开展教育课程和论坛等学习活动。东哈萨克斯坦州新型教育技术中心成立于1997年，负责组织教育领域活动并提供技术和方法论支持，在教育新技术领域提供信息并作出分析和评估。[2]

卡拉干达州的教育发展教学法中心成立于2012年，负责定期开展教育服务的市场调研，推出持续性的干部培养政策，提升教学法专家的能力，开展以问题为导向的研讨会和培训。[3]

杰特苏州的州立教育管理方法中心成立于2022年，负责在教育过程中发展和引进先进的教学经验，发展教师的创造性思维，协助提高教师的专业技能和专业水平，提高本地区教师的科学和方法潜力，管理本地区教育系统的培训工作，在教育系统引进和发展信息和通信技术。该州的健身、体育、基础军训与额外教育科学实践中心成立于2022年，负责培养公众的体育爱好，开展爱国、艺术美学、地方人文和科学技术等方面的教育。[4]

奇姆肯特市的教育管理方法中心成立于2019年，负责开展教学方法和科学方法方面的工作，为小学、中学和职业学校的教育活动提供方法论支持，保障教学质量，改进教学过程，将科学融入教育，开发和引进新的教学技术，提升教师的专业能力。[5]

---

[1] 资料来源于阿拉木图州政府官网。
[2] 资料来源于东哈萨克斯坦州政府官网。
[3] 资料来源于卡拉干达州政府官网。
[4] 资料来源于杰特苏州政府官网。
[5] 资料来源于奇姆肯特市政府官网。

　　值得一提的是，大多数设立次级教育单位的州都设有天赋儿童与杰出青年发现与培养教学—方法论中心，该中心负责发掘天赋儿童和青年，帮助其提高智力水平，开发智力和个人潜力、支持职业自决，为儿童和青年创造机会。

第十二章 中哈教育交流

第一节 交流历史

一、1992—2000 年的中哈教育交流

1991 年哈萨克斯坦获得独立之后，中哈两国开始正式建立和发展外交关系。中哈关系不仅对两国意义重大，而且在世界政治背景下具有重要作用。哈萨克斯坦位于欧亚大陆的中心，是连接东、西方的桥梁，是许多重要国际进程中不可或缺的一部分。而哈国所处的中亚地区被认为是世界上最具发展前景的地区之一，中国与哈萨克斯坦的双边关系在很大程度上影响着中亚地区的整体局势，乃至影响国际舞台整体力量的平衡。因此，当今中哈关系正逐渐成为国际关系研究中的重点。

中哈两国于 1992 年 1 月 3 日正式建立外交关系，此后签订了一系列双边条约和协议。1994 年两国签署了《中华人民共和国和哈萨克斯坦共和国关于中哈国界的协定》[1]，1998 年签署了《中华人民共和国和哈萨克斯坦共和

---

[1] 中华人民共和国—条约数据库. 中华人民共和国和哈萨克斯坦共和国关于中哈国界的协定 [EB/OL].（1994-04-26）[2023-07-18]. http://treaty.mfa.gov.cn/web/detail1.jsp?objid=1531876708195.

国关于中哈国界的补充协定》[1]，1999 年 11 月签署了《中哈关于在 21 世纪继续加强全面合作的联合声明》[2] 和《中哈关于两国边界问题获得全面解决的联合公报》[3]。至此，中哈两国彻底解决了中苏历史遗留的边界划分问题，并开启了全面合作的新时期。然而，这段时间两国之间的教育交流还处于起步阶段，尚未形成正式和稳定的双边合作。

1992—1993 年，由于两国边界全面开放，经贸发展迅猛提升，急需大量懂俄语和中文的翻译人才。在这个历史背景下，边境地区的许多居民自发到对方国家学习语言，当时主要是一些中国留学生前往哈萨克斯坦，这批留学生成了中哈之间早期经贸合作的主力。1993 年，中哈之间取消了签证互免政策，办理赴哈萨克斯坦的留学签证需要经济担保等一系列手续，非常烦琐，于是从 1994 年开始，中国赴哈留学的人数有所下降。1996 年 7 月，时任中国国家主席江泽民访问哈萨克斯坦。其间，两国元首确定了中哈两国面向 21 世纪的睦邻伙伴关系。[4] 此后，两国之间的教育交流逐渐增加。

二、2001—2012 年的中哈教育交流

进入 21 世纪之后，中哈关系迎来了新的发展契机。2002 年 12 月，中哈两国签署了《中华人民共和国和哈萨克斯坦共和国睦邻友好合作条约》[5]；

[1] 中华人民共和国—条约数据库. 中华人民共和国和哈萨克斯坦共和国关于中哈国界的补充协定 [EB/OL].（1998-07-04）[2023-07-18]. http://treaty.mfa.gov.cn/web/detail1.jsp?objid=1531876784152.

[2] 共产党员网. 背景资料：中国与哈萨克斯坦关系大事记 [EB/OL].（2015-05-08）[2022-05-15]. https://news.12371.cn/2015/05/08/ARTI1431016457575519.shtml.

[3] 共产党员网. 背景资料：中国与哈萨克斯坦关系大事记 [EB/OL].（2015-05-08）[2022-05-15]. https://news.12371.cn/2015/05/08/ARTI1431016457575519.shtml.

[4] 共产党员网. 背景资料：中国与哈萨克斯坦关系大事记 [EB/OL].（2015-05-08）[2022-05-15]. https://news.12371.cn/2015/05/08/ARTI1431016457575519.shtml.

[5] 中华人民共和国—条约数据库. 中华人民共和国和哈萨克斯坦共和国睦邻友好合作条约 [EB/OL].（2002-12-23）[2023-07-18]. http://treaty.mfa.gov.cn/web/detail1.jsp?objid=1531876834030.

2005 年 7 月，中哈两国正式建立了战略伙伴关系；2011 年 6 月，时任中国国家主席胡锦涛对哈萨克斯坦进行了国事访问，签署了《中华人民共和国和哈萨克斯坦共和国关于发展全面战略伙伴关系的联合声明》[1]。中哈战略伙伴关系取得全方位的快速发展，双方政治协作、战略合作、务实合作和人文交往均达到前所未有的高水平。

随着国家关系的稳定和升级，中哈两国密切关注教育合作的发展动向，签署了一系列的教育合作协议。中哈教育领域合作的基础性文件是两国于 2003 年 6 月 3 日共同签署的《中华人民共和国教育部和哈萨克斯坦教育科学部教育合作协定》[2]；2009 年，两国一致通过了该协定的修订和增补协议。为发展两国在教育领域的双边合作、提高教育科研水平，该协议规定了一系列合作内容，主要包括教育体制交流、互换教学大纲和教学资料、学生互换以及推广双方国家的语言等。根据该文件第一版的规定，双方每年互换奖学金项目的名额为 20 人，如有必要可增加互换名额；在第二版中，这一数字增至 100 人。这表明了中哈两国教育交流的需求日益增长，也表明了两国在教育领域进一步深入交流的意愿。值得注意的是，上海合作组织成员国政府之间关于教育领域的协定与《中哈教育合作协定》在内容上非常相似，不同点只是在于它是以多边合作的形式确立并且实施的。此外，中国和哈萨克斯坦还于 2006 年 12 月签署了《中华人民共和国政府和哈萨克斯坦共和国政府关于相互承认学历和学位证书的协定》[3]。

学生交流在中哈两国教育合作中发展尤为积极。不少哈萨克斯坦学生通过申请国家奖学金或自费来华留学，他们首先学习中文，然后选择专业

---

[1] 中国政府网. 中哈关于发展全面战略伙伴关系的联合声明（全文）[EB/OL].（2011-06-14）[2022-05-15]. https://www.gov.cn/jrzg/2011-06/14/content_1883456.htm.

[2] 新浪网. 胡锦涛与哈萨克斯坦总统会谈 胡锦涛就推动中哈关系进一步发展提出四点建议 [EB/OL].（2003-06-04）[2022-05-15]. https://news.sina.com.cn/c/2003-06-04/1138187832s.shtml.

[3] 中华人民共和国—条约数据库. 中华人民共和国政府和哈萨克斯坦共和国政府关于相互承认学历和学位证书的协定 [EB/OL].（2006-12-20）[2023-07-18]. http://treaty.mfa.gov.cn/web/detail1.jsp?objid=1531876889956.

继续学习；同样，中国学生也可以通过公费或自费的方式前往哈萨克斯坦进修学习或者攻读学位。2005—2007 年，哈萨克斯坦来华留学生人数经历了高速增长阶段，2006 年哈萨克斯坦学生在全球来华留学生中的排名从 2005 年的第 21 位上升至第 14 位。但从 2008 年起，受亚洲金融危机的影响增幅趋缓，于 2011 年达到了近 12 年以来的最低值。[1] 而中国留哈学生人数也在这几年不断上升，曾在 2009 年达到 8 年间的最高值，为 2 118 名，但从 2010 年起，中国留哈学生人数呈递减趋势。[2]

三、2013—2020 年的中哈教育交流

21 世纪的第二个十年间，中哈两国关系进一步深入发展。2013 年，两国签署了《中华人民共和国和哈萨克斯坦共和国关于进一步深化全面战略伙伴关系的联合宣言》[3]；2015 年，签署了《中华人民共和国和哈萨克斯坦共和国关于全面战略伙伴关系新阶段的联合宣言》[4]；2017 年，签署了《中华人民共和国和哈萨克斯坦共和国联合声明》[5]；2019 年 9 月，中哈双方宣布发展永久全面战略伙伴关系。两国关系不断迈上新台阶，睦邻友好和互利合作成为两国关系发展永恒的主旋律。

当代中哈关系发展历程中重要的转折点之一是中国"丝绸之路经济带"

[1] САДОВСКАЯ Е. Ю. Образовательная миграция из Казахстана в Китай: опережающая динамика на фоне других видов миграций СВМДА: чего ждать от председательства Пекина[J]. Казахстан-Спектр. 2014(1): 14-27.

[2] 曲绍卫，娜兹姆. 中哈两国留学生教育及深度合作的战略思考 [J]. 比较教育研究，2019，41（4）：11-18.

[3] 中华人民共和国—条约数据库. 中华人民共和国和哈萨克斯坦共和国关于进一步深化全面战略伙伴关系的联合宣言 [EB/OL]. （2013-09-07）[2023-07-18]. http://treaty.mfa.gov.cn/web/detail1.jsp?objid=1531877013084.

[4] 中华人民共和国—条约数据库. 中华人民共和国和哈萨克斯坦共和国关于全面战略伙伴关系新阶段的联合宣言 [EB/OL]. （2015-08-31）[2023-07-18]. http://treaty.mfa.gov.cn/web/detail1.jsp?objid=1531877059450.

[5] 中华人民共和国—条约数据库. 中华人民共和国和哈萨克斯坦共和国联合声明 [EB/OL]. （2017-06-08）[2023-07-18]. http://treaty.mfa.gov.cn/web/detail1.jsp?objid=1626077249011.

倡议的提出，及其与哈萨克斯坦"光明之路"新经济政策的对接。2013年9月7日，中国国家主席习近平在哈萨克斯坦纳扎尔巴耶夫大学发表题为《弘扬人民友谊 共创美好未来》的重要演讲，倡议共同建设"丝绸之路经济带"。[1] 2014年，哈萨克斯坦制定了"光明之路"计划，致力于在哈萨克斯坦国内推进基础设施建设，保障经济持续发展和社会稳定。2016年9月，中哈签署《"丝绸之路经济带"建设与"光明之路"新经济政策对接合作规划》[2]。"丝绸之路经济带"倡议与"光明之路"新经济政策为两国基础设施、投资贸易、工业与交通、人文交流等诸多领域的双边合作提供了巨大潜力。中哈双方认为，"丝绸之路经济带"倡议和"光明之路"新经济政策契合度高，互补性强，双方愿意加强对接合作。

自2013年实施"一带一路"倡议以来，哈萨克斯坦出现了赴华留学的新热潮。仅2014年，哈萨克斯坦就有近1.2万人选择来中国留学，约占哈国赴境外留学总人数的27%。其中，约有4 000人选择北京的高校、约有1 250人选择乌鲁木齐的高校、约有800人选择上海的高校、约有700人选择西安的高校、约有500人选择广州的高校、约有400人选择武汉的高校。[3] 2015年，哈萨克斯坦来华留学生增长速度既高于同期全球来华留学生人数的增长速度，又高于"一带一路"沿线国家来华留学生的增长速度。[4]此后，哈萨克斯坦来华留学生的总体数量持续不断增长，增幅则处在上下波动的状态。目前，中国已成为哈萨克斯坦第二大留学目的地国，仅次于俄罗斯。

随着"一带一路"倡议的逐渐推开以及中哈两国留学生教育合作的不

[1] 人民网. 弘扬人民友谊 共同建设"丝绸之路经济带"[EB/OL].（2013-09-08）[2023-07-18]. http://www.people.com.cn/24hour/n/2013/0908/c25408-22842984.html.

[2] 中国政府网. 中哈签署"丝绸之路经济带"建设与"光明之路"新经济政策对接合作规划 [EB/OL].（2016-09-05）[2022-05-15]. https://www.gov.cn/xinwen/2016/09/05/content_5105546.htm.

[3] САДОВСКАЯ Е. Ю. Образовательная миграция из Казахстана в Китай: опережающая динамика на фоне других видов миграций СВМДА: чего ждать от председательства Пекина[J]. Казахстан-Спектр. 2014(1): 14-27.

[4] 曲绍卫，娜兹姆. 中哈两国留学生教育及深度合作的战略思考 [J]. 比较教育研究，2019，41（4）：11-18.

断发展，在哈萨克斯坦各类高等院校中学习的中国学生数量也越来越多。根据中国教育部发布的留学人员统计和来华留学生统计数据，2013 年习近平主席访哈后，受中哈两国合作项目的积极影响，中国留哈学生的规模也有明显提升，2019 年超过了 1 400 人。[1] 由此可见，近年来中哈教育合作的发展形势较好，留学生教育合作取得了不少成就。

第二节 原则、现状与模式

一、中哈教育交流合作原则

自建交以来，中哈关系逐步迈向新的高度，尤其是在上海合作组织的框架下，两国关系发展稳定，成为睦邻友好、健康发展的关系典范。如今，中哈两国正处于历史发展的新阶段、改革发展的关键期，都在致力于推进国家发展建设的伟大事业。中国正为实现"两个一百年"奋斗目标和中华民族伟大复兴的中国梦而努力奋斗，哈萨克斯坦正推进实现《哈萨克斯坦（2050 年）》战略和"光明之路"新经济政策，两国关系也在此背景下取得了新突破。2019 年 9 月，中国国家主席习近平在北京人民大会堂同哈萨克斯坦总统托卡耶夫举行会谈，这是后者上任后对中国进行的首次国事访问。两国元首一致决定，双方将本着同舟共济、合作共赢的精神，将中哈关系提升至永久全面战略伙伴关系的新水平，达到双边关系的历史最高水平，从而实现了两国关系的平稳过渡，为新时期的中哈关系开辟了广阔的发展前景。

---

[1] 资料来源于哈萨克斯坦共和国智库中国研究中心网站。

（一）基于两国国家政策的大力支持

中哈两国在各领域的合作均得益于两国战略方针的契合，教育领域也不例外。

2012 年 12 月，哈萨克斯坦发布了《哈萨克斯坦（2050 年）》。这份文件指出，哈萨克斯坦的外交优先发展方向是俄罗斯、中国、中亚国家；另外提出了哈萨克斯坦在 2050 年跻身发达国家 30 强的目标。这对中哈关系发展以及中哈全方位的合作来说可谓是机遇和挑战并存。2013 年 9 月，中国国家主席习近平在哈萨克斯坦纳扎尔巴耶夫大学发表演讲时首次提出共建"丝绸之路经济带"的倡议，对此哈萨克斯坦率先表示支持。[1]2014 年，哈萨克斯坦提出"光明之路"新经济政策，致力于推进哈萨克斯坦国内的基础设施建设，其中涉及工业、能源、交通、社会、文化等诸多方面。"光明之路"与"一带一路"倡议的高度契合和互补性使得合作对接得以实现，为中哈发展提供了新的契机。在此背景下，近年来中哈两国一直积极致力于将"一带一路"与"光明之路"新经济政策结合起来，全方位促进经贸、能源、基础设施、科技等方面的合作，取得了丰硕的成果。与此同时，两国在教育方面的合作交流也不断加强和深化，其内容和形式也越来越丰富多样，包括上海合作组织框架下的合作项目以及留学生的教育交流、孔子学院的建设等。

（二）依托两国在教育领域的合作协议及项目

中哈两国的教育合作协议是以两国政府间的一系列协议和政策为依据的。如前所述，2003 年两国签订了《中华人民共和国教育部和哈萨克斯坦

---

[1] 人民网. 弘扬人民友谊 共同建设"丝绸之路经济带"[EB/OL].（2013-09-08）[2023-07-18]. http://www.people.com.cn/24hour/n/2013/0908/c25408-22842984.html.

教育科学部教育合作协议》[1]，为发展两国在教育领域的双边合作，提高教育科研水平，该协议规定了一系列重要合作内容。2006 年 6 月 15 日，上海合作组织成员国在上海合作组织元首第六次峰会上签署了《上海合作组织成员国政府间教育合作协定》[2]，以加强成员国在教育领域更加深入广泛的合作，为今后的多边教育合作发展指明了方向。该协定要求成员国应完善国家层面的教育政策及法律，促进各类学生和科教工作者的交流，举办教育领域多边合作的学术会议，推进建立学历互认机制，鼓励语言文化传播交流等。2006 年 12 月 20 日，中哈两国签订了《中华人民共和国政府和哈萨克斯坦共和国政府关于相互承认学历和学位证书的协定》[3]，深化了教育领域的双边合作交流。2009 年，两国通过了《2009—2012 年中哈教育合作协议》[4]，将两国的互换奖学金人数由之前的 20 人增至 100 人。2008 年 10 月 23 日在阿斯塔纳签订了《上海合作组织成员国教育部关于为成立上海合作组织大学采取进一步一致行动的意向书》[5]；2010 年 4 月 26 日，包括中哈两国在内的上海合作组织成员国在莫斯科共同签订了《哈萨克斯坦共和国、中华人民共和国、吉尔吉斯共和国、俄罗斯联邦和塔吉克斯坦共和国高等学校关于成立上海合作组织大学的合作备忘录》[6]，并确定了 5 个优先合作专业：区域学、生态学、能源学、信息技术和纳米技术。2011 年，中哈两国共同签署联合公报，双方一致决定在上海合作组织的框架内进行更

[1] 新浪网. 胡锦涛与哈萨克斯坦总统会谈 胡锦涛就推动中哈关系进一步发展提出四点建议 [EB/OL].（2003-06-04）[2022-05-15]. https://news.sina.com.cn/c/2003-06-04/1138187832s.shtml.

[2] 中华人民共和国—条约数据库. 上海合作组织成员国政府间教育合作协定 [EB/OL].（2006-06-15）[2023-07-18]. http://treaty.mfa.gov.cn/web/detail1.jsp?objid=1531876079690.

[3] 中华人民共和国—条约数据库. 中华人民共和国政府和哈萨克斯坦共和国政府关于相互承认学历和学位证书的协定 [EB/OL].（2006-12-20）[2023-07-18]. http://treaty.mfa.gov.cn/web/detail1.jsp?objid=1531876889956.

[4] 光明网. 哈国教育质量提高 国际教育合作加强 [EB/OL].（2009-11-23）[2022-05-15]. https://epaper.gmw.cn/gmrb/html/2009-11/23/nw.D110000gmrb_20091123_10-08.htm?div=-1.

[5] 上海合作组织大学（中国）. 大学简介 [EB/OL].（2013-03-11）[2021-09-09]. http://www.usco.edu.cn/info/1068/1359.htm.

[6] 上海合作组织大学（中国）. 大学简介 [EB/OL].（2013-03-11）[2021-09-09]. http://www.usco.edu.cn/info/1068/1359.htm.

加密切的教育交流合作。[1]

除了国家层面的教育合作协议之外，中哈双方的教育管理机构甚至大型企业也在开展交流合作。例如，2016 年，哈萨克斯坦教科部博洛尼亚进程与学术交流中心与中国教育部学位和研究生教育发展中心签署了合作备忘录。[2] 此外，哈萨克斯坦教科部与中国国家石油天然气集团公司签署了教育合作协议，其中约定中石油将资助 15 名学生赴哈萨克斯坦攻读硕士学位，成为企业人才培养方面的典范。

由此可见，近年来，中哈两国在国家政策上不断推进对接，为教育领域的实际交流建立了制度保障。而现有教育合作协议的签署也从内容上指明了双方实际交流的方向，主要包括教育交流机制改革、加大学生互换交流项目、增强语言文化推广等方面，通过增加互换留学生人数、增设奖学金项目、建立以上海合作组织大学为代表的交流平台、校企合作等多种方式促进了两国人民的互相了解，推广了彼此的语言和文化，深化了两国教育合作，保持了国家间友好往来关系的发展。

二、中哈教育交流合作现状

中哈两国是山水相邻的好邻居，也是彼此忠诚可靠的朋友。依靠地理优势和历史传统，两国的人文交流日益发展，成为中哈两国建立永久全面战略伙伴关系的基石。建交三十多年来，两国在教育、文化、科技、旅游等领域的合作取得了丰硕的成果。在教育领域，中哈两国以双方共同签署的教育政策和合作协议为中心，开展了一系列的交流合作实践。自 2000 年

[1] 阿依提拉·阿布都热依木，刘楠．"一带一路"倡议下中国与哈萨克斯坦教育合作的政策对接与实践推进 [J]．比较教育研究．2019，41（12）：22-29.

[2] 曲绍卫，娜兹姆．中哈两国留学生教育及深度合作的战略思考 [J]．比较教育研究．2019，41（4）：11-18.

起，中哈政府开始将两国的教育合作视为发展双边关系的重要内容之一，两国的教育合作积极发展，从而推动了两国教育质量的提升。中国"一带一路"倡议与哈萨克斯坦的"光明之路"政策的对接，以及在"一带一路"倡议推动下中国提供的免费教育项目与两国互换奖学金项目的增多，成为一个重要的推动力。因此，近年来中哈之间的教育交流与合作形势不断向好。2019 年是哈萨克斯坦的"青年之年"，中哈两国在此框架内举办了一系列教育交流活动。哈萨克斯坦的教师、大学生和中学生，以及奇姆肯特市的青年代表访问了中国；中国驻哈大使馆向哈萨克斯坦的中学赠送了中文教学材料；中国高校与哈萨克斯坦教育部门进行了一系列的交流，哈萨克斯坦来华留学生的数量也大幅增加。[1]

总体来看，现阶段中哈两国之间的教育交流呈现出以下特点。

（一）两国互派留学生人数显著增长

中哈两国的教育交流具有独特的地理优势，比邻而居的地理位置给双方交往提供了有利条件，使教育合作蓬勃发展。随着"一带一路"倡议的提出及实施，中哈教育合作在原有的基础上进一步深化。众所周知，国家之间在教育领域合作交流程度的重要指标之一是两国互派留学生的人数。近年来，中哈两国在推动留学生互派方面取得了显著成绩。

哈萨克斯坦是来华留学生主要生源国之一，由于中国教学质量不断提高且留学费用比欧美国家低，加上"一带一路"框架下中哈两国互换奖学金名额的增加，哈萨克斯坦来华留学人数逐年增加。哈萨克斯坦学生在中国学习和生活的地域很广，除了北京、上海、广州等大城市外，在武汉、杭州、西安、兰州、乌鲁木齐等地也有不少；他们在中国学习的专业领域

---

[1] 资料来源于哈萨克斯坦共和国智库中国研究中心网站。

也很广,包括中国语言文学、国际经济贸易、旅游、石油、法律、市场管理等。根据中国教育部公布的 2005—2016 年的哈萨克斯坦来华留学生数据(见图 12.1),2016 年哈国来华留学总人数为 13 996 人,是 2005 年的 781 人的 17.9 倍,人数占 2016 年全球来华留学生总人数的 3.16%,占"一带一路"沿线留学国家人数的 6.7%。[1]

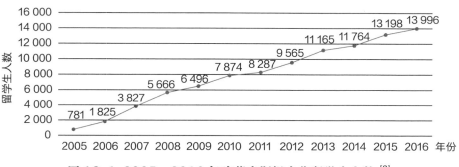

图 12.1 2005—2016 年哈萨克斯坦来华留学生人数 [2]

根据哈萨克斯坦中国研究中心的数据,2019 年在中国学习的哈萨克斯坦学生约有 15 000 人,在哈萨克斯坦留学的中国学生则超过 1 400 人。[3] 尽管两个数据相差较多,但都达到了各自的历史最高值。

总体来说,鉴于中哈两国在教育水平和教育资源上存在差异,目前哈萨克斯坦学生来华留学的比重更大,中国学生赴哈留学的比重虽相对较小但也呈现出有序提升的趋势。

---

[1] 曲绍卫,娜兹姆. 中哈两国留学生教育及深度合作的战略思考 [J]. 比较教育研究. 2019,41(4):11-18.

[2] 资料来源于中国教育部国际合作与交流司发布的年度数据报告。

[3] 资料来源于哈萨克斯坦共和国智库中国研究中心网站。

（二）两国制度保障和交流平台建设逐步完善

互换留学生人数的持续增长得益于国家政策的推进。现阶段中哈两国从各自的实际情况出发，为推进双方教育交流合作创造了很多有利条件，做出了诸多有效努力。

哈萨克斯坦 1993 年设立的博拉沙克国际奖学金，促进了国际视野人才的培养，加速了哈萨克斯坦高等教育的国际化进程。这项国家教育奖学金旨在鼓励被资助人员赴国外高等教育机构学习并获得学位，以及在世界领先的大学和企业进行进修。不过最初几年，虽然在中国留学的费用相对较低，但此项奖学金获得者中选择前往中国的较少，留学院校大多是欧美发达国家的高等院校，亚洲和大洋洲仅占 4.8%。数据显示，2009 年，在博拉沙克国际奖学金项目下来华留学的哈萨克斯坦学生只有 63 人；2010—2011 年，人数增至 76 名；2013 年，人数增至 137 名。[1] 可见，博拉沙克国际奖学金对来华留学的哈萨克斯坦学生的资助力度越来越大。当然，除了通过政府公派渠道来华留学之外，哈萨克斯坦学生也可以自费来中国学习。如前所述，就读于中国高校的哈萨克斯坦大学生数量逐年增加。与此同时，中国政府也通过国家公派项目鼓励中国学生赴哈萨克斯坦留学，但在 2014 年之前，中国赴哈留学的学生数量较小。数据显示，中方在 2013—2014 学年仅派遣了 23 名中国学生赴哈学习。[2] 可见，中哈教育交流虽然在前期取得了一定的成就，但交流还较为有限，留学生规模仍保持在较低水平，发展不均衡等问题明显。

2013 年习近平主席在哈萨克斯坦首次提出共建"丝绸之路经济带"倡议，哈萨克斯坦率先表示支持。[3] 此后，中哈积极将"一带一路"倡议同"光明之路"新经济政策相结合，全方位推进经贸、能源、基础设施、金

---

[1] 资料来源于哈萨克斯坦共和国教育科学部官网。

[2] 资料来源于哈萨克斯坦共和国教育科学部官网。

[3] 人民网. 弘扬人民友谊 共同建设"丝绸之路经济带"[EB/OL].（2013-09-08）[2023-07-18]. http://www.people.com.cn/24hour/n/2013/0908/c25408-22842984.html.

融、科技等领域的合作，取得了丰硕成果。目前在经贸合作方面，中国已成为哈国第二大贸易伙伴和主要投资来源地，也是哈国制造商的主要出口市场之一。在此背景下，双方对人才的需求明显增强，中哈之间的教育交流互动较之前相比也更为频繁密切。中哈教育合作的不断深化影响了中哈人才流动的方向。中国政府在 2015 年《推进共建丝绸之路经济带和 21 世纪海上丝绸之路的愿景与行动》中强调了要"扩大相互间留学生规模，开展合作办学，中国每年向沿线国家提供 1 万个政府奖学金名额"[1]。2016 年 4 月《关于做好新时期教育对外开放工作的若干意见》规定，未来 5 年，每年会资助 1 万名沿线国家留学生来华学习或研修。[2] 同时，中国教育部在中国政府奖学金框架内设立了新的"丝绸之路奖学金"项目，用于招收"一带一路"沿线国家优秀留学生。可见，哈萨克斯坦来华留学生规模不断扩大得益于"一带一路"建设的需要和助推。根据哈萨克斯坦智库中国研究中心网站的数据，截至 2019 年，已有 15 000 名哈萨克斯坦学生在中国学习，超过 1 400 名中国学生在哈萨克斯坦学习。[3]

在两国国家政策对接的推动下，中哈两国在教育方面开展多样化的合作交流。除了互换学生和教师、共同开展教学科研等传统合作形式之外，还为进一步深化教育合作建立了相应的机构平台，如双方互建语言交流与学习中心——孔子学院和哈萨克斯坦中心，促进了中文和哈萨克语语言人才的培养，为"一带一路"倡议与"光明之路"政策的对接和发展提供了人才保障。与此同时，自 2017 年以来，中国教育部发布《国别和区域研究中心建设指引（试行）》，督促全国高校建设国别和区域研究中心，并要求其"具备一定的研究对象国语言特别是小语种语言优势"。截至目前，中国

---

[1] 中华人民共和国商务部.《推进共建丝绸之路经济带和 21 世纪海上丝绸之路的愿景与行动》发布 [EB/OL].（2015-03-30）[2022-05-20]. http://zhs.mofcom.gov.cn/article/xxfb/201503/20150300926644.shtml.

[2] 新华网. 中办、国办引发《关于做好新时期教育对外开放工作的若干意见》[EB/OL].（2016-04-29）[2022-05-15]. http://www.xinhuanet.com/politics/2016-04/29/c_1118775049.htm?ivk_sa=1024320u.

[3] 资料来源于哈萨克斯坦共和国智库中国研究中心官网。

已经在全国高校范围内设立了几百个区域国别研究机构，其中备案的哈萨克斯坦研究中心为数众多，覆盖了华北、东北、西北地区的多家高校，其中既有外语院校，也有综合院校。相应地，哈萨克斯坦方面也鼓励国内高校设置中国研究机构，例如在哈萨克斯坦国立阿里·法拉比大学就成立了"当代中国研究中心"和"'一带一路'研究中心"等。除了上述直接双边合作交流之外，中哈教育合作还包括基于上海合作组织大学平台的多边合作交流。

总之，中哈两国关系的不断深化，以及"一带一路"倡议和"光明之路"新经济政策的推进和对接，积极带动了两国人才交流培养，为两国语言和学术研究人才提供了更多交流的平台，也加速推进了区域教育和科研一体化。

三、中哈教育交流合作模式

中哈教育交流合作的模式受到两国国情的影响，具有区域和国别特色。我们主要关注和介绍下面两种。

（一）基于上海合作组织大学平台加强交流合作

2001 年，由中国、俄罗斯、哈萨克斯坦、吉尔吉斯斯坦、塔吉克斯坦、乌兹别克斯坦六国组成的上海合作组织成立，目前成员国包括中国、俄罗斯、哈萨克斯坦、吉尔吉斯斯坦、塔吉克斯坦、乌兹别克斯坦、印度、巴基斯坦和伊朗。[1] 各成员国积极开展各方面合作，在维护地区安全、促进地

---

[1] 新华网. 伊朗正式成为上海合作组织成员国 [EB/OL].（2023-07-04）[2023-07-24]. http://www.news.cn/world/2023-07-04/c_1129732658.htm.

区发展方面起到了不可替代的作用。上合组织快速发展，成员国之间的交流和互动也日益频繁，语言文化的差异使得服务于区域发展的人才需求增大。2006 年 6 月，各成员国共同签署了《上海合作组织成员国之间的教育合作协定》[1]，这成为区域教育交流的纲领性文件。在此基础上，俄罗斯总统普京在 2007 年 8 月 16 日举办的上海合作组织比什凯克元首峰会上提议成立上海合作组织大学，使上合组织成员国高校间组成了项目院校合作网络。2008 年 10 月，在哈萨克斯坦首都阿斯塔纳举行的第二次成员国教育部长会议上，成员国签订了《上海合作组织成员国教育部关于为成立上海合作组织大学采取进一步一致行动的意向书》[2]。2009 年，成员国协商确定了五个优先合作方向——区域学、生态学、能源学、信息技术和纳米技术，并按照基本要求和标准遴选出了本国的合作项目院校。2010 年 4 月，在莫斯科签订了《哈萨克斯坦共和国、中华人民共和国、吉尔吉斯共和国、俄罗斯联邦和塔吉克斯坦共和国高等学校关于成立上海合作组织大学的合作备忘录》[3]。上述文件的签订成为上海合作组织大学多边合作的法律基础，分别在政府层面、政府教育主管部门层面、学校层面展开沟通探讨，为上海合作组织大学的运行创造了条件。目前，上合组织大学由上合组织成员国的 82 所项目院校组成，其中中国院校 20 所（见表 12.1）、哈萨克斯坦院校 14 所（见表 12.2）。与哈萨克斯坦高校合作的中国院校有北京大学、清华大学、兰州大学、新疆大学等。

---

[1] 上海合作组织大学（中国）. 大学简介 [EB/OL].（2013-03-11）[2021-09-09]. http://www.usco.edu.cn/info/1068/1359.htm.

[2] 上海合作组织大学（中国）. 大学简介 [EB/OL].（2013-03-11）[2021-09-09]. http://www.usco.edu.cn/info/1068/1359.htm.

[3] 上海合作组织大学（中国）. 大学简介 [EB/OL].（2013-03-11）[2021-09-09]. http://www.usco.edu.cn/info/1068/1359.htm.

表 12.1 上海合作组织大学中国项目院校 [1]

学校名称	合作方向
北京大学	纳米技术、区域学
清华大学	纳米技术、区域学、能源学
华中科技大学	纳米技术、能源学、信息技术
首都师范大学（区域学牵头院校）	区域学、教育学
北京外国语大学	区域学
黑龙江大学	区域学、信息技术、经济学
新疆大学	区域学、生态学、纳米技术、信息技术
大连外国语大学	区域学
琼州学院	区域学、生态学
兰州大学（生态学牵头院校）	生态学、区域学
山东大学	生态学、区域学、经济学
东北师范大学（教育学牵头院校）	教育学、生态学、区域学、经济学
华北电力大学（能源学牵头院校）	能源学、信息技术
中国石油大学（北京）	能源学、经济学
哈尔滨工业大学	能源学、纳米技术、信息技术
兰州理工大学	能源学、信息技术
吉林大学（IT 技术牵头院校）	信息技术、区域学、能源学
长春理工大学（纳米技术牵头院校）	纳米技术、信息技术、能源学
大连理工大学（经济学牵头院校）	经济学、信息技术
新疆师范大学	教育学、区域学、经济学

---

[1] 上海合作组织大学（中国）. 上海合作组织大学中方项目院校一览表 [EB/OL]. （2013-05-24）[2021-09-09].
http://www.usco.edu.cn/info/1044/1105.htm.

表 12.2 上海合作组织大学哈萨克斯坦项目院校 [1]

学校名称	合作方向
哈萨克斯坦阿里·法拉比国立大学	区域学、生态学、纳米技术
哈萨克斯坦阿布莱汗国际关系与世界语言大学	区域学
哈萨克斯坦古米廖夫欧亚国立大学	区域学、纳米技术
哈萨克斯坦雷斯库洛夫经济大学	区域学
卡拉干达国立技术大学	能源学、生态学
哈萨克斯坦萨特巴耶夫国立技术研究大学	能源学、生态学、纳米技术、信息技术
哈萨克斯坦国际研究生教育学院	能源学、生态学、纳米技术、信息技术
阿拉木图能源与通信大学	能源学
阿乌埃佐夫南哈萨克斯坦大学	能源学
阿拉木图创新技术大学	生态学、纳米技术
巴甫洛达尔州托赖格罗夫国立大学	能源学
卡拉干达经济大学	信息技术
东哈萨克斯坦谢尔卡巴耶夫国立技术大学	信息技术
哈英理工大学	信息技术

　　上海合作组织大学的建立不仅有助于加强上海合作组织成员国之间的互信和睦邻友好关系，而且能加速推进区域教育、科研一体化，为当代青年提供高质量的现代化、国际化高等教育，为教师、科研人员提供更多的学术交流机会，使得上海合作组织成员国在政治、经济贸易、科学技术、文化领域的合作更加富有成效。

　　笔者根据上海合作组织大学中方官网公布的数据，整理出了 2012—

---

[1] 上海合作组织大学（中国）. 上海合作组织大学外方项目院校一览表 [EB/OL].（2014-05-12）[2021-09-09]. http://www.usco.edu.cn/info/1044/1106.htm.

2020 年上海合作组织大学中方项目院校交流动态（见表 12.3）。

表 12.3　2012—2020 年上海合作组织大学中方项目院校交流动态 [1]

学年	上合组织大学框架下中国外派学生人数	上合组织大学框架下来华学生人数
2012—2013	7	4
2013—2014	30	6
2014—2015	80	37
2015—2016	100	52
2016—2017	84	68
2017—2018	107	57
2018—2019	86	42
2019—2020	97	44

　　中国是上合组织大学的主要成员国之一，完全可以以中方项目院校交流人数作为上合大学所有项目院校交流状况的典型代表来对整体交流状况进行判断。由表 12.3 数据可以发现，从 2012—2013 学年到 2015—2016 学年，上海合作组织大学中方项目院校交流学生人数（包括外派和来华学生）快速增加，之后出现一定的起伏，并稳定在一定的人数区间。同时，值得注意，中国外派学生人数基本上每个学年都远高于来华学生人数，这在一定程度上说明中方重视这一平台。可见，上海合作组织大学这一新型平台确实推进了成员国之间的教育互信和教育合作，为更多青年人提供了相互学习和交流的机会，同时也为中哈的教育合作提供了更多可能和发展方向。

　　[1] 上海合作组织大学（中国）. 上海合作组织大学中方项目院校交流动态 [EB/OL].（2013-05-24）[2021-09-09]. http://www.usco.edu.cn/CHS/ywzx.htm.

在上海合作组织大学框架内，中哈双方不仅同意增加交换生人数，还将逐步深化两国教育互认、举办教育领域国际会议、创建大学之间的联盟等。可以说，中哈两国在这一新型平台的推动下为教育领域的合作提供了更多机会，也将迎来更多积极成果。

（二）基于语言与文化交流中心进行教育合作

自 2006 年以来，中哈两国分别通过各自的方式在对方国家建立语言交流和文化学习机构。中国在哈萨克斯坦建立孔子学院，哈萨克斯坦在中国建立研究中心，无论是哪一种形式，都是为了促进自身语言文化在对方国家的传播，从而实现两国文化教育的进一步交流。

1．在哈萨克斯坦的孔子学院

孔子学院是中国在海外建立的语言文化教育机构，旨在满足世界各地人民对中文学习的需求，增进各国人民对中国文化的了解，加强中国与世界各国的教育交流，对发展中国与其他国家的友好关系、促进世界文化多元发展具有重要意义。截至 2019 年，我国在哈萨克斯坦已设有 5 所孔子学院，分别是哈萨克斯坦古米廖夫欧亚国立大学孔子学院、哈萨克斯坦阿里·法拉比国立大学孔子学院、哈萨克阿克托别朱巴诺夫国立大学孔子学院、卡拉干达国立技术大学孔子学院、哈萨克斯坦阿布莱汗国际关系与世界语言大学孔子学院（见表 12.4）。

表 12.4 中国在哈萨克斯坦建立的 5 所孔子学院 [1]

孔子学院名称	设立时间	所在城市	中方依托高校
哈萨克斯坦古米廖夫欧亚国立大学孔子学院	2006 年 12 月 20 日	阿斯塔纳	西安外国语大学
哈萨克斯坦阿里·法拉比国立大学孔子学院	2007 年 12 月 11 日	阿拉木图	兰州大学
卡拉干达国立技术大学孔子学院	2010 年 11 月 05 日	卡拉干达	新疆石河子大学
哈萨克阿克托别朱巴诺夫国立大学孔子学院	2010 年 12 月 29 日	阿克托别	新疆财经大学
哈萨克斯坦阿布莱汗国际关系与世界语言大学孔子学院	2016 年 10 月 29 日	阿拉木图	西南大学

这些孔子学院主要负责在哈萨克斯坦的中文培训和推广，推广活动包括举办汉语水平考试、中文朗读比赛、汉语桥比赛、赠书活动、中国图片展，协助中国驻哈使馆文化处开展文化活动，开展对外交流等。孔子学院自成立至今，已经为 3 500 多名不同年龄段的哈方学习者提供了学习中文和提高中文水平的机会。2018 年，150 多名哈萨克斯坦学生通过孔子学院总部提供的奖学金到中国接受语言培训，进行学士、硕士、博士学位学习。[2] 随着"一带一路"倡议的深入，以及哈萨克斯坦孔子学院对中文和中国文化的宣传和推广，越来越多的哈萨克斯坦青年和各界人士开始学习中文、探寻中国文化，哈萨克斯坦国家领导人也倡议本国年轻人学习中文，这不仅激发了哈国民众学习中文的热情，培养了大批优秀的中文专业人才，而且还促进了中哈之间的人文交流，增进了两国人民的友谊，有助于推动中华文化走向世界。

---

[1] 西安网. 中华文化连接世界——带你去看中亚五国的孔子学院（上）[EB/OL].（2023-05-12）[2023-07-19]. http://news.xiancity.cn/system/2023/05/12/031054471.shtml.

[2] 阿依提拉·阿布都热依木，刘楠."一带一路"倡议下中国与哈萨克斯坦教育合作的政策对接与实践推进. 比较教育研究 [J]. 2019，41（12）：22-29.

　　根据 2013 年中国教育部发布的《孔子学院发展规划（2012—2020
年)》，发展目标是"到 2020 年，基本完成孔子学院全球布局，做到统一质
量标准、统一考试认证、统一选派和培训教师。基本建成一支质量合格、
适应需要的中外专兼职教师队伍。基本实现国际中文教材多语种、广覆盖。
基本建成功能较全、覆盖广泛的中国语言文化全球传播体系。国内国际、
政府民间共同推动的体制机制进一步完善，中文成为外国人广泛学习使用
的语言之一"[1]。除此之外，在传播语言文化的基础上，还提出了新的职能要
求："适应学员多样化需求，鼓励兴办以商务、中医、武术、烹饪、艺术、
旅游等教学为主要特色的孔子学院；一些国家的孔子学院，实行中文教学、
文化交流和职业培训并举，帮助学生既学习汉语言文化又提高职业技能"；[2]
将技能型教育内容纳入孔子学院的教学范畴，有利于推进中国文化的广泛
传播和专业人才的全面培养。

　　2020 年 8 月 10 日，哈萨克斯坦的 5 所孔子学院在线上联合举办了"丝
路云端"汉语夏令营，吸引了来自哈萨克斯坦、俄罗斯、乌克兰、保加利
亚、伊朗等 14 个国家的近 400 名中文学习爱好者参加，营员年龄在 9—62
岁。此次夏令营首次由哈国所有孔子学院合办，而且营员人数也是有史以
来最多的一次。夏令营为期 12 天，开展了趣味汉字、汉语水平考试在线模
拟、中国系列文化讲座等活动，除此之外还举办了厨艺展示、中国景点实
景直播等活动。[3] 本次夏令营期间举行的所有课程和活动均由 5 所孔子学院
的教师和志愿者以线上视频会议的方式教授和指导，为中文专业人士和爱
好者提供了宝贵的学习机会。

[1] 中华人民共和国教育部. 孔子学院发展规划（2012—2020 年）[EB/OL]. （2013-02-18）[2021-09-09]. http://
www.moe.gov.cn/jyb_xwfb/gzdt_gzdt/s5987/201302/t20130228_148061.html.

[2] 中华人民共和国教育部. 孔子学院发展规划（2012—2020 年）[EB/OL]. （2013-02-18）[2021-09-09]. http://
www.moe.gov.cn/jyb_xwfb/gzdt_gzdt/s5987/201302/t20130228_148061.html.

[3] 人民网. 哈萨克斯坦首届"丝路云端汉语夏令营"开营 [EB/OL]. （2020-08-11）[2022-05-15]. https://baijiahao.
baidu.com/s?id=1674690021964119108&wfr=spider&for=pc.

哈萨克斯坦中文学习的热度和需求逐渐提高，这得益于孔子学院对中国语言和文化的积极推广。孔子学院顺应时代潮流，及时更新教学方式，有利于讲好中国故事，促进民心相通，推动中哈交流迈上新台阶。

2．在中国的哈萨克斯坦教育与研究机构

同样，哈萨克斯坦方面也非常重视在中国的语言和文化传播。因此，从 2012 年起，哈萨克斯坦教育科学部就依托哈萨克斯坦驻华使馆在中国物色合作伙伴，建立了多家哈萨克斯坦中心或针对哈萨克斯坦的研究机构（见表 12.5）。

表 12.5　中国的哈萨克斯坦中心

中心名称	设立时间	所在城市	中方依托高校
上海大学哈萨克斯坦研究中心 [1]	2012 年 6 月 6 日	上海	上海大学
上海外国语大学哈萨克斯坦中心 [2]	2015 年 11 月 16 日	上海	上海外国语大学
北京外国语大学哈萨克斯坦中心 [3]	2015 年 12 月 13 日	北京	北京外国语大学
大连外国语大学哈萨克斯坦中心 [4]	2016 年 1 月 8 日	大连	大连外国语大学

[1] 凤凰网. 我国高校首家哈萨克斯坦研究中心在上海大学成立 [EB/OL].（2012-06-06）[2022-05-15]. https://news.ifeng.com/c/7fcLgr7VNKA.

[2] 上海外国语大学. 上外成立哈萨克斯坦中心 加强中哈教育交流合作 [EB/OL].（2015-12-22）[2022-05-15]. https://wmcj.shisu.edu.cn/1d/1c/c1100a72988/page.htm.

[3] 北京外国语大学. 哈萨克斯坦共和国第一副总理萨金塔耶夫出席我校哈萨克斯坦中心成立仪式 [EB/OL].（2015-12-13）[2022-05-15]. https://news.bfsu.edu.cn/article/253044/cate/25.

[4] 大连外国语大学. 我校举行哈萨克斯坦研究中心揭牌仪式 [EB/OL].（2016-01-11）[2022-05-15]. https://www.dlufl.edu.cn/info/1046/5759.htm.

续表

中心名称	设立时间	所在城市	中方依托高校
西安外国语大学哈萨克斯坦研究中心[1]	2017 年 9 月 20 日	西安	西安外国语大学
浙江财经大学哈萨克斯坦经济社会研究中心[2]	2018 年 10 月 15 日	杭州	浙江财经大学
华东师范大学哈萨克斯坦研究中心[3]	2022 年 11 月 3 日	上海	华东师范大学

　　2012 年，上海大学与哈萨克斯坦高校古米廖夫国立欧亚大学合作成立了中国首家哈萨克斯坦研究中心，旨在开展哈萨克斯坦及中亚研究，加强中哈人民的互相了解。2015—2017 年，在哈萨克斯坦驻华使馆的推动下，上海外国语大学、北京外国语大学、大连外国语大学、西安外国语大学相继设立了哈萨克斯坦中心，目的在于在中国境内推广哈萨克斯坦的语言、文化、民俗、历史，为中哈两国的教育、文化、科技等领域的交流提供语言和文化支持。2018 年，在浙江财经大学成立了哈萨克斯坦经济社会研究中心，旨在围绕中哈经济比较、金融比较、法律比较、农业土地与城市发展比较、语言文化比较等方面展开学术研究。2022 年，正值中哈建交 30 周年之际，华东师范大学正式成立了哈萨克斯坦研究中心，该中心设在政治与国际关系学院，将汇集中哈两国及其他相关国家的学术精英，共同发挥智库作用。

　　在现有的 7 家设立机构中，有 4 家依托的是外语类高校，中心设立的主要目的和功能是培养哈萨克语人才，推动中国的哈萨克语教学和研究。这

[1] 西安外国语大学. 哈萨克斯坦驻华大使沙赫拉特·努雷舍夫访问我校并出席我校哈萨克斯坦研究中心揭牌仪式 [EB/OL]. （2017-09-20）[2022-05-15]. https://www.xisu.edu.cn/info/1080/10558.htm.

[2] 浙江日报. 浙江财经大学成立哈萨克斯坦经济社会研究中心 [EB/OL]. （2018-10-18）[2022-05-15]. https://baijiahao.baidu.com/s?id=1614645350210459978&wfr=spider&for=pc.

[3] 华东师范大学. 华东师范大学哈萨克斯坦研究中心成立 [EB/OL]. （2022-11-06）[2022-05-15]. https://www.ecnu.edu.cn/info/1095/61430.htm.

些中心为推进中哈教育交流发挥了作用。北外、上外、西外三所外语类高校已顺利开设哈萨克语本科专业，并已有了第一届毕业生；大外也正在积极筹备哈萨克语专业的正式招生。

其他 3 家哈萨克斯坦中心依托的是非外语类高校，中心设立的主要目的是开展对哈政治、经济、社会问题、中哈经济合作和经济比较等领域的研究。上海大学哈萨克斯坦研究中心的成立恰逢中哈建交 20 周年和上海合作组织峰会召开前夕，具有尤为重要的意义。该中心由上海大学与哈萨克斯坦古米廖夫欧亚国立大学联合共建，以上海大学上海合作组织公共外交研究院为依托，其宗旨是：在全球化视野下，致力于哈萨克斯坦及中亚地区的政治、经济、历史、社会和文化的多学科研究，以上海大学上海合作组织公共外交研究院为依托，整合相关学术资源，打造信息咨询及高端学术研究平台，成为哈萨克斯坦及中亚地区研究的重要基地，促进中哈友好合作，服务于国家战略。该中心通过发挥上海大学的多学科优势，为中哈两国科研教学经验的分享和交流创建平台，推动教师和学生互派合作项目的扩大和实施，以促进中哈教育交流合作。[1]浙江财经大学目前已与 11 个"一带一路"沿线国家的十几所高校建立合作关系，其中包括欧亚大学、图兰大学、卡拉干达经济大学等 5 所哈萨克斯坦高校，并与阿斯塔纳国际金融中心签署合作协议。2021 年，在校哈萨克斯坦籍留学生 170 余人，人数位居省内高校前列。[2]2018 年成立的哈萨克斯坦经济社会研究中心由浙江财经大学、哈萨克斯坦驻上海总领事馆、哈萨克斯坦教育科学部国际计划中心联合建立。与其他以研究语言文化为主要目标的哈萨克斯坦中心不同的是，浙江财经大学哈萨克斯坦经济社会研究中心致力于研究哈萨克斯坦经济社会发展，目的是发挥学校经济管理学科与国际化办学优势，服务"一带一

---

[1] 凤凰网. 我国高校首家哈萨克斯坦研究中心在上海大学成立 [EB/OL]. （2012-06-06）[2022-05-15]. https://news.ifeng.com/c/7fcLgr7VNKA.

[2] 浙江日报. 浙江财经大学成立哈萨克斯坦经济社会研究中心 [EB/OL]. （2018-10-18）[2022-05-15]. https://baijiahao.baidu.com/s?id=1614645350210459978&wfr=spider&for=pc.

路"倡议。华东师范大学哈萨克斯坦研究中心是在中哈两国庆祝建交 30 周年的背景下成立的，得益于哈萨克斯坦驻华使领馆的积极推动，是又一所设立在综合类大学的哈萨克斯坦研究中心，未来将会在政治学及国际关系研究领域发挥作用。

事实上，除了哈方积极推动和参与的学术研究中心之外，中国教育部也在国内众多高校设立了针对哈萨克斯坦和中亚地区的区域国别研究机构。

2017 年，中国教育部印发《关于公布 2017 年度国别和区域研究中心备案名单的通知》（教外司综〔2017〕1377 号），在国内众多高校备案设立了多家针对哈萨克斯坦及中亚地区的国别和区域研究中心。这些新建中心依托的主要是西北、华北、东北地区的高等院校，而且在名称中均加入"研究"二字，凸显了设立的目标和宗旨。值得注意的是，哈方在 3 家外语类大学助推建立的哈萨克斯坦中心同时入选备案名单。此外，还有不少新建的学术研究机构。如西北大学哈萨克斯坦研究中心、西北农林科技大学哈萨克斯坦研究中心、新疆大学哈萨克斯坦研究中心、新疆财经大学哈萨克斯坦研究中心、伊犁师范大学哈萨克斯坦研究中心等。

以西北大学哈萨克斯坦研究中心为例，这是西北大学丝绸之路研究院下属的研究中心。该中心成立于 2017 年 6 月，是教育部备案的首批国别和区域研究中心之一。中心旨在建成国内领先、具有广泛国际影响力的哈萨克斯坦研究基地与人才培养基地，发挥其高端新型智库作用，并成为推动中哈两国民间往来、实现民心相通的重要平台。自中心成立以来，已成为促进中国专家学者与哈萨克斯坦专家学者交流的重要平台。该中心与哈萨克斯坦高端智库——哈萨克斯坦中国研究中心、哈萨克斯坦阿斯塔纳市档案馆等科研机构建立了密切合作关系，正在为推动两国间的学术交流、民心相通发挥积极作用。[1]2022 年 5 月 12 日，由西北大学丝绸之路研究院、

---

[1] 西北大学丝绸之路研究院. 西北大学哈萨克斯坦研究中心简介 [EB/OL].（2021-03-12）[2022-05-15]. https://isrs.nwu.edu.cn/info/1027/2416.htm.

社会科学文献出版社、西北大学哈萨克斯坦研究中心主办的《哈萨克斯坦蓝皮书：哈萨克斯坦发展报告（2021）》新书发布会暨学术研讨会成功举行。本书由西北大学哈萨克斯坦研究中心、西北大学丝绸之路研究院和西北大学中亚研究院组织专家学者撰写，是国内第一本有关哈萨克斯坦国家年度发展情况的综合研究报告，系统梳理了2020年哈萨克斯坦的政治、经济、社会和外交情况，并汇总了2020年哈萨克斯坦的要闻。该书内容丰富、资料翔实、数据准确，有着较为重要的学术价值和现实意义，可作为社会各界人士了解哈萨克斯坦最新发展情况和研判哈萨克斯坦发展趋势的重要参考书。[1]

由此可见，通过一系列语言文化传播机构和学术研究机构的建立，中哈两国在相互推进教育交流合作的道路上分别做出了自己的努力，也取得了可喜的成果。未来这些机构能在多大程度上发挥应有的作用，这将取决于两国青年一代人才的持续培养。教育交流促进民心相通，民心相通则是双方各领域合作的根基。众所周知，教育合作具有"水滴石穿"的长期效应，中哈之间互利共赢的"以文育人"和"以文化人"必将在促进中哈两国民心相通方面构筑起牢固的桥梁与纽带。

第三节 案例与思考

一、案例分析

近年来，随着"一带一路"倡议的发展及其与"光明之路"政策的对

---

[1] 西北大学.《哈萨克斯坦蓝皮书：哈萨克斯坦发展报告（2021）》新书发布会暨学术研讨会今日举行 [EB/OL].（2022-05-12）[2022-05-15]. https://www.nwu.edu.cn/info/1192/26810.htm.

接，中哈两国的教育合作也在有序展开，尤其是在两国高校交流、留学生互换、文化教育机构的建设等方面取得了可喜的成绩。下面笔者就通过几个具体案例来展示中哈两国教育交流的成果。

（一）哈萨克斯坦阿里·法拉比国立大学

哈萨克斯坦阿里·法拉比国立大学成立于 1934 年，是哈萨克斯坦历史悠久的高校之一，也是哈萨克斯坦最大的综合性大学。学校位于阿拉木图市，现有 16 个院系，近 3 万名在校生。2003 年，哈萨克斯坦阿里·法拉比国立大学成为哈萨克斯坦及中亚地区第一所签署《欧洲大学宪章》的大学，标志着哈萨克斯坦正式加入博洛尼亚进程，融入欧洲科学和教育领域。2022 年，该校在 QS 世界大学排行榜上位居第 175 位。[1]

哈萨克斯坦阿里·法拉比国立大学孔子学院成立于 2009 年 2 月 23 日，是哈萨克斯坦储备和培养高素质中文人才的中心。该孔子学院的前身是哈萨克斯坦阿里·法拉比国立大学中国语言中心，于 2002 年创建，是哈萨克斯坦阿里·法拉比国立大学和中国兰州大学多年合作与共同努力的结果。众所周知，孔子学院的宗旨是建立培训中文人才的基地，主要任务是为学员提供学习中文、中国文化及处理中国相关问题的机会；扩大中文人才的培训数量，提高当地的中文教学水平；协助当地教师编辑、出版中文教学材料等。哈萨克斯坦阿里·法拉比国立大学孔子学院拥有一个大型图书馆，有教材、书籍和各种中文参考资料 5 000 种。孔子学院制定了教学大纲，不同知识水平的学生都可以轻松进行语言学习。为了使当地学生更好地掌握语言，孔子学院组织举办了中文和中国文化比赛。孔子学院每年都会派出学生、教师前往中国进行学习和进修，以提高他们的中文水平。[2]

---

[1] 资料来源于 QS 世界大学排名官网。

[2] 资料来源于哈萨克斯坦国立大学孔子学院官网。

事实上，哈萨克斯坦阿里·法拉比国立大学不仅与兰州大学合建了孔子学院，还与多所其他中国高校开展了积极的交流合作。截至 2020 年，哈萨克斯坦阿里·法拉比国立大学已与中国多所高校和研究中心签署了约 40 份教育合作协议，与北京大学、清华大学、兰州大学、西安交通大学、北京理工大学、北京外国语大学、上海政法学院、天津大学等中国高校建立了伙伴关系。教育合作范围涵盖也相当广泛，开展了一系列交流项目，其中包括师生交流项目、联合研究项目、暑期学校项目、访问学者项目和博士研究生指导项目等。哈萨克斯坦阿里·法拉比国立大学是上海合作组织大学网络项目院校，参与了生态学、区域学、纳米技术领域的硕士课程的实施，并与中国多所高校相关研究领域的专家进行研究合作。哈萨克斯坦阿里·法拉比国立大学的东方学系汉学教研室是哈萨克斯坦重要的中文人才培养基地，每年有超过 100 名师生通过学术交流项目到中国高校学习交流。学校还开设了"一带一路"国际研究中心，中心正处于良好的运作状态中。[1]

除此之外，为推动哈萨克斯坦教育国际化，与国际教育发展对接，哈萨克斯坦阿里·法拉比国立大学还在许多世界一流高校开设了交流中心，其中就包括北京外国语大学哈萨克斯坦中心。这些高校的学生可以在中心的协助下学习哈萨克斯坦的语言和文化。得益于这些举措，哈萨克斯坦阿里·法拉比国立大学对国际学生的吸引力也逐渐加强，截至 2020 年 9 月，学校约有 3 000 名来自世界各地国际学生，其中包括 500 多名中国学生。[2]

通过上述举措，哈萨克斯坦阿里·法拉比国立大学拥有了与中国高校发展互利合作关系的良好基础，并将在此基础上继续拓展合作空间。毫无疑问，这完全符合两国人民的利益，有利于两国教育合作交流的深化，进而有利于巩固双方的互信及全方位友好合作关系。

---

[1] 资料来源于哈萨克斯坦国立大学孔子学院官网。

[2] 资料来源于哈萨克斯坦国立大学孔子学院官网。

（二）北京外国语大学

北京外国语大学（以下简称北外）作为中国外语高等教育的顶尖院校，在"一带一路"建设的教育交流方面颇具潜力和优势。哈萨克斯坦作为中亚五国中最具活力的经济体，是丝绸之路经济带沿线最重要的国家之一，也是北外对外展开教育合作的重点发展对象之一。自 2014 年起，北外开展了广泛的调研，并与哈萨克斯坦教科部、驻华大使馆及哈国一流大学进行广泛接触。2015 年 12 月 13 日，在中哈双方的共同努力下，北外成立了哈萨克斯坦中心，时任哈萨克斯坦第一副总理萨金塔耶夫出席了中心的揭牌仪式。萨金塔耶夫表示，两国教育领域的合作交流日益密切，近年来，在哈萨克斯坦青年中掀起了学习中文、到中国留学的热潮，未来深化哈中友谊的历史责任将由两国青年人承担，他们中的大部分人将参与落实两国发展计划，为深化两国合作做出自己的贡献。[1]

北外哈萨克斯坦中心旨在推动北外与哈萨克斯坦高校及科研机构开展合作，主要负责哈萨克语言教学、对外哈语教材编写以及哈萨克斯坦历史、文化、国情、文学等领域的研究和宣传，增进两国人民的互相了解，进而推动中哈教育交流和文化互鉴。哈萨克斯坦中心的成立意义重大，北外在原有的基础上继续全力支持中哈两国的文化交流和教育合作，而哈萨克斯坦中心也在加强区域国别问题研究、推动中哈文化交流和教育合作等方面开展实际工作。

北外哈萨克斯坦中心成立后不久，2016 年 4 月 6 日，哈萨克斯坦阿里·法拉比国立大学校长穆塔诺夫率代表团访问北外，两校签约了合作协议，并就语言建设、师资培训、人才培养、信息共享、哈萨克语教学研究等方面的合作达成广泛共识，同时就未来合作模式和领域开展交流研讨。

---

[1] 资料来源于哈萨克斯坦国际通讯社官网。

在此背景下，2016年9月，北外招收了首届"俄语＋哈萨克语"学制的复语班本科生10人，这些学生已于2020年6月顺利毕业。2020年9月，北外顺利实现了"俄语＋哈萨克语"复语专业的第二轮招生，目前第二届7名学生正在同步学习俄语和哈萨克语。

自成立以来，北外哈萨克斯坦中心举办了一系列活动，旨在促进两国的文化交流与教育合作，如庆祝哈萨克斯坦国庆节的文艺联欢会、中哈青年心理交流会、哈萨克语诗歌朗诵会、哈萨克语书法比赛、中哈关系学术研讨会和哈萨克斯坦研究主题学术讲座等。

值得一提的是，2017年，在北外获教育部备案的37个国别和区域研究中心中也包括哈萨克斯坦研究中心，主要任务是负责对哈萨克斯坦的政治、经济、文化、教育、社会等各领域问题的全方位综合研究。该研究中心与2015年中哈共同建立的哈萨克斯坦中心同步工作，兼顾人才培养与学术研究，成为中哈教育合作的践行者，也是两国高校响应"一带一路"倡议的重要举措，正在为中哈两国的人文交流贡献自己的力量。

二、问题和不足

经过三十多年的磨合和交流，中哈两国在教育合作方面取得了显著进步，但也存在问题和不足。

（一）语言教学发展不均衡，发展速度有待提高

中国位于哈萨克斯坦东南方向，是哈萨克斯坦的重要邻国，也是哈萨克斯坦第二大贸易伙伴国和主要的投资来源国，"哈萨克斯坦制造"品牌的主要出口市场之一。同时，随着"一带一路"倡议的实施推进，中哈两国

的合作不断深化。因此，双方对语言人才的需求迅速增长。近年来，哈萨克斯坦学习中文的人数大幅增加，中国学习哈萨克语的人数也开始明显上升。相比而言，哈萨克斯坦的中文教学走在了前面，比中国的哈萨克语教学更加成熟。尽管哈萨克斯坦的中文教育发展良好，但仍存在着诸多问题。主要表现在以下几个方面。

其一，师资力量薄弱，数量不足且质量有待提高。哈萨克斯坦教师的社会地位并不是很高，而且教师群体收入普遍较低，导致师资力量薄弱，数量严重不足。不少任职教师为了维持生计，常常选择在多个学校进行兼职，因而用在学术研究上的时间大大减少，本土教师鲜有学术成果发表，从而影响到教育质量。[1]师资数量和质量的不过关与哈萨克斯斯坦日益增长的中文学习人数形成了鲜明的对比，而了解中国文化、精通中文、教学经验丰富的教师更是十分稀缺，这严重影响了哈萨克斯坦中文人才的培养质量。

其二，移民中文教师文化适应困难。哈萨克斯坦中文教师大多数是来自中国新疆的哈萨克族移民，在他们身上存在三个主要问题：一是他们大多不懂俄语，因此思维方式与当地居民差异较大，时常会出现很难融入当地生活的现象；二是大部分教师从中国移民至哈萨克斯坦之前并非从师范专业院校毕业，多数人甚至没有语言教学相关经验，因而中文教学的专业性有待提高；三是这些移民教师在移民之后因长时间脱离中文语言环境，会导致他们在语音、语调、语法等方面教学时常出现一些错误，教学准确性受到影响。

其三，缺乏统一的中文教学大纲，中文教材数量不足，质量有待提高。虽然哈萨克斯坦所有学校的教学大纲和教学计划由国家教育行政部门制订，但中文教学大纲却由各大高校教师自行编写，因此哈萨克斯坦至今没有全国统一的中文教学大纲，受限于高校教师个人教学素质和水平的差异，哈

---

[1] 杨绪明，萨吾列. 哈萨克斯坦汉语教学状况及建议 [J]. 北部湾大学学报. 2020，35（5）：58-64.

萨克斯坦中文教学的整体质量难以达到应有的水平。目前哈萨克斯坦使用的中文教材主要是俄罗斯版、中国版教材，而俄罗斯版教材中有一些是在苏联时期编写的，年代较为久远，内容过于陈旧，不符合中国的现实社会情况；而中国版教材则并非专门为哈萨克斯坦的教学对象编写，没有针对哈萨克斯坦中文学习者的特点进行充分考察，缺乏针对性。[1]

除此之外，也有其他一些因素影响了哈萨克斯坦中文教学的发展，如哈萨克斯坦政府对中文教育持谨慎态度，对孔子学院的定位及其如何发挥作用缺乏定论等问题。

要解决哈萨克斯坦中文教育问题，就必须从加强哈萨克斯坦中文教材和师资的本土化建设入手。鉴于中文教材在中文教育中发挥重要作用，一些哈萨克斯坦高校的中文教师表达了参与编写教材的意愿，还有已经参与"丝绸之路"系列中文教材编写的本土教师也提出了关于中文教育的建设性意见，编写和发行适应教学需求的本土化教材将极大促进哈国中文教育的发展。除此之外，完善中文教师培训项目，根据培养对象制定切实的培养方案，使中文教学具有实践性和可行性，能够保障孔子学院及其他教育机构的中文学习者获得良好的中文教育，提高哈国民众对于中文学习的热情，从而更好地促进两国的教育交流。

相比而言，中国的哈萨克语教学起步较晚，发展速度较慢。目前，哈萨克语专业属于中国较为稀缺的语言专业，国内开设哈语专业的高等学校仅有 6 家：中央民族大学、北京外国语大学、上海外国语大学、西安外国语大学、新疆大学、伊犁师范大学。其中，中央民族大学的哈萨克语专业开设时间最长，自 2003 年开始招生，至今保持每年招收 10 人左右的规模，最初仅招收新疆地区学生，后来扩大到全国招生；北外、上外和西外三所外语类高校的哈萨克语专业属于后起之秀，先后在 2016 和 2017 年开始招生，

---

[1] 杨绪明，萨吾列. 哈萨克斯坦汉语教学状况及建议 [J]. 北部湾大学学报. 2020，35（5）：58-64.

采用俄语＋哈萨克语复语专业模式或单纯的哈萨克语专业模式，并纷纷培养了自己的哈语师资力量，逐渐成为目前国内哈萨克语人才培养的主力军。

现阶段，国内高校的哈萨克语教学面临的最大问题是缺乏师资和教材。多数高校只有1名或2名哈语教师，而且大多是刚刚毕业的研究生，尽管非常年轻，但不得不成为哈萨克语专业的教学主力，并承担起管理、科研等多方面工作。有的高校师资尚未到位，导致没能如期实现哈萨克语专业招生。此外，缺乏哈语教材也是一大难题。目前，绝大多数高校都在使用哈方出版的教材进行教学，或正在编写自己的哈语教材。

由此可以看出，中哈两国在语言教育方面资源规模较为不对等。尽管存在不少问题，但得益于以孔子学院为主的国际中文教育平台，哈萨克斯坦的中文教育历史更久、发展更为成熟、规模更大；相比之下，中国的哈萨克语受关注度较少、起步较晚，克服万难开辟了新的人才培养基地，但发展缓慢，哈萨克语教学相关的研究成果也较少。近年来，随着两国关系的不断深化及国家政策的对接，中国实施丝绸之路经济带核心区建设的需求更加迫切，因此，我国哈萨克语教育任重道远。

（二）留学生交换在数量上不均衡，留学生培养模式和质量有待提升

中国的"一带一路"倡议与哈萨克斯坦的"光明之路"新经济政策的对接是中哈两国在新时期重要的国际化决策，该重要决策对两国的人才储备和人才培养提出了较高的要求。在此框架下，中哈之间的教育合作面临着广阔的发展空间，尤其是在留学生教育方面潜力巨大。从目前的合作情况来看，近年来双方接收对方留学生的规模在不断扩大，在学生互换和教学推广上取得了可观的成绩。但两国的留学生教育仍存在一些亟待解决的问题，主要表现在以下几个方面。

其一，双方留学生交换数量不均衡。具体表现为哈萨克斯坦来华留学生数量远大于中国赴哈萨克斯斯坦留学生数量，中国留哈学生的生源不足。根据哈萨克斯坦智库中国研究中心网站的数据，截至 2019 年底，已有 15 000 名哈萨克斯坦学生在中国学习，而只有 1 400 多名中国学生在哈萨克斯坦学习。[1] 造成这种情况的原因主要是两国经济实力不平衡。

其二，双方留学生的教育层次偏低。造成这种现象的主要原因是哈萨克斯坦在留学生教育方面的投入不足。相对于其他经合组织成员国，哈萨克斯坦在高等教育领域的投资比例偏低，留学生教育发展水平不足。2016 年，哈萨克斯坦在教育领域的投入总额为 1 468.08 亿坚戈，仅占国内生产总值（GDP）的 3.7%。其中高等教育预算投入金额为 188 亿坚戈，占 GDP 的 0.5%，而大多数经合组织成员国的这一指数高达 1.6%。[2] 因此，哈萨克斯坦来华研究生和高级进修人员偏少。而对于中国留学生来说，哈萨克斯坦也并非最热门的留学国家，他们更倾向于选择美国、西欧、东亚等作为留学目的地，只有少部分学生会考虑哈萨克斯坦。因此，除了总体留学人数不对等之外，双方在留学生的教育层次上也有待进一步提升。

其三，留学专业结构不能完全适应国家经济结构。随着两国国家关系的深化，哈萨克斯坦来华留学生逐渐由语言短期学习转向学历学位学习，但是留学专业主要集中在人文社科（社会学、管理学、国际关系、国际贸易、法学等），占总人数的 90% 左右，来华留学生中学习技术专业的人数过少。同时，中国留哈学生也处于相似状况，以攻读语言专业为主。对于哈萨克斯坦来说，国家产业结构正面临第二产业到第三产业的转化，经济向产业密集型和知识密集型发展；同时"一带一路"倡议与"光明之路"新经济政策的对接也使得两国在经贸、铁路、农业、矿业、科技的合作不断

---

[1] 资料来源于哈萨克斯坦共和国智库中国研究中心官网。

[2] IRSALIYEV S., KULTUMANOVA A. National report in the state and development of education system of the Republic of Kazakhstan[M]. Astana: JSC Information-Analytic Center, 2017: 482.

深化。因此，两国留学生的专业结构不能符合国家经济发展的要求，这导致很多学成回国的留学生不能充分就业，相关领域的科技人才短缺。

其四，对留学生的培养模式较为单一。目前的现实状况是，中哈双方承担留学生培养任务的高等院校主要为留学生提供短期语言培训和学历教育，而针对在职人员的培训项目较少，例如，技术教育、在职培训等相对欠缺，导致掌握专业技术和科学知识且了解当地语言和国情文化的专业人才较为匮乏。

三、发展前景和建议

在"一带一路"建设和"光明之路"新经济政策的对接背景下，中哈教育交流前景广阔。双方应不断利用和创造合作机遇，积极推动两国教育交流合作，为两国今后的合作项目提供充足的人才。为此，可以在以下几个方面进一步深化合作。

（一）扩大中哈留学生发展规模，提高培养质量

两国政府应积极采取措施扩大中哈留学生发展规模，提高培养质量。政府应加大教育投资力度，尤其是留学生教育，增加教育财政预算，同时积极借助各项基金来拓宽经费来源，如丝路基金、国际项目、区域合作组织等。应鼓励两国高等院校、企业等响应中哈教育合作发展战略和协议，促进两国人才进行教育交流互鉴。应保证两国互派留学生的多层次教育，提高研究生和高级访问学者的比例，设立专项奖学金以鼓励高层次的留学生互派。除此之外，中哈两国日益密切的经济合作需要大量的技术人才，加上哈萨克斯坦经济发展和工业创新的需要，应调整中哈留学教育的专业

设置，扩大信息技术、机械制造、工程技术、化工等专业的招生规模，从而使教育更好地满足经济发展的需求。[1] 高校学生的国际化是衡量高校水平的重要指标之一，其中包括本国学生的国际视野和国际学生的规模。两国高校应培养具有国际视野和跨文化理解、交往能力的国际化人才，同时拓宽中哈合作领域，推进合作办学，开设国际化课程，以增强学生的跨文化交流能力；创新人才培养模式，选派优秀的高校学生赴合作对象国交流学习、攻读学位或中哈高校联合培养。

（二）加强孔子学院和哈萨克斯坦中心的建设，推广在哈中文教育和国人对哈萨克斯坦文化的认知

两国应进一步加强对在哈孔子学院的宣传，提高办学水平，在将孔子学院打造为国际中文教育平台的基础上，不断扩大孔子学院的国际影响力，拓宽孔子学院的功能；同样，应加强中国高校哈萨克斯坦中心等创新平台的建设，完善哈萨克语专业的课程设置，扩大招生规模，提高国人对哈萨克斯坦语言文化的关注度，使哈萨克斯坦中心与孔子学院成为中哈教育交流合作的重要桥梁。此外，两国还应拓展语言教学与职业技术培训相结合的特色办学，邀请当地中资企业发挥技术优势，到相关高校进行合作授课，以适应中哈两国经济合作发展的人才需求。

（三）积极开展中哈两国科研合作，交流学术成果

中哈两国应定期举办政府间或高校间的国际学术会议，积极开展国际科研合作，鼓励双方的专家学者加强沟通交流，为两国智库机构的对接创

---

[1] 曲绍卫，娜兹姆. 中哈两国留学生教育及深度合作的战略思考 [J]. 比较教育研究. 2019, 41（4）: 11-18.

造条件；针对国际学术前沿问题开展学术交流，建立学术成果交流合作平台和交流数据库，促进双方学术成果的产出，加强科学研究的国际合作，提升科研创新的国际影响力，以促进两国教育交流和合作向多层次和多形式方向发展。

哈萨克斯坦是"一带一路"沿线的重要国家。中哈两国的友好交往源远流长，目前已发展为永久全面战略伙伴关系，成为国际关系的典范。此外，中哈经济合作稳步发展，为其他沿线国家起到了重要的示范作用。在"一带一路"倡议和"光明之路"新经济政策共同发展的大背景下，中哈两国教育合作具有突出优势，前景广阔，加强教育合作既是两国关系向前发展的必然要求，又是时代赋予的使命。中哈政府应共同规划教育合作的发展方向，发挥合作优势，弥补合作空缺，使之成为区域教育合作乃至世界范围内教育合作的典范。

结　语

　　自1991年独立至今，哈萨克斯坦共和国历届政府针对国家的教育状况都给予了应有的关注，在学前教育、基础教育、高等教育、职业教育、教师教育等领域均有了一定的改善，针对不同阶段存在的问题出台了相当数量的教育政策，也责令从中央到地方的各级行政部门推行实施这些教育政策。客观地说，三十多年来，教育正在日益成为哈萨克斯坦最关注的领域之一。正如前面所述，经过多年的努力，哈萨克斯坦在发展教育的事业上取得了不少进步和成绩。

　　学前教育方面，目前在哈萨克斯坦相关法律法规比较完善，学前教育制度保障逐年取得了较大进步；学前教育机构类型多样，办学方式灵活；开展多语教学，俄语、哈萨克语双语并重，并正在推广三语政策构想；农村地区学前教育机构发展迅速，幼儿园覆盖率逐年提高，巴拉潘计划有效地缓解了资金和场地问题，收效甚好；由于积极发展私立学前教育机构，学前教育覆盖率得以扩大；学前教育网络被广泛利用，这为家长们提供了必要的教育咨询渠道，保障了学前教育的顺利实施。

　　基础教育方面，哈萨克斯坦政府大量兴建小型学校，以适应其地广人稀的人口情况；教育部门在中小学推广三语教学，既符合哈萨克斯坦的民族构成特点，又展现出其积极融入国际社会的意愿；政府通过对残障儿童和天才儿童基础教育的保障，践行其以人为本的教育理念；以人均资助的方式支持基础教育发展，促进了实现精准财政补贴以及公立学校和私立学校的良性竞争；通过相关立法规范了中小学心理辅导机制，保障了少年儿童的心理健康；将课外活动视为"补充教育"，积极组织各种形式的课外活动，丰富了中小学生的业余生活。

高等教育方面，哈萨克斯坦政府及相关部门高度重视，颁布了多部有针对性的法律法规，取得了显著成绩；私立高等院校数量越来越多，自费学生人数逐年增长，成功实现了公私转化；符合哈萨克斯坦国情的《三语教育发展路线图》正稳步发展与完善，其中英语在哈国高等教育中的地位和受重视程度也越来越高；哈萨克斯坦正在积极参与博洛尼亚进程，推动与其他博洛尼亚进程成员国之间的互动；政府重视先进技术的应用与研究，助力其国内知名大学进入世界一流大学的行列；注重从国情出发解决实际问题，坚决打击学术不端，重视培养科研能力，并赋予哈萨克斯坦高校较大的学术独立性、管理独立性和财政独立性；政府和教育主管部门重视保护有特殊需要的学生的人权，还在奖学金方面对残疾学生和特殊家庭的学生予以优待；积极利用新媒体和其他新兴网络平台、社交媒体，加强与民众的沟通交流。

职业教育方面，哈萨克斯坦政府号召紧跟市场需要动态发展，为满足国家经济社会发展的需要，大力培养符合劳动力市场需要的技术型人才；基于创新工业发展不断更新职业教育领域的教学内容；发挥企业在职业教育中的重要作用，推行校企合作、双重培训的办学模式；推动职业教育不断超越国界、走向国际化；依托各级法律法规实施职业教育，保障职业教育有章可循；推行职业教育和普通教育积极合作，融合发展。

成人教育方面，哈萨克斯坦起步较晚，属于后发国家，发展程度与发达国家相比仍有一定差距，但哈萨克斯坦政府基于本国国情积极探索，形成了具有该国特色的发展模式：取消了函授教育，大力发展远程教育，逐步实现教育教学手段的多样化；鼓励正规教育和非正规教育不同方向的各种成人教育机构共同参与，协同发展成人教育事业；将视线投向国际社会，虚心借鉴别国的成功经验，并保留本国教育特色。

教师教育方面，哈萨克斯坦重视发展民族教育，致力于培养具有高水平职业素质的综合型师范人才；推广综合性教学方法，倡导在教学工作中将理论与实践结合；坚持师范教育的连续性和实践性导向，鼓励人道主义化和人文科学化的价值导向；采取灵活的教育制度，推行学习方案多样化的培训思路；大力推动师范教育的现代化，并将其作为提升教师教育质量的基础；不断引进新的通信技术和信息技术，将之运用于各级教师培训中；发展教师教育的多等级化制度，督促教师不断提升个人素养；鼓励高校与中学进行合作，共同完成教师培训的各项任务；通过立法等方式提高教师的社会地位并努力改善教师的待遇。

哈萨克斯坦政府非常重视教育领域的立法工作，三十多年来颁布了众多相关法律法规，包括国家教育规划、《教育法》和教育相关法、关于教育的政府令、教育科学部命令等。哈萨克斯坦政府及相关部门对这些政策法规的实施情况进行了评估，并将评估报告公布在官网上，足见其诚恳和敢于面对问题的态度。此外，哈萨克斯坦政府推行的许多基金项目、奖学金制度、教育资助计划等也针对不同层级的教育活动发挥了重要作用。这些教育行政领域的努力虽然与其对标的经济发展水平还存在一定差距，但在客观上还是取得了实质性的成果，为国家的教育发展做出了贡献。

然而，也必须认识到，现阶段哈萨克斯坦教育的整体状况与世界一流水平还存在一定差距，国家各层级教育改革的进步空间还比较大，未来还面临众多实际问题和挑战。纵观学前教育、基础教育、高等教育、职业教育、成人教育以及教师教育各个领域，存在一些共性的问题尚待解决。

第一，基础设施不完善，办学条件不理想。这是目前哈萨克斯坦教育发展过程中面临的最亟待解决的问题，这一状况主要出现在学前教育和基础教育阶段。目前，哈萨克斯坦的幼儿园和中小学均存在校舍陈旧、设施落后的现象，而且入学名额有限，无论是学龄前儿童还是中小学生都面临入学困难的情况。而学前教育和基础教育恰恰是决定国民整体文化程度的重要环节，不解决入学难和条件差的问题就无法从根本上提升哈萨克斯坦国民的整体素质。

第二，师资缺乏，教师的地位和待遇较低。这是目前哈萨克斯坦教育发展过程中面临的最关键的问题。由于教师这一职业在哈萨克斯坦的社会认同性不高，工资水平较低，导致愿意从事教师这一行业的人员数量较少，师范专业缺乏吸引力，这就导致教师队伍的数量不足，且基本素质得不到提升，从而决定了整个教育事业的质量都处于不够理想的水平。因此，在哈萨克斯坦，无论是学前教育、基础教育领域，还是高等教育、职业教育领域，师资力量都比较缺乏，而且教师的专业水平均有待提高。

第三，地区间教育资源分配不均衡，城乡教育差异较大。这是目前哈萨克斯坦教育发展过程中面临的棘手问题。由于地区经济发展不平衡、城乡差异较大，各级教育领域的工作也受到了影响。从地区分配上看，除阿斯塔纳和阿拉木图等大城市外，东部较发达地区的教育情况相对较好，西部地区的教育情况相对较差；从城乡差距上看，农村地区的学校基础设施相对城市更为落后、师资水平更低，教育资金和技术条件支持不足，导致农村地区的整体教育情况还处于较低水平。

第四，国家对于教育的预算支出依旧不足。哈萨克斯坦用于教育的经费不足，国家对于教育领域的拨款占 GDP 的比重并不能令人满意，这个问题阻碍了国家教育事业的良性发展。这也是造成基础设施不足和师资缺乏这两个问题的原因之一，正是由于教育经费投入不足，硬件设施的建设和教师的工资才达不到应有的水平。从这个方面来说，哈萨克斯坦甚至比一些非洲国家的情况还差。当然，这个问题的解决与国家总体经济实力的提升密切相关，只有 GDP 总量增加了，可用于教育的预算比例才能有所提高。

第五，教育质量还有待提升。事实上，哈萨克斯坦近年来为教育发展拨出了大量资金，国家预算支出逐年增长，总体来说十年来分配了 20 万亿坚戈，同期平均增长率为 15%。然而，尽管国家预算在教育方面投入了大量资金，相关部委定期发表声明和实施了一系列系统措施和国家方案，但哈萨克斯坦的教育质量仍然不高，民众满意度并不理想。究其原因，是由于各级教育主管部门的工作效率、服务意识和政策实施力度都不尽如人意。特别是在地方各级教育部门推行国家教育政策的过程中，教育标准的实行、教学组织的方法、对特殊学生的关怀等方面均存在可以改善的空间。

自托卡耶夫担任哈萨克斯坦总统以来，曾经在多个场合表达过对教育事业的重视。2022 年 9 月 1 日，他在致全国人民的国情咨文书中强调：要使国家每个公民享有平等的机会，都能接受教育；学前教育领域应当成为优先事项，要从根本上解决幼儿园保障的问题；应采取有效措施提高教育工作者的社会地位和工资水平，逐步减少他们的工作负担；中等教育的质量是国家成功的重要条件，应为每一个中小学生的学习和全面发展创造良好条件，彻底解决三班制及危楼学校问题；建设新学校应该是政府的首要任务之一，要缩小城乡教育基础设施质量上的差异；中小学教师将在新哈萨克斯坦的建设中发挥决定性作用，有必要采用新的师范大学认证标准，并制定教师能力框架，从而提升教师职业的吸引力；职业技术教育机构需面向劳动力市场的实际需求，并顺应国家新经济政策的任务；高等教育领域需要继续改革，要积极引入高校和企业的公私合作机制；国家计划分配教育补助金，将按照全国统一考试和其他指标的结果进行分配。[1] 这些内容都指向哈萨克斯坦教育发展过程中存在的实际问题，反映出国家领导人对教育的重视。

哈萨克斯坦是中国的友好近邻，中国和哈萨克斯坦不仅拥有悠久的历史和深厚的文化底蕴，而且拥有世代友好的历史传统。哈萨克斯坦进行教

---

[1] 资料来源于哈萨克斯坦共和国总统官网。

育改革的经验和教训无疑对我国开展相关教育工作具有宝贵的价值和意义。与此同时，我国在吸收和借鉴哈方教育发展经验的基础上，也应进一步加大与哈方的教育合作，通过民心相通和文明互鉴来实现互利共赢。在哈萨克斯坦宣布独立后，在中哈建交后的第一个十年间，两国便在各个领域逐步建立联系，积极寻求合作，共同制定了相关措施并开始步入实施。其中，教育合作逐渐成为两国发展关系的重要组成部分。进入21世纪后，中国和哈萨克斯坦之间的教育合作已经具有长期性和稳定性。

随着中哈两国关系不断逐步迈向新的高度，尤其是在上海合作组织的框架下，两国关系发展稳定，成为睦邻友好、健康发展的关系典范，目前已发展为永久全面战略伙伴关系。如今，中哈两国正处于历史发展的新阶段、改革发展的关键期，都在致力于推进国家发展建设的伟大事业。中国正为实现"两个一百年"奋斗目标和中华民族伟大复兴的中国梦而努力奋斗，哈萨克斯坦正推进实现《哈萨克斯坦（2050年）》战略，两国关系也在此背景下不断取得新突破。2013年9月，中国国家主席习近平访问哈萨克斯坦，在哈萨克斯坦纳扎尔巴耶夫大学发表演讲时首次提出共建"丝绸之路经济带"的倡议，对此哈萨克斯坦率先表示支持。[1] 近年来，中哈两国一直积极致力于将"一带一路"倡议与"光明之路"新经济政策结合起来，全方位促进经贸、能源、基础设施、科技等方面的合作，取得了丰硕的成果。与此同时，两国在教育方面的合作交流也不断加强和深化，其内容和形式也越来越丰富多样，包括上海合作组织框架下的合作项目以及留学生的教育交流、孔子学院的建设等。

在"一带一路"倡议和"光明之路"新经济政策共同发展的大背景下，中哈两国教育合作具有突出优势，前景广阔，加强教育合作既是两国关系向前发展的必然要求，又是时代赋予的使命。2022年9月14日，中国国家

[1] 人民网. 弘扬人民友谊　共同建设"丝绸之路经济带"[EB/OL]. （2013-09-08）[2023-07-18]. http://www.people.com.cn/24hour/n/2013/0908/c25408-22842984.html.

主席习近平再次对哈萨克斯坦进行了国事访问。其间与哈萨克斯坦总统托卡耶夫共同签署了《中华人民共和国和哈萨克斯坦共和国建交 30 周年联合声明》。《声明》称："建交以来，人文合作成为中哈两国合作不可或缺的重要组成部分。中哈两国拥有悠久历史和深厚文化底蕴，古丝绸之路将两国紧密相连，贸易往来和人文交往源远流长。……鉴此，双方愿以 2015 年签订的《中华人民共和国政府和哈萨克斯坦共和国政府间文化和人文合作协定》为基础，坚定发展教育、科学、艺术、新闻出版、体育、卫生等领域合作。……双方将全力推动两国教育和研究机构合作，促进哈萨克斯坦中心、中国高校哈语专业教研室和在哈孔子学院有效运转。[1]

毋庸置疑，中哈两国政府正在共同规划教育合作的发展方向，重点从高等教育和职业教育两个层面上加强两国教育交流，通过互派留学生、组织青年夏令营、教师互访、科研合作等多种形式进一步展开交流，充分发挥合作优势，弥补合作空缺，力求使中哈两国的教育合作成为区域教育合作乃至世界范围内教育合作的典范。

---

[1] 中华人民共和国外交部. 中华人民共和国和哈萨克斯坦共和国建交 30 周年联合声明 [EB/OL].（2022-09-15）[2022-12-30]. https://www.mfa.gov.cn/web/zyxw/202209/t20220915_10766226.shtml.

参考文献

一、中文文献

阿依提拉·阿布都热依木，朋腾. 哈萨克斯坦教育制度与政策研究 [M]. 北京：人民出版社，2020.

冯增俊，陈时见，项贤明. 当代比较教育学 [M]. 2 版. 北京：人民教育出版社，2015.

关世雄，张念宏. 世界各国成人教育现状 [M]. 北京：北京出版社，1986.

关世雄. 成人教育辞典 [M]. 北京：职工教育出版社，1990.

胡振华. 中亚五国志 [M]. 北京：中央民族大学出版社，2006.

顾明远. 顾明远教育演讲录 [M]. 北京：人民教育出版社，2014.

贺国庆，朱文富，等. 外国职业教育通史 [M]. 北京：人民教育出版社，2014.

黄雅婷. 塔吉克斯坦文化教育研究 [M]. 北京：外语教学与研究出版社，2021.

久毛措. 尼泊尔文化教育研究 [M]. 北京：外语教学与研究出版社，2022.

蓝琪，苏立公，黄红. 中亚史：卷 1[M]. 北京：商务印书馆，2020.

蓝琪，苏立公，刘如梅. 中亚史：卷 3[M]. 北京：商务印书馆，2020.

李中海. 曲折的历程：中亚卷 [M]. 北京：东方出版社，2015.

刘辰，孟炳君. 阿联酋文化教育研究 [M]. 北京：外语教学与研究出版社，2021.

刘迪南，黄莹. 蒙古国文化教育研究 [M]. 北京：外语教学与研究出版社，2021.

刘捷，罗琴. 越南文化教育研究 [M]. 北京：外语教学与研究出版社，2023.

刘捷. 教育的追问与求索 [M]. 北京：人民出版社，2021.

刘捷. 专业化：挑战 21 世纪的教师 [M]. 北京：教育科学出版社，2002.

刘欣路，董琦. 约旦文化教育研究 [M]. 北京：外语教学与研究出版社，2021.

马萨诺夫，阿贝尔霍任，耶罗费耶娃，等. 哈萨克斯坦民族和文化史 [M]. 杨恕，焦一强，译. 北京：民族出版社，2018.

施越. "全球视野"中的哈萨克斯坦：经贸、医疗与人文新观察 [M]. 北京：新华出版社，2020.

石筠弢，等. 泰国文化教育研究 [M]. 北京：外语教学与研究出版社，2023.

苏北海. 哈萨克族文化史 [M]. 乌鲁木齐：新疆大学出版社，1989.

檀慧玲，等. 新加坡文化教育研究 [M]. 北京：外语教学与研究出版社，2022.

滕大春. 教育史研究与教育规律探索 [M]. 北京：人民教育出版社，2019.

田山俊，齐方萍. 印度文化教育研究 [M]. 北京：外语教学与研究出版社，2022.

万作芳，等. 韩国文化教育研究 [M]. 北京：外语教学与研究出版社，2022.

王承绪，顾明远. 比较教育 [M]. 5 版. 北京：人民教育出版社，2015.

王丹，等. 马来西亚文化教育研究 [M]. 北京：外语教学与研究出版社，2023.

王定华，秦惠民. 北外教育评论：第 2 辑 [M]. 北京：外语教学与研究出版社，2021.

王定华，杨丹. 人类命运的回响——中国共产党外语教育 100 年 [M]. 北京：外语教学与研究出版社，2021.

王定华. 教育路上行与思 [M]. 北京：人民出版社，2020.

王明珂. 游牧者的抉择：面对汉帝国的北亚游牧部族 [M]. 上海：上海人民出版社，2018.

王义高. 苏俄教育 [M]. 长春：吉林教育出版社，2000.

王治来，丁笃本. 中亚通史：古代卷（上）[M]. 北京：人民出版社，2010.

王治来. 中亚通史：古代卷（上、下）[M]. 2 版. 乌鲁木齐：新疆人民出版社，2007.

王治来. 中亚通史：近代卷 [M]. 2 版. 乌鲁木齐：新疆人民出版社，2007.

吴式颖，李明德. 外国教育史教程 [M]. 3 版. 北京：人民教育出版社，2015.

谢维和. 我的教育觉悟 [M]. 北京：人民教育出版社，2016.

徐辉，楚琳. 伊朗文化教育研究 [M]. 北京：外语教学与研究出版社，2022.

徐墨，高雅茹. 巴基斯坦文化教育研究 [M]. 北京：外语教学与研究出版社，2022.

杨汉清. 比较教育学 [M]. 3 版. 北京：人民教育出版社，2015.

赵常庆. 哈萨克斯坦 [M]. 北京：社会科学文献出版社，2004.

郑通涛，方环海，陈荣岚. "一带一路"视角下的教育发展研究 [M]. 广州：世界图书出版广东有限公司，2017.

二、外文文献

ANTHONY D. W. The horse, the wheel, and language[M]. Princeton: Princeton

University Press, 2007.

IRSALIYEV S., KULTUMANOVA A. National report in the state and development of education system of the Republic of Kazakhstan[M]. Astana: JSC Information-Analytic Center, 2017.

АБДИЛЬДИН Ж. М. и др. Аль-Фараби. Историко-философские трактаты[M]. Алма-Ата: Наука, 1985.

АЛДАЖУМАНОВ К. С., АСЫЛБЕКОВ М. Х. История Казахстана: с древнейших времен до наших дней в пяти томах: Том 3[M]. Алматы: Атамұра, 2010.

БИЖКЕНОВА А. Е., БУЛАТБАЕВА К. Н., САБИТОВА Л. С. Английский язык в Казахстане: методологические основы[M]. Астана: Мастер По, 2017.

ВИЛЕСОВ Е. Н., НАУМЕНКО А. А. и др. Физическая география Казахстана[M]. Алматы: Қазақ университеті, 2009.

ГЕРАСИМОВА И. П. Очерки по физической географии Казахстана[M]. Алма-ата: Издательство академии наук Казахской ССР, 1952.

Казахский государственный университет им. С. М. Кирова[M]. Алма-Ата: Акад. наук Казах. ССР, 1984.

Культурное строительство в Казахстане (1933—июнь 1941): сборник документов и материалов [M]. Алма-Ата: Институт истории партии при ЦК Компартии Казахстана, 1985.

МАЖИТОВ С. Ф., АБЫЛХОЖИН Ж. Б. и АЛДАЖУМАНОВ К. С. История Казахстана: с древнейших времен до наших дней: Том 4[M]. Алматы: Атамұра, 2010.

МАЖИТОВ С. Ф., АБЫЛХОЖИН Ж. Б. и АЛДАЖУМАНОВ К. С. История Казахстана: с древейших времен до наших дней: Том 5[M]. Алматы: Атамұра, 2010.

Министерство просвещения Казахской ССР. Народное образование от съезда к съезду[M]. Алма-Ата: Мектеп, 1987.

Народное хозяйство Казахской ССР: Стат. Сборник[M]. Алма-Ата: Казгосиздат, 1957.

СЕМЕНОВ-ТЯН-ШАНСКИЙ П. П. Россия. Полное географическое описание нашего отечества. 17-том: Киргизский Край[M]. Санкт-Петербург, 1903.

САБИТОВ Н. Мектебы и медресе у казахов[M]. Алма-Ата: Акад. наук Казах. ССР, 1950.

СЕМБАЕВ А. И., ХРАПЧЕНКО Г. М. Очерки по истории школ Казахстана (1900—1917 гг.) [M]. Алма-Ата, 1972.

ТАЖИБАЕВ Т. Т. Просвещение и школы Казахстана во второй половине XIX века[M]. Алма-Ата: Казгосполитиздат, 1962.

ХАБИЕВ Х. Х., АБДУЛКАДЫРОВА М. А. и др. Культурное строительство в Казахстане: (1918—1932 гг.): сборник документов и материалов: Том 1[M]. Издательство Казахстан, 1965.

Центральное Статистическое Управление Казахской ССР. Народное хозяйство Казахстана в 1980 г.[M]. Алма-Ата: Казахстан, 1981.